歴史のなかの天皇陵

高木博志
山田邦和
編

思文閣出版

装幀　上野かおる

カラー図版1　近衛天皇陵の阿弥陀如来像(宮内庁書陵部提供)
平安京南郊の鳥羽殿（鳥羽離宮）の安楽寿院に建てられた2基の三重塔は、鳥羽法皇と近衛天皇の陵に宛てられた。その内部には、うりふたつといって良い阿弥陀如来像が安置されていた。

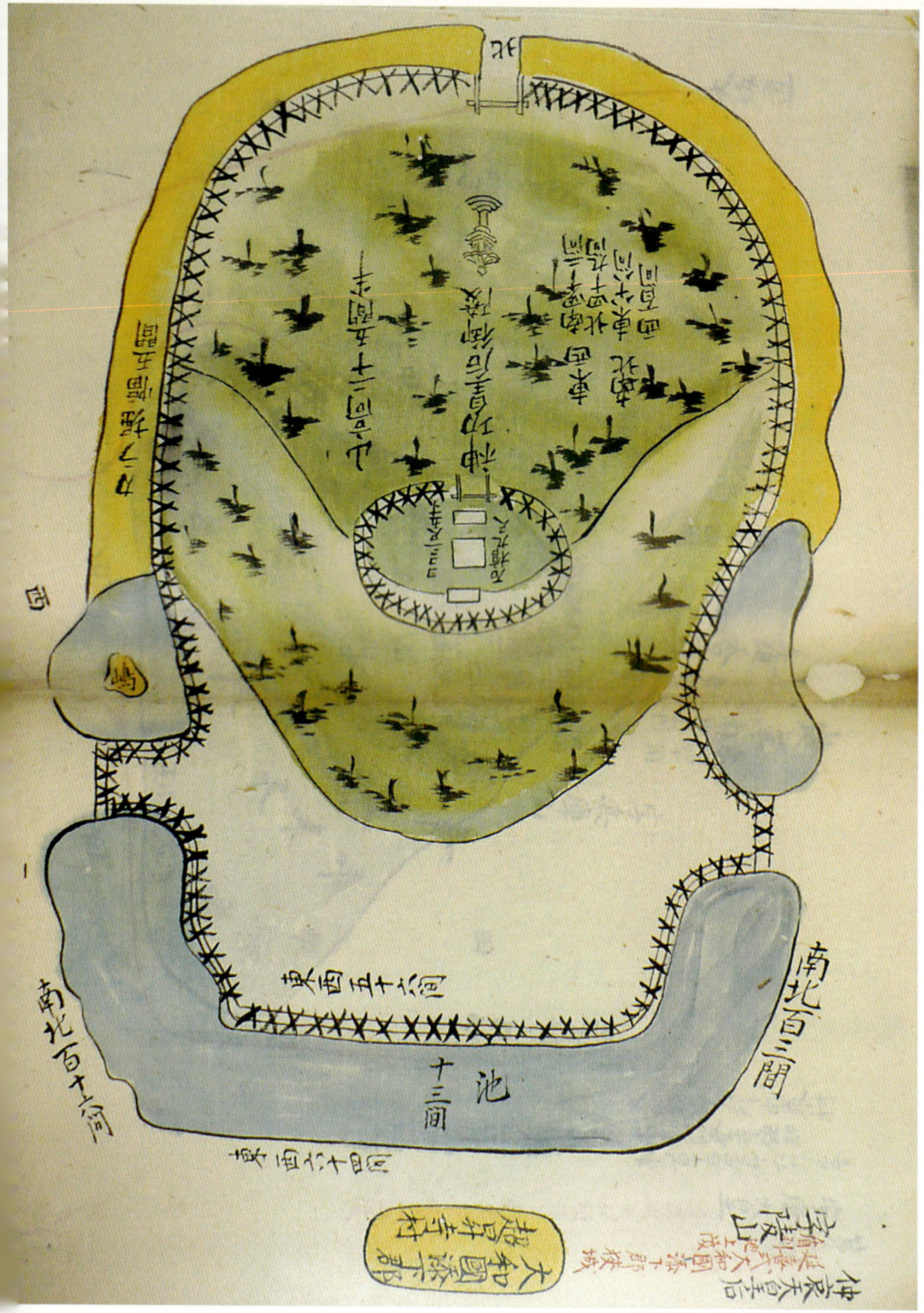

カラー図版２　江戸時代の佐紀陵山古墳（『日嗣御子御陵（元禄山陵図）』に拠る）（山田邦和蔵）

奈良市山陵町の佐紀陵山古墳は、江戸時代には永く神功皇后陵とされており、後に垂仁天皇皇后日葉酢媛命陵に治定替えされて今日に至った。これは元禄の修陵が終わった直後の同古墳の姿である。

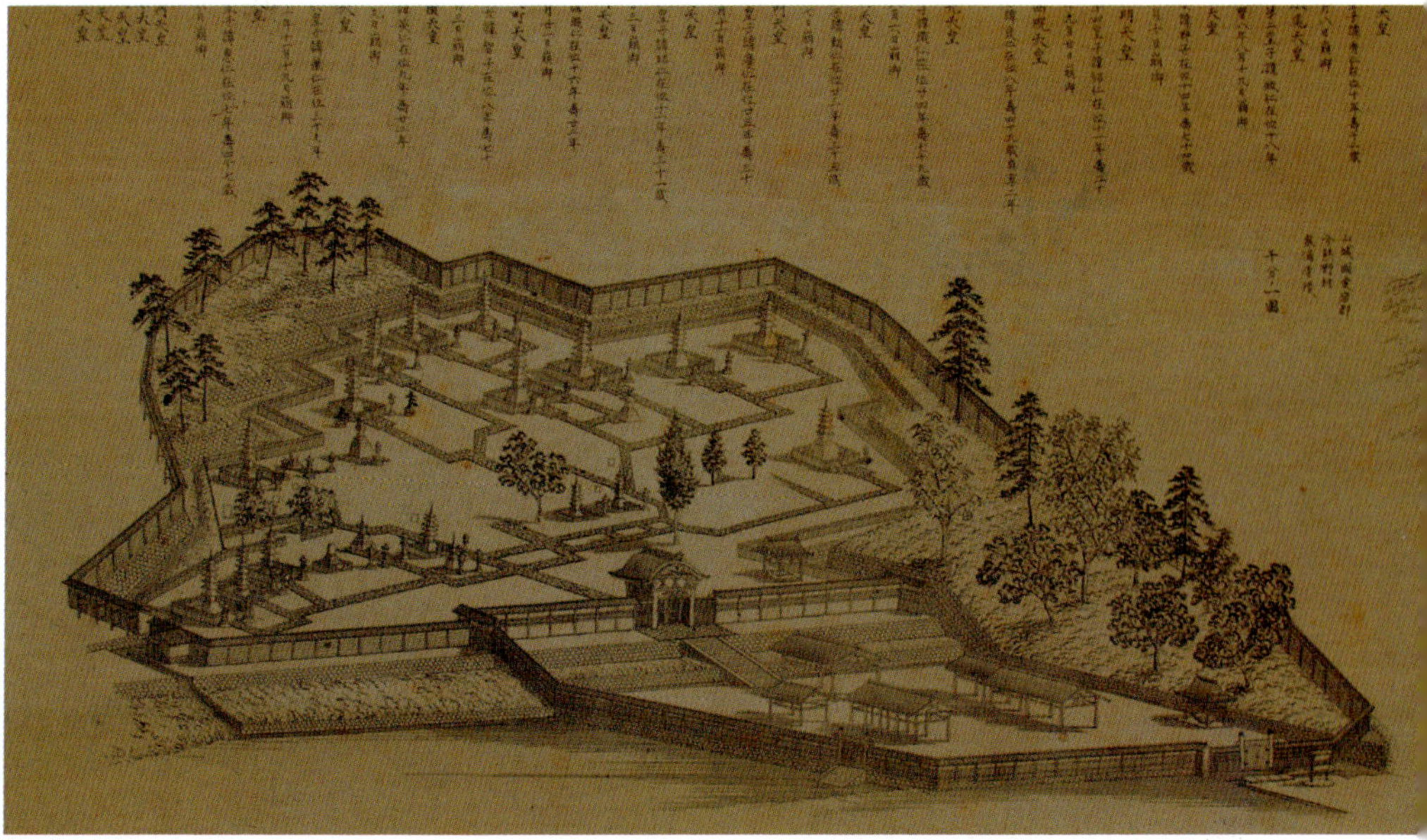

カラー図版３　月輪陵・後月輪陵(『御歴代山陵真影』に拠る)(山田邦和蔵)

泉涌寺の月輪陵・後月輪陵には、鎌倉時代の四条天皇と、江戸時代のほとんどの天皇が葬られた。これは明治時代に出版された銅版画の歴代天皇陵図である。石塔が林立している様子がよくわかる。

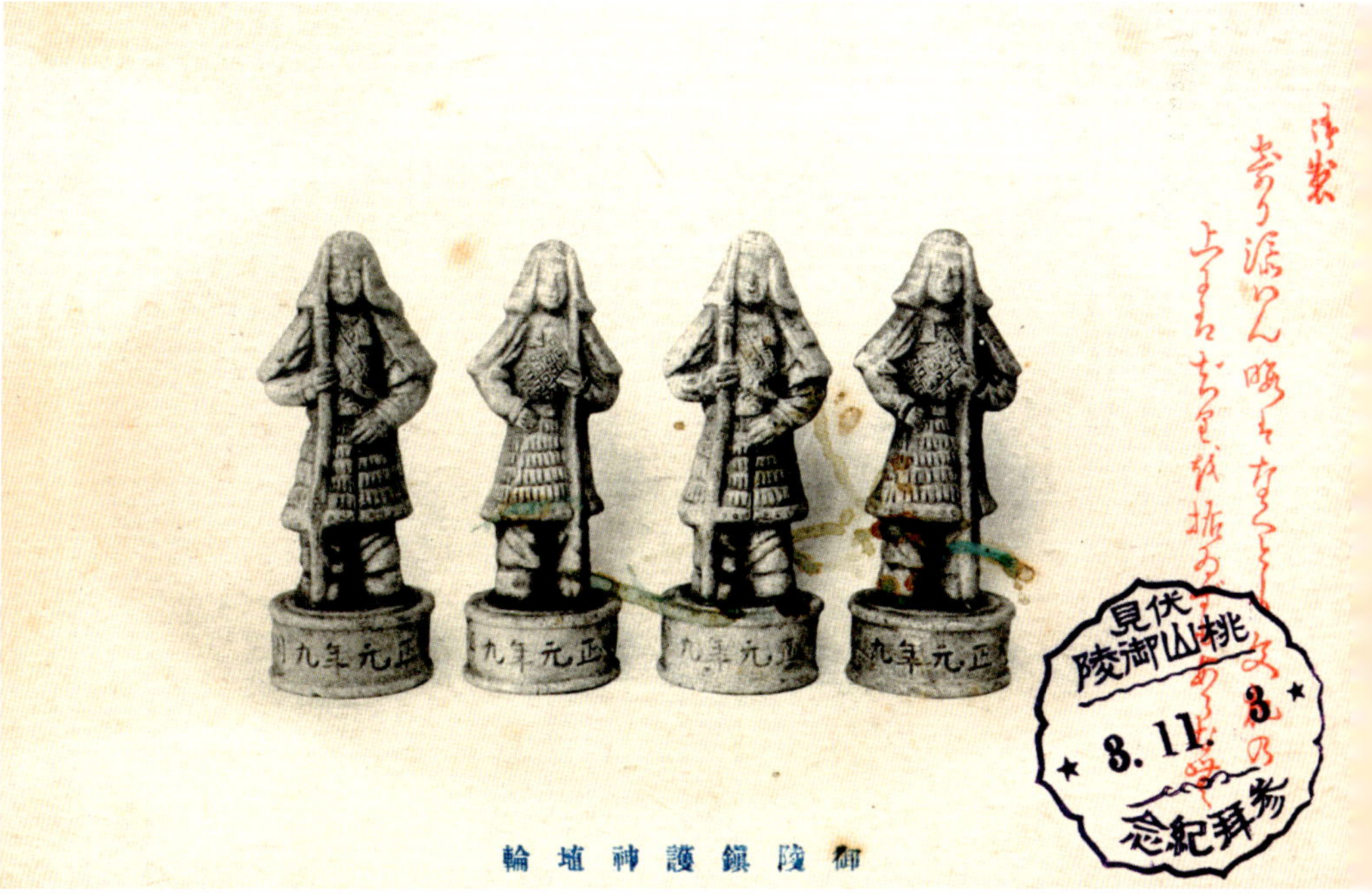

カラー図版４　明治天皇陵に埋納された埴輪(絵葉書)

明治天皇の伏見桃山陵は、天智天皇陵に倣って上円下方墳として築かれた。墳丘の四隅には、四体の人物埴輪が埋納されたという。

カラー図版５・６　百舌鳥御廟山古墳の限定公開（山田邦和撮影）

大阪府堺市の百舌鳥御廟山古墳は、墳丘部が「百舌鳥陵墓参考地」になっている。宮内庁が墳丘部を、堺市が周濠部を同時に調査し、2008年11月28日に研究者にその発掘調査現場が公開された。

はじめに

京都や奈良、大阪を歩くと、あちこちで天皇陵に出会うことができる。ところが、こうした天皇陵の中には、信憑性に疑問が付くものが多く含まれている。継体天皇陵（太田《おおだ》茶臼山《ちゃうすやま》古墳、大阪府茨木市）のような古墳時代の古墳には被葬者が疑わしいという知識は浸透してきたが、平安京に生きた多くの天皇の仏式の陵もその治定《じじょう》が疑わしかったり決め手を欠いていることは、意外に知られていない。また、京都・東山の泉涌寺《せんにゅうじ》には鎌倉時代の四条天皇や江戸時代の歴代天皇の陵があるが、これらは高さ五メートル前後の簡易な石造九重塔であるが、そうしたものの実態もあまり周知されていない。

今日、陵墓問題への社会的な関心が高まっている。二〇〇七年九月には、五世紀半ばの築造で国内最大の全長約四八六メートルの大仙陵《だいせんりょう》古墳（大山古墳）をはじめとする百舌鳥《もず》・古市《ふるいち》古墳群を、史跡指定せずに世界遺産暫定リストに記載する申請が堺市・羽曳野市・藤井寺市よりなされた。また二〇〇八年二月二二日の五社神《ごさし》古墳（神功《じんぐう》皇后陵）の墳丘最下段テラスへの日本史研究会・考古学協会など一六学協会による立入り以来、二〇〇九年二月二〇日には佐紀陵山《さきみささぎやま》古墳（日葉酢媛命《ひばすひめのみこと》陵）・伏見城跡（桃山陵墓地）へ、二〇一〇年二月一八日には河内大塚山古墳への立入りが宮内庁により認められた。また二〇〇八年一一月には、百舌鳥御廟山《ごびょうやま》古墳で、宮内庁と堺市の同時調査が行われ、七五〇〇人余りの市民にも公開された（カラー図版5・6）。今日、宮内庁により閉鎖的な管理がなされる陵墓への立入りは、明治維新以来の画期的なできごとではあるが、古代以来の歴史のなかでの陵墓の変遷を考えたとき、その閉鎖性も相対化して考えられるであろう。

本書では、古墳時代からはじまり、古代、中世、近世、そして近現代までを通じて、「歴史のなかの天皇陵」を考える。日本史のそれぞれの歴史段階において、政治・社会・宗教や天皇制とのかかわりで天皇陵を構造的にとらえ、またその位置づけがどう変容していくのかを考えた。とりわけ研究の少ない平安京における天皇陵のありようや、朝廷の存在、仏教や泉涌寺との関わりなど、京都から陵墓問題を考える視点を大切にした。

従来、日本史研究会・京都民科歴史部会編『「陵墓」からみた日本史』（青木書店、一九九五年）などの前近代に限った陵墓に関わる論集はあった。しかし本書のような古代から近現代に至る通史的な試みは初めてであり、二一世紀の最新の研究成果や陵墓問題をめぐる状況に対応することができたといえるであろう。

本書のもとになったのは、京都アスニー（京都市生涯学習総合センター）で、ゴールデン・エイジ・アカデミーの統一テーマ「歴史の中の天皇陵」として行われた連続講座である。

二〇〇八年五月　九日・北　康博「奈良・平安時代における天皇陵古墳—律令国家の陵墓認識」

五月一六日・山田邦和「平安京の天皇陵」

五月二三日・上田長生「江戸時代の天皇陵—幕末期の御陵修補と地域社会」

五月三〇日・高木博志「天皇陵の近代—どのように整備されたか」

九月二六日・菱田哲郎「天皇陵と古墳研究」

以上、五回にわたっておこなわれた講演に加えて、様々な場で陵墓に関わる研究をされている方に、最新の学知・情勢を反映したコラムをお願いし、巻末に講演者による自由な座談会を掲載した。主催いただいた京都市社会教育課や京都市生涯学習振興財団、および出版の労を執っていただいた思文閣出版および編集部の立入（現・和田）明子氏・原宏一氏にお礼申し上げたい。

二〇一〇年八月

高木博志・山田邦和

歴史のなかの天皇陵　目次

歴史のなかの天皇陵

総論　古代・中世の陵墓問題

山田邦和

考古学における古墳研究の発展は、天皇陵への認識の進捗と表裏一体の形で進んできた。

江戸時代における天皇陵研究の先駆者であった松下見林《まつしたけんりん》（一六三七～一七〇三）はその著書『前王廟陵記』（元禄一一年〈一六九八〉刊）を著した。彼の研究は主として文献史学的なところにとどまっていたが、実際の遺跡の観察もおろそかにされていたのではなかった。たとえば、見林は神功《じんぐう》皇后陵（現在は垂仁天皇皇后日葉酢媛命《ひばすひめのみこと》陵となっている佐紀陵山《さきみささぎやま》古墳）の現状を紹介し、墳丘に埴輪が規則正しく並んでいることを書き記している。また、天皇陵研究に一大画期をなしたといえる蒲生君平《がもうくんぺい》（一七六八～一八一三）は、畿内地方に分布する天皇陵候補の古墳を克明に実地踏査し、文献史学的考察と併せてその結果を『山陵志』（寛政一二年〈一八〇一〉頃完成）として公表した。ここで君平は、巨大な天皇陵に採用された特異な墳形を「前方後円」と表現した。これが現在の考古学で見られる「前方後円墳」という用語の語源となったことはよく知られている。さらに君平は、古墳の観察の結果にもとづいて山陵の制についても克明に分析した。すなわち、上古の時代には山陵の制は定まらず、神武天皇から孝元天皇までは自然地形をそのまま利用、開化天皇から敏達《びだつ》天皇までは前方後円の形状を採った。

用明天皇から文武天皇までは円形で、その中に石の室（現在でいう横穴式石室）を設けており、これはおそらく聖徳太子の発案になるものである、などとしたのである。天皇陵においては前方後円墳が古く、横穴式石室を埋葬主体とする円墳が新しい、とする君平の考えは、その後の考古学研究の進展によって正しいものと追認されていった。

明治以降の近代的考古学の進展の中でも、古墳研究は天皇陵問題と大きなかかわりを持っていた。明治時代においては、古墳の中には天皇や皇族の陵墓が含まれている確率が高いと考えられたため、宮内省が古墳の取り扱いについて全面的な関与をおこなったのである。たとえば、各地の遺跡から遺物が出土した場合、石器時代（現在でいう縄文時代）のものは東京帝国大学人類学教室が取り扱ったが、古墳にともなうものは宮内省管轄の東京帝室博物館の所管と定められていた。さらに、古墳の発掘自体、宮内省によって厳しく規制されていたのである。こうした状況の中では、天皇陵はまだまだ秘密のヴェールに包まれており、それが古墳研究の阻害要因のひとつとなっていたことは否めない。

天皇陵の実態解明が古墳研究の基礎となるということを実証したのは、古墳の編年研究の分野であった。浜田耕作は一九三六年に「前方後円墳の諸問題」（『考古学雑誌』第二六巻第九編、一九三六年）を発表し、そこで、初めて前方後円墳の型式学的変遷を四期（Ⅰ〈最古期〉、Ⅱ〈古期〉、Ⅲ〈最盛期〉、Ⅳ〈後期〉）に分けて明らかにした。ここで注目されるのは、この論文に使用された古墳の図面である。それぞれの古墳の「大和」「和泉」「河内」などとぼかして記述されるだけで古墳名も明確にはされていないけれども、これらは実は宮内省秘蔵の天皇陵の実測図を概念図風に描き直したものであった。当時、宮内省には長慶天皇陵の探索を任務とする臨時陵墓調査委員会が設置されていて浜田もその委員のひとりであったが、彼はこれに乗じて宮内省から天皇陵の実測図を借り出し、密かに筆写してこれを研究資料とした結果、この編年体系の樹立に成功したのであった。

明治・大正から昭和前半期には、宮内省によって治定《じじょう》されている個々の天皇陵の真偽を疑うことは少なく、むしろそうした治定の結果を無批判に研究の前提とする傾向も強かった。ただ、その中でも、喜田貞吉《きたさだきち》が「古墳墓年代の研究」（『歴史地理』第二四巻第三・五・六号、第二五巻第三～六号、一九一四・一五両年）で、「年代の標準たる古墳墓」として倭迹迹日百襲姫命《やまとととひももそひめのみこと》の箸墓《はしばか》、応神天皇陵、仁徳天皇陵、安閑天皇陵、聖徳太子墓、天武・持統両天皇陵、小野毛人《おののえみし》墓を挙げたことは注目される。なぜならば、年代の標準となる古墳墓がこの七基だけだということは、暗にそれ以外の陵墓の治定は確証に欠けるということを意味しているからである。また、天坊幸彦《てんぼうさちひこ》が摂津国の条里制の研究に基づき、宮内省が治定する継体天皇陵（太田茶臼山《おおだちゃうすやま》古墳）は疑わしく、同天皇の真陵は今城塚《いましろづか》古墳であることを論証したことも、宮内省の天皇陵の信憑性に対して風穴を開けた重要な研究であった。

第二次世界大戦の敗戦とともに、考古学や歴史学は天皇制史観による束縛から解き放たれた。その結果として、従来は秘密のヴェールに包まれていた天皇陵に対する関心が高まり、真の歴史を解明するために仁徳天皇陵となっている大山《だいせん》古墳を発掘調査せよという声までもが高まったのである。ただ、そうした風潮が、天皇陵古墳の治定全体に対する疑問にまで昇華されるのにはしばらくの時間がかかった。天皇陵の信憑性を積極的に論じる嚆矢となったのは、一九六八年に相次いで公表された石部正志の「百舌鳥三陵への疑義」（『古代学研究』第五〇号、古代学研究会、一九六八年）と藤間生大《とうませいた》の『倭の五王』（岩波新書、岩波書店、一九六八年）であった。ここで両者は、それまでは疑いないと信じられていた仁徳天皇陵や応神天皇陵などについて積極的に問題を提起し、独自な立場からの比定をおこなった。たとえば石部は、仁徳天皇陵＝大山古墳、履中天皇陵＝百舌鳥《もず》陵山《みささぎやま》古墳、反正《はんぜい》天皇陵＝田出井山古墳とする治定に基づく通説を否定した。そして、仁徳陵を百舌鳥陵山古墳、履中陵を百舌鳥大塚山古墳、反正陵を大山古墳とする組み合わせや、仁徳陵を大山古墳、履中陵を百舌鳥陵山古墳、反正陵を土師ニサンザイ古墳とする組み合わせ、さらには仁徳の実在を否定して履中と反正の陵を大山古墳と百舌鳥陵山古墳とする組み合わせなど、いくつかの仮説を提示したのである。また藤間は、記紀に記載された天皇陵の所在地についての情報の信憑性をまったく認めず、独自の観点から允恭《いんぎょう》天皇の真陵は大山古墳、反正天皇の真陵は誉田山《こんだやま》古墳（宮内庁治定の応神天皇陵）であるとした。これらの仮説の当否は別として、天皇陵の比定を宮内庁の治定通りとすることへの疑問は、この頃から学界の表舞台に登場したことになる。

こうした流れを決定づけたのは、一九六五年に森浩一が著した『古墳の発掘』（中公新書、中央公論社、一九六五年）であった。森はこの中で天皇陵古墳を詳細に分析し、古墳時代の天皇陵で考古学的観点から信頼できるのは、応神、天智、天武・持統、の三陵に限られる、と述べた（後の増補版では応神陵を外して天智、天武・持統の二陵とした）。また、奈良県橿原市五条野《ごじょうの》丸山《まるやま》古墳（見瀬《みせ》丸山《まるやま》古墳）を欽明天皇の真陵と推定するなど、それまでの固定観念を打破するような提言をおこなった。さらに森は、天皇陵古墳の呼び名についても検討を加え、従来の「仁徳天皇陵」を「仁徳陵古墳」、ついで「大山古墳」と呼び換えた。こうした森の提言の多くは学界に受け入れられ、ようやく天皇陵を学問的に研究する素地が固まっていったのである。

また、古墳の年代の基準として、一九七八年に川西宏幸による円筒埴輪編年が確立された（「円筒埴輪総論」『考古学雑誌』第六四巻第二号、一九七八年）ことも重要である。天皇陵古墳はほとんどの場合には年代決定のための情報に乏しく、その編年は根拠の少ない憶測に立脚するものが多かった。だが、公開が制限される天皇陵古墳であっても埴輪が採集されていることは珍しくないのであり、円筒埴輪編年の進展によって天皇陵古墳の年代決定に確乎たる基礎が樹立された。例えば、応神・仁徳・履中各天皇陵に治定されている誉田山古墳、大山古墳、百舌鳥陵山古墳の前後関係については諸説があった。しかし、そこから出土している円筒埴輪は、百舌鳥陵山古墳がIII期、誉田山古墳がIV期でもやや古い段階、大山古墳がIV期でもやや新しい段階であることが確認され、古墳の築造もその順序に従ったものであると推定されるにいたったのである。

そうした後、現在にいたるまでの天皇陵古墳の研究は、多様な観点から光が当てられるものとなった。古墳時代前期初頭の巨大前方後円墳の研究はわが国古代国家の誕生の問題と表裏一体である。天皇陵古墳の被葬者についても、先入観を排除した自由な議論が戦わされるようになった。文献史料の信憑性が増す飛鳥時代の天皇陵については、被葬者論のみならず、律令国家の祭祀体系全体の中での位置づけがはかられている。その一端は、本書所収の菱田哲郎と北康宏の両論文、高橋照彦や山本雅和のコラムにも示されているのである。

さて、古墳時代の天皇陵が、巨大古墳の研究という観点から考古学的にも注目されてきたのに対して、奈良時代以降の天皇陵に対する関心は決して高いとはいえなかった。なんといっても、奈良・平安時代には天皇の葬送自体が薄葬を旨とするようになり、遺構や遺物に見るべきものが少なくなったことが、この時代以降の天皇陵研究を遅れさせてきた原因であろう。

ただ、だからといってこの時代の天皇陵研究が無価値なものとなったわけではない。本書所収の山田論文で主張したように、奈良時代から平安時代にかけては、古墳の造営が終了するとともに、天皇陵の制度も何度かの脱皮と試行錯誤を繰り返してきた。そこでは、中国・唐の制に倣って自然丘陵をそのまま利用した山丘型陵墓が生み出されたし、薄葬の徹底から天皇陵自体を否定するという革新的な試みもおこなわれた。そして、最終的には天皇の葬儀に対する仏教の影響が強まり、天皇陵もまた寺院と一体化していくようになるのである。それから、文献史料が豊富な奈良時代以降といえども、宮内庁治定の天皇陵の信憑性にはまだまだ問題が残ることも重要なテーマとして検討されねばならない。

こうした中で、本書の堀裕、上島享、河内将芳らのコラムに示されているように、天皇の葬儀と仏教的祭儀との関わりが追究されている。このように中世の天皇陵が仏教色を強めた結果、天皇陵に仏教的な文化財の各種が残されることにもなった。近衛天皇陵である安楽寿院《あんらくじゅいん》新御塔《しんみとう》（現在の建物は江戸時代初期の再建になる多宝塔）には鳥羽法皇が造らせた阿弥陀如来像（カラー図版1）が安置されている。後白河天皇陵である法住寺《ほうじゅうじ》法華堂《ほっけどう》には、鎌倉時代中期に刻まれた後白河天皇木像が納められている。泉涌寺《せんにゅうじ》の月輪陵《つきのわりょう》に含まれている四条天皇陵の外部構造は石造九重塔（カラー図版3）であり、これは石造美術の基準資料としても重要である。今後の陵墓公開運動では、こうした文化財にも焦点をあてていかねばなるまい。

さらには、山田雄司のコラムでも扱われているように、保元の乱の崇徳上皇、治承・寿永の内乱の安徳天皇、承久の乱の後鳥羽上皇など、無念のうちに世を去った天皇が怨霊となって世を乱す、といった観念が一般化したこともみのがせない。彼ら怨霊となった天皇に対する鎮魂は、それぞれの天皇陵における祭祀だけでは足りることはなく、その他のあらゆる手段で試みられたからである。以上のような研究が示すように、平安時代から中世にかけての歴代の天皇にとっての祖先祭祀とは、天皇陵においてだけおこなわれるものではなく、広い範囲の国家的祭儀の中に溶けこんでいったものなのである。

また、中世の天皇陵問題については、城郭とのかかわりも忘れてはならない。室町時代から戦国時代にあっては全国で多数の中世城郭が建設されたが、その際に平地にそびえる人工の丘である古墳が格好の建設地とされることがあった。安閑天皇陵に治定されている高屋城山古墳は、室町時代の河内国を支配していた畠山氏の守護所である高屋城の本丸として利用されていた。継体天皇の真陵であるという説が強い今城塚古墳は、戦国時代末期に、墳丘が城郭として徹底的に改変されている。こうした事例の場合、古墳としてだけではなく、中世城郭の遺跡としても重要な価値を持つものとなる。また、安康天皇陵の実体は古墳ではなく、宝来城と呼ばれている中世城郭の遺跡である。さらに、明治天皇陵と昭憲皇太后陵は豊臣秀吉が建設した伏見城の跡に築かれており、両陵の背後の宮内庁管理地には同城の遺跡がそのまま眠っている。

天皇陵の公開を求める運動というと、考古学的に重用視される古墳時代の巨大古墳が注目されることが多いのであるが、今後は美術史や城郭史といった幅広い分野からの検討をおこなっていかなければならないのである。

総論　近世・近代の陵墓問題

高木博志

二〇〇一年の宮内庁陵墓課の情報公開は、陵墓の歴史的研究に大きな成果をもたらした。たとえば外池昇が発掘した一九三五年に発足する臨時陵墓調査委員会の資料からは、一九四四年に嵯峨東陵に最後に治定《じじょう》された長慶天皇陵（南朝三代）が同委員会の主たる検討課題であったが、その他にも明治期以来の陵墓の体系の見直しや検討がなされたことが明らかになった（『事典陵墓参考地』吉川弘文館、二〇〇五年）。あるいは本講演録の中で、上田長生が明らかにする地域社会と陵墓の管理や関係性の問題や、高木博志が見いだした宮内庁官吏・和田軍一の今城塚《いましろづか》こそが真の継体天皇陵とする宮内庁内部の理解の発掘など、新たな成果があらわれた。宮内庁書陵部の閲覧室に配架された『歴史的資料目録（陵墓課保管分）、昭和五〇年』が、その導き手である。

昭和から平成への代替わりをへて、象徴天皇制そのものの文化・社交的機能の高まりのなかで、二一世紀には情報公開が進み、政治史では部分公開された「大正天皇実録」や、文化史でも正倉院御物《ぎょぶつ》の整備や観桜会の資料などを通じて皇室の研究が深められている。また東京国立博物館や三の丸尚蔵館などでも旧皇室財産系の文化財や御物の展示が頻繁になった。陵墓に関わっても、宮内庁による史料のみならずモノの公開も進み、二〇〇四年には、奈良県立橿原考古学研究所において、「佐紀古墳群の埴輪――宮内庁書陵部所蔵品を中心として」といった画期的な特別陳列や、二〇〇九年の堺市博物館（平成二一年度秋季特別展）「仁徳陵古墳築造」でも津堂城山《つどうしろやま》古墳や塚廻《つかまわり》古墳などの宮内庁所蔵遺物が公開された。また本書の福尾正彦コラムで陵墓の兆域に残された金石文（燈籠）から近世の庶民信仰・文化を読み解いたのも、公開後の新しい成果である。

本書の近世・近代で上田長生・高木博志が指摘した新しい史実の一つは、奈良時代の天武天皇系譜から、平安京遷都後は、仏教的来世観ともあいまって天智天皇・光仁天皇・桓武天皇以下の平安京歴代の天皇たちの系譜へと転換し、明治維新によって「神武創業」になるまでは、天智天皇陵が始祖陵であったことだ。上田長生や鍛治宏介が着目する近世後期の桓武天皇顕彰もこの文脈にある（『日本史研究』五二一「特集、陵墓研究の新地平」、二〇〇六年）。山城国宇治郡への治定以来、平安京のみならず室町時代、江戸時代を通じて、天智天皇陵は始祖陵として守護されてきた。そして文久三年（一八六三）以降の公武合体運動における始祖陵としての神武陵の再発見（六七二年壬申の乱のときは、律令制形成期に築造された神武陵に武器などを奉幣した）と、慶応三年（一八六八）一二月の王政復古の大号令以降の始祖・神武天皇としての公認化は、すでに研究史が明らかにしたことである。

泉涌寺は、中世の四条天皇に始まる天皇家の葬送の場であったが、後光明《ごこうみょう》天皇の葬儀（一六五四年）以降、土葬に石造九重塔が立つ（総本山御寺泉涌寺編『泉涌寺史、本文篇』法藏館、一九八四年）。現在では、元禄期や文久期以降の修陵事業に研究が集中しているが、仏教的な来世観から近代の皇霊祭祀への転換の解明は、武田秀章の『維新期天皇祭祀の研究』（大明堂、一九九六年）を先蹤《せんしょう》としつつも今後の課題となっている。陵墓と濠水の管理・利用など地域社会とのかかわりについて、上田報告は、畿内近国論、由緒論、守戸《しゅこ》のネットワークや用達《ようたし》などの諸役の身分論など近世史全体の課題に位置づけようとしている。陵墓問題を歴史の中で考える視角である。

近代の陵墓について、天皇制の展開のなかで素描してみたい。慶応三年一二月の王政復古の大号令により「神武創業」の理念が明らかにされ、「皇祖皇宗」という天皇家の系譜が浮上した。近代史を通じて、天皇のみならず皇后・皇子・皇女などの集団が、皇統譜という「戸籍」に裏付けられ、それが八百を超える陵墓群として視覚化されてゆく。一八八九年、大日本帝国憲法というアジアで最初の憲法発布にあわせて、一二一代の天皇系譜につながるとされた明治天皇を対外的に宣言するために、すべての天皇陵が治定された。ヨーロッパや中国の王権のように征服王朝ではなく、「万世一系」の皇室こそが、日本が固有の「歴史」や「伝統」を誇示しうる文化的源泉であるとの戦略だ。

日本近代史において、一九〇五年に終結する日露戦争の前後が大きな画期となった。明治中期までに、憲法・軍隊・官僚・教育といった国家の制度的枠組みができあがり、日露戦後に立ち現れるのは、帝国主義段階という世界史に規定され、村や町に向きあい「社会」をどうするのか、という課題であった。陵墓においても、天皇陵だけでなく、未完の皇后・皇子・皇女などの陵墓の治定が、たとえば京都の諸陵寮出張所においては、主たる問題となった。明治中期まではいまだ門扉や参道などの荒廃が目立っていた陵墓は、二〇世紀には整備され、ヨーロッパの造園学や景観整備の影響の下に墳丘に荘厳な植栽がなされていった。一九二三年の関東大震災以降に本格化する大衆社会状況下では、国民道徳の祖先崇拝と家族国家観の尊厳を護りつつ、ツーリズムに呼応しながら皇陵巡拝が本格化する。そして帝都復興とともに、一九二八年の皇室陵墓令では、大正天皇以降、東京近郊に天皇陵が築造されることが規定され、畿内はノスタルジーの皇室の故地となっていった。一九三五年にはじまる臨時陵墓調査委員会の重要な任務は、一九一〇年の南朝正統論を補完する最後のピースである長慶天皇陵を埋めることにあったが、その審議過程を見てゆくと、歴史学の史料批判や考古学の年代比定といった近代学知と、一九世紀までの治定の方法論との間に齟齬が生じていたことがうかがえる。

　戦後の陵墓は皇室財産の解体にともない、国有財産法（一九四八年改正）の中の皇室用財産というカテゴリーに含まれることになった。しかし法隆寺金堂壁画消失を契機に成立する文化財保護法（一九五〇年）に規定された古墳などの史跡とは陵墓は、別立てにあった。こうした旧皇室財産として秘匿された陵墓と、文化財保護法の開かれた史跡などの古墳一般という、二系列の古墳のありようは、一九九二年の世界遺産条約への日本の加入により、新しい局面を迎えることとなる。本来、陵墓は国有財産の皇室用財産に加えて、文化財保護法（国内法）の史跡であることを追加規定してはじめて登録が可能となるのが世界遺産の原理であるが、文化庁・宮内庁と大阪府・堺市などが提示した道筋は違うものであった。二〇一〇年六月一四日に、文化庁は世界遺産の国内暫定リストに、「百舌鳥《もず》・古市《ふるいち》古墳群」の追加を決めた。また同年七月一二日の一六学協会の陵墓懇談会で、宮内庁から、世界遺産登録の国内法の根拠は、国有財産法であるとの説明があった。

　本書今井邦彦のコラムが指摘するように、すでに陵墓は、宮内庁により保護されているので、文化財保護法の指定ではなく、「周知の埋蔵文化財包蔵地」という文化財保護法第九三条の対象になりうるという便法で、「御霊の宿る」聖域であることとの折り合いをつけた。すなわち、秦の始皇帝陵や、慶州の新羅の王陵といった「歴史化した王権」ではなく、「生きている象徴天皇制」であることが、大仙陵や誉田山《こんだやま》古墳の史跡指定をはずすことになったと思われる。はたしてこうした枠組みが、ユネスコから認められるであろうか、今後の展開はよくわからない。「御霊の宿る」聖域で史跡指定しないことが「日本文化」であるとして、国際的に打ち出すことが、文化多元主義のなかで受け入れられるかもしれない。二〇〇八年の五社神《ごさし》古墳からはじまった墳丘部テラス一段目への研究者の限定的な立入も、ユネスコの世界遺産に向けて、すでに国内法である文化財保護法第四条に規定された「保存」「公開」「文化的活用」の運用がなされているとの実績に、結果としてなるかもしれない。陵墓を史跡指定しない世界遺産への登録は、かえって明治維新以来の陵墓の「秘匿性」を「凍結」し、現行のあり方を追認するものになる可能性もある。

二一世紀になって陵墓の世界遺産登録が問題となっているこの機会に、一九四八年以降、戦前と変わらない宮内庁の管理がなされてきた国有財産（皇室用財産）である陵墓を、どう「保存」「公開」「文化的活用」してゆくのかについて、より良いありようを求めて、様々な可能性を探り、「国民」的に議論することが必要であろう。文化財保護法は、第一条に「この法律は、文化財を保存し、且つ、その活用を図り、もつて国民の文化的向上に資するとともに、世界文化の進歩に貢献することを目的とする」ことをうたっている。

天皇陵と古墳研究

菱田哲郎

はじめに

「歴史の中の天皇陵」というシリーズの付けたりとして、今日は「天皇陵と古墳研究」という話をさせていただきます。私がこのテーマと関係するようになりましたのは、数年前に日本考古学協会という学会で陵墓問題を担当させていただいたことによります。天皇陵の公開を求める運動を一五ないし一六の学会の連合でおこなっておりますが、その連絡調整をおこなうことを仕事としておりました。宮内庁さんとも交渉をもつわけですが、陵墓としての側面と重要な古墳としての側面とを両立させることの難しさを痛感いたしました。実際、大規模な前方後円墳のランキングを作ってみますと、その上位にはずらーっと陵墓が並ぶことになります。いわば、古墳時代を理解するための主要な材料を宮内庁が独占しているのが現状と言えます。もちろん、制約がある中でもこれまで陵墓とされた古墳について、その学術的な位置づけをはかる研究は古くからありました。ここでは、これまでの研究をふり返るとともに、古墳時代研究の中に改めて天皇陵を位置づけてみたいと思います。

一　古墳編年と陵墓研究

古墳編年論争と天皇陵

陵墓についての研究は江戸時代からありますが、明治以降の考古学としての取り組みでは、明治末から大正、昭和にかけておこなわれた、古墳編年論争があげられます。日本の考古学研究では、他の学問でもそうかと思うのですが、何事も論争となって研究が深まっていきました。古墳の研究でも同じような状況でして、竪穴式石室と横穴式石室のどちらが古いかということが長らく論争となりました。

横穴式石室が古く、竪穴式石室が新しいと考えたのが坪井正五郎《つぼいしょうごろう》という考古学の先覚者で、今の常識とは逆になっております。なぜそのように考えたかと言いますと、記紀の神話に黄泉《よみ》の国の話があって、イザナギが亡くなったイザナミのもとを訪れることが記されていますが、その舞台が横穴式石室と考えられたからです。すなわち、死体の状況を確認できるのは、埋葬後に再び入ることのできる横穴式石室に違いない、そしてイザナギが神代の中でも古いところに位置づけられると考えたのですね。

この考えに敢然と異を唱えたのが喜田貞吉《きたさだきち》という人物です。たいへん有名な人で、法隆寺再建非再建論争など、名だたる論争に顔を出した日本史学者です。この問題については、「私は門外漢だが……」と前置きしたうえで、考古学者の意見は間違っているのではないかと反駁を加えております。その時に証拠としたのが、陵墓でありました。喜田貞吉は、応神天皇陵、仁徳天皇陵など、天皇陵を即位の順に並べ、初歩的な古墳の編年をおこないました。そして、聖徳太子墓が横穴式石室であることなどから、竪穴式石室から横穴式石室への変化を導いたわけです。彼の研究は「上古の陵墓」というタイトルで『歴史地理』の「皇陵特集号」（一九一四年）に載せられまし

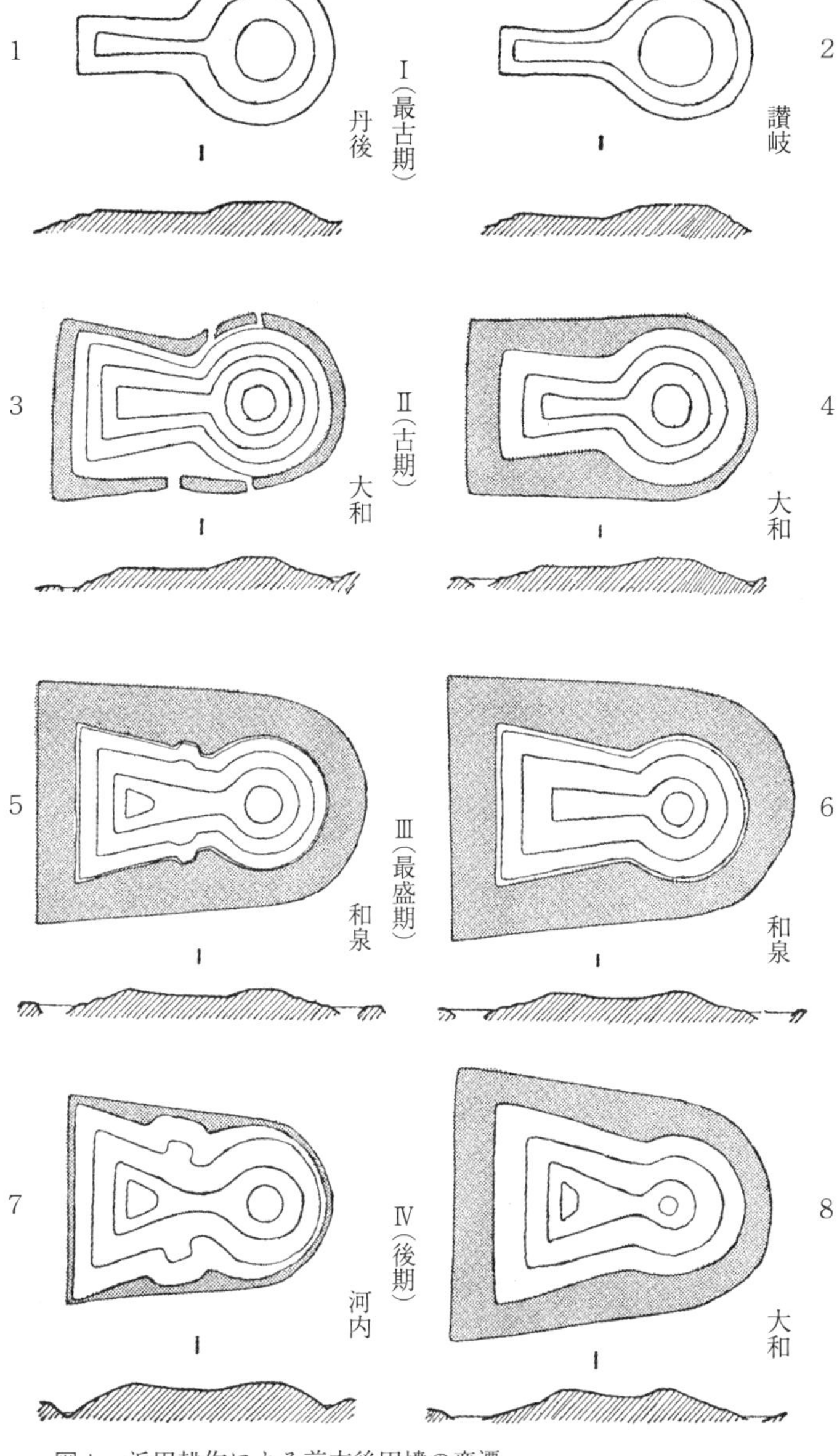

図１　浜田耕作による前方後円墳の変遷
（「前方後円墳の諸問題」『考古学雑誌』26巻９号、1936年）

たが、まさに陵墓研究が古墳の編年の基礎になることが示されたことになります。

喜田貞吉によって先鞭をつけられた古墳の編年は、京都大学の考古学教室を興した浜田耕作（青陵）によってさらに進められることになります（図1）。浜田は「前方後円墳の諸問題」と題する論文の中で、前方後円墳の墳丘変化について、天皇陵を参照しながら四つの段階に分けることに成功しました。一九三六年に発行された『考古学雑誌』（二六巻九号）に掲載された論文になりますが、ここでは、細長い前方部が次第に発達していき、最後には後円部を凌駕するという流れを明らかにしています。これは今日の変遷観とまったく変わらないもので、その背景に天皇陵に対する検討があったことを忘れてはならないと思います。

天皇陵批判と副葬品研究

第二次世界大戦後になりますと、より自由な形での天皇陵へのアプローチが拓けてきます。戦前では陵墓の比定が間違っているということをおもてだって発言することができませんでしたが、戦後になりますと、これまで編年の前提としていた天皇陵の被葬者が本当にそうなのかということに目が向けられてきます。その先駆者として同志社大学で長らく教鞭をとられた森浩一さんをあげることができます。中公新書から出された『古墳の発掘』において、天皇陵の比定について、疑問のあるもの、大いに疑わしいものなど、記号によって記した一覧を掲載されています（表1）。とくに、古くから問題視されていた継体天皇陵について取りあげ、天皇陵を年代比定の根拠とすることに警鐘を鳴らしました。この研究を契機として、天皇陵については、年代についても疑ってかかる姿勢が必要であると強く認識されるようになりました。その結果、古墳の研究において、天皇陵をあてにすることがない、むしろ主体部が発掘され、内容が明らかな古墳を中心として研究が進められていくことになったと言えます。

古墳の副葬品の研究は、考古学の黎明期にまでさかのぼりますが、帝室博物館（東京国立博物館）の豊富な古墳出土資料に対する整理が進む過程で飛躍的に進んできたという経緯があります。そして、京都大学の小林《こばやし》行《ゆき》雄《お》らの精力的な研究により、鏡や石製腕飾、甲冑や馬具など、副葬品を中心とした古墳時代の編年がたいへん緻密になっていきました。このように、副葬品にもとづく古墳編年が進められる一方で、副葬品がわからない天皇陵については、墳丘形態の研究はおこなわれていたものの、古墳の編年研究の流れからは取り残された感がありました。

表1　森浩一による天皇陵の検証

天皇	所在地	墳形	備考
開化	奈良県奈良市	前方後円	△
崇神	奈良県天理市	前方後円	●
垂仁	奈良県奈良市	前方後円	●
景行	奈良県天理市	前方後円	●
成務	奈良県奈良市	前方後円	●
仲哀	大阪府藤井寺市	前方後円	*
応神	大阪府羽曳野市	前方後円	○
仁徳	大阪府堺市	前方後円	●
履中	大阪府堺市	前方後円	●
反正	大阪府堺市	前方後円	△
允恭	大阪府藤井寺市	前方後円	●
安康	奈良県奈良市	山形	?
雄略	大阪府羽曳野市	円 ?	□
清寧	大阪府羽曳野市	前方後円	*
顕宗	奈良県香芝町	前方後円 ?	?
仁賢	大阪府藤井寺市	前方後円	*
武烈	奈良県香芝町	山形	?
継体	大阪府茨木市	前方後円	△□
安閑	大阪府羽曳野市	前方後円	●
宣化	奈良県橿原市	前方後円	△□
欽明	奈良県明日香村	前方後円	□
敏達	大阪府太子町	前方後円	△
用明	大阪府太子町	方	●
崇峻	奈良県桜井市	円	?□
推古	大阪府太子町	方	*
舒明	奈良県桜井市	方	●
皇極	(重祚して斉明天皇)		
孝徳	大阪府太子町	円	●
斉明	奈良県高取町	円	●
天智	京都府京都市	方	○
弘文	滋賀県大津市	円	●
天武	奈良県明日香村	八角	○
文武	奈良県明日香村	円 ?	□

△ 墳丘の型式が天皇の順位とはなれている。
? 古墳として疑問、別の候補地を求めたほうがよい。
□ 付近により適当な古墳があり、検討すべきである。
* 付近に可能性のある古墳があり、検討の余地がある。
● 妥当なようではあるが、考古学的なきめ手を欠く。
○ ほとんど疑問がない。
出典：『古墳の発掘』中公新書、1965年

円筒埴輪編年と陵墓の年代論

天皇陵の研究にとって劇的な転換をもたらしたのが、川西宏幸《かわにしひろゆき》さんの「円筒埴輪総論」という論文で、一九七八年に『考古学雑誌』（六四巻二号）に発表されました。円筒埴輪《えんとうはにわ》というのは、古墳に立て並べられる最も普通の埴輪で、器材埴輪や人物埴輪と比べると地味な存在です。その円筒埴輪について、先後関係を明らかにするという編年研究の基礎を打ち立てた論文と言えます。この中では、埴輪の特徴からⅠ～Ⅴの時期に区分され、それぞれ特徴的な古墳が示されることになりました（表2）。当然のことながら、副葬品の編年との対比も同時に進められ、それぞれの時期の実年代が示されました。天皇陵研究にとって画期的と申しましたのは、円筒埴輪は大型の前方後円墳であればたいがいありますから、発掘調査がおこなわれていない古墳でも、表面に落ちている円筒埴輪から年代を割り出すことができることになったからです。つまり、応神陵、仁徳陵、履中陵といった古墳について、それまでの副葬品研究から導き出された古墳の編年上に置くことが可能になったと言えます。川西さんは、Ⅱ期の埴輪について、副葬品研究から四世紀後葉に位置づけられている古墳から出土することを示し、またⅤ期が六世紀に比定できることから、間のⅢ期を五世紀前葉、Ⅳ期を五世紀中葉から後葉という年代をお示しになりました。

実は、この年代観からいろいろと問題が出てまいります。たとえば応神天皇陵は、Ⅳ期の埴輪をもつことから、五世紀半ば頃に位置づけられることになりました。先に挙げた森浩一さんの判定では、後世の応神天皇信仰の中心ともなっていることから、比較的確かであろうとされていたのですが、その応神天皇陵ですら、年代が合わない、つまり陵墓として誤りがあるのではないかということになったわけです。円筒埴輪の編年によって、天皇陵が古墳編年に接続されたことにより、天皇陵の治定《じじょう》——宮内庁では誰の墓かということを決めるのに治定とい

表2　川西宏幸による円筒埴輪編年

	I	II	III	IV	V	
大和		マエ塚 古市 富雄丸山 東大寺山 東殿塚 崇神陵 景行陵 メスリ山	平塚1号 瓦塚1号 倉塚2号円筒棺 ナガレ山 室大墓	ウワナベ 平塚2号 河合大塚山 佐味田坊塚 新庄屋敷山	新沢158号 同　175号	石見 市尾墓山
河内		えのき塚 花岡山	堂山 心合寺山 仲津媛陵 野中宮山	応神陵 アリ山 野中 黒姫山	山畑36号 蕃上山	
和泉				仁徳陵 七観 ニサンザイ 赤山 宇度墓 西小山 西陵	浜寺経塚	大園2号FN35
摂津				紅茸山 弁天山D4号 土保山 継体陵 御願塚 塩山1号	今城塚 南天平塚	昼神車塚 南塚
山城	寺戸大塚 妙見山 平尾城山	鳥居前 八幡茶臼山 飯岡車塚	宇治二子山北 金比羅山 平川車塚	牛廻り塚 青塚 芭蕉塚 赤塚 宮ノ平1号 市坂	坊主山1号 冑山1号 千両岩2号 考	物集女車塚
丹波		園部垣内		野篠	挙田	
丹後		法王寺	尾上 ニゴレ		太田	
近江				新開	山津照神社	
伊賀		石山	伊予丸		キラ土	
紀伊				陵山	大谷 雨ヶ谷3号 鳴滝2号 北田井 晒山2号	大谷山22号 井辺八幡山 井辺前山32号 船戸箱山

出典：「円筒埴輪総論」『考古学雑誌』64巻2号、1978年

う言葉をお使いになっていますーーには、ずいぶんと多くの問題があるのではないかと考えられるようになりました。

巨大前方後円墳と「大王墓」

この一九七八年の研究を境に、天皇陵とされている古墳は、実際には誰の墓であるかというようなことは、考古学界の中ではあまりおこなわれなくなりました。むしろ、違っていてあたりまえだというように考えられていくようになります。そして、天皇陵も含めて、大型前方後円墳の消長を編年表の上に図示し、その移り変わりを検討していくというスタイルが主流になっていきます。白石太一郎《しらいしたいちろう》さんの一連のご研究は、その代表と言えるもので、たとえば大和から河内への王権の移動を鮮明に浮かび上がらせることに成功しています（図2）。もちろん天皇陵も含まれた変遷が描かれるわけですが、天皇の称号が七世紀からで、それまでは大王《おおきみ》と呼ばれていたことでもありますから、時の最高権力者の墓を大王墓として抽出することになっていきます。その際に、同時期で最大規模の前方後円墳を「大王墓《だいおう》」とするルール、これは誰が言い出したかははっきりとしませんが、そのようなルールが確立し、今日まで受け継がれております。各地との関係も、その大王墓と同時期の古墳の関係として扱うことになり、まさにモノ中心主義の古墳時代研究ができあがってきました。その結果、大王墓の主が文献に出てくるどの天皇のことであるのかというようなことは、あまり関心が払われなくなっていきました。この段階で、古墳時代に対する考古学研究と、『古事記』『日本書紀』に対する文献研究との間に大きな溝ができたのではないかと私は考えております。

この溝を埋めていくにはどうしたらよいか、これが今日のお話の主題になります。私自身は、歴史というもの

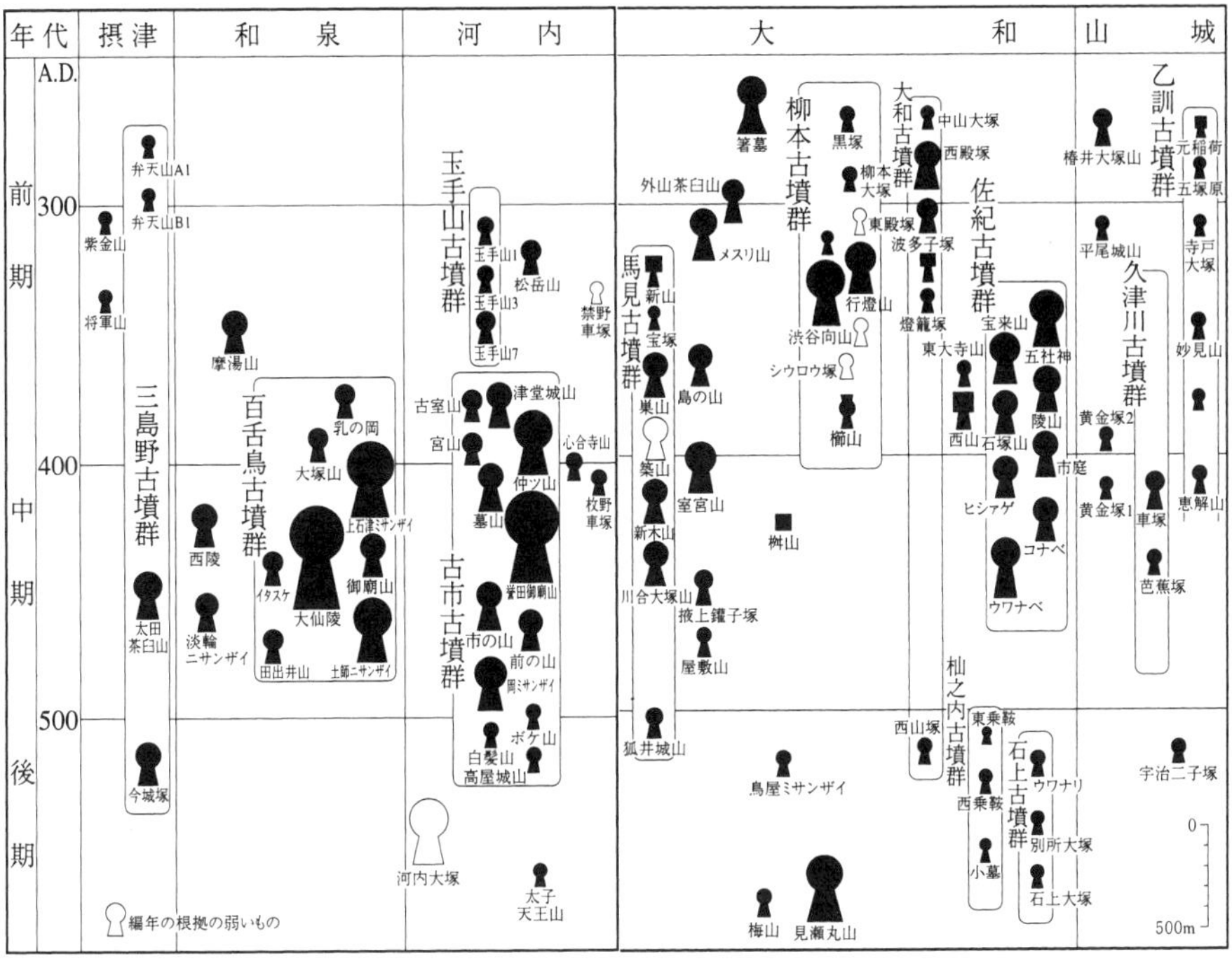

図２　白石太一郎による大型前方後円墳の編年（『古墳とヤマト政権』文春新書、1999年）

は本来一つであって、考古学という物的証拠から検討していく学問と、文字資料、書かれた歴史から事実を見いだす文献史学とは、同じ時代の同じできごとについて、双方から接近することが可能なわけですから、それぞれの研究成果を整合的に理解することが重要であると思っております。確かに、大王墓としての王統研究を実際の古墳から検討していく研究も意義があり、とりわけ精緻な古墳編年というのは、何よりも重要な証拠になると思っております。しかし、それと同時に文字資料、『古事記』『日本書紀』に加えて、『宋書』などの中国側の記録も含めて、文献史学の成果を取り入れ、あるいはつないでいく作業が、この時代の研究にとって不可欠です。そして、その両者をつなぐ位置にあるのが天皇陵をはじめとする陵墓なのです。

二　五世紀の巨大前方後円墳と大王墓

記紀の年代観と陵墓比定

文献からの歴史について見ておきますと、『日本書紀』の応神天皇や仁徳天皇の治世が百年以上に及ぶなど、年代は記されているけれども書かれていないに等しいという状況があります。つまり、実際の年代を考えていくうえでは、さまざまな調整が必要になってきます。『日本書紀』の編纂は七世紀の記録をもとに作られたと考えられ、その時代の一定の伝承は伝えられていると考えてよいことになります。たとえば、『日本書紀』の編纂者は『魏志』に出てくる卑弥呼のことは知っていて、それを何とか歴史の中に折り込もうとしたのですね。その結果、神功《じんぐう》皇后に卑弥呼の年代をあてようとして、年代を調整したという考えが有力視されています。神功皇后の時代は朝鮮半島の記録にも共通のできごとが記されていて、四世紀後葉のことと考えられておりますので、神功皇后や応神天皇時代というのがおよそ干支二運、つまり一二〇年ほど古く置かれたということになるわけです。このような調整に加えて、後で触れます倭の五王についての文献記録を参照して、おおむね五世紀のできごとが復原できるようになっております。

このようなことを前提としつつ、『古事記』や『日本書紀』に記された天皇陵の位置に関する伝承を取りあげてみようと思います。陵墓の治定は『延喜式《えんぎしき》』の「諸陵式《しょりょうしき》」が基本となっておりますが、やはりその根本史料と言えるのが『古事記』『日本書紀』の記載です（表3）。その中で、仁徳、履中、反正《はんぜい》の三代の天皇についてみますと、『日本書紀』では、「百舌鳥野《もずの》」と「百舌鳥耳原」と「耳原」、『古事記』では「毛受野耳原《もずの》」「毛受」「毛受野」と記され、いずれも百舌鳥（毛受）にあることがわかります。つまり、『古事記』と『日本書紀』との間で若干の齟齬がありますが、これら三代の墓が百舌鳥にあったことは伝承として確実視できるのではないかと思うわけです。ちなみに、『延喜式』では、順に「百舌鳥耳原中陵」「百舌鳥耳原南陵」「百舌鳥耳原北陵」というように位置関係を示しておりますが、このように整理されたのがいつのことであるのかは判然としません。ですので、七世紀の伝承としては百舌鳥に位置したというところまででしょうから、ここから考察は、ひとまず出発してみてはどうかと思います。

考古学的年代観の修正

百舌古墳群のどの古墳がこの三代の天皇の墓としてふさわしいかという点については、古墳の編年、年代から検討する必要があります。先ほど触れました川西さんの編年では、応神天皇陵が五世紀中葉になり、百舌鳥の仁徳天皇陵もさらに新しいということになっております。まず、この辺の年代から見直してみようと思います。

川西さんの円筒埴輪の編年では、とくにIII期からIV期にかけてを大きな変化と捉えられていました。それは、III期までの埴輪には黒斑という黒いしみが付いていて、野焼きによる焼成と考えられるのに対し、IV期の埴輪にはそれがなく、窯での焼成であることが見抜かれたからです。そして、窯の技術の導入は、須恵器の生産の開始とリンクすると考えられ、実際、埴輪の窯も須恵器の窯と同じように斜面にトンネルを掘り抜いたような窖窯《あながま》という形態の窯ですから、両者の生産の開始が近い時期にあると考えられたのです。当時、須恵器生産の開始は五世紀中葉と考えられていましたので、IV期の埴輪の時期を決める手がかりとされました。ですが、この須恵器の開始時期についても、五世紀初頭とする意見も古くからあり、なかなか決めがたいというのも実情でした。

この須恵器生産の開始についての議論にとって、大きな発見をもたらしたのが、年輪年代の測定結果です。年

表3　天皇陵一覧

天皇名	陵名(日本書紀)	「陵」所在地(古事記)	「陵」名／所在地(延喜諸陵寮式)
1神武	「畝傍山東北陵」(神武崩後丁丑．9．丙寅)	畝火山之北方白檮尾上(中巻)	「畝傍山東北陵」／大和国高市郡
2綏靖	「桃花鳥田丘上陵」(安寧元．10．丙申)	衝田丘(中巻)	「桃花鳥田丘上陵」／大和国高市郡
3安寧	「畝傍山南御陰井上陵」(懿徳元．8．朔)	畝火山之美富登(中巻)	「畝傍山西南御蔭井上陵」／大和国高市郡
4懿徳	「畝傍山南纖沙谿上陵」(孝昭即位前紀)	畝火山之真名子谷上(中巻)	「畝傍山南纖沙渓上陵」／大和国高市郡
5孝昭	「掖上博多山上陵」(孝安38．8．己丑)	掖上博多山上(中巻)	「掖上博多山上陵」／大和国葛上郡
6孝安	「玉手丘上陵」(孝霊即位前紀)	玉手岡上(中巻)	「玉手丘上陵」／大和国葛上郡
7孝霊	「片丘馬坂陵」(孝元6．9．癸卯)	片岡馬坂上(中巻)	「片岡馬坂陵」／大和国葛下部
8孝元	「剣池嶋上陵」(開化5．2．壬子)	剣池之中岡上(中巻)	「剣池嶋上陵」／大和国高市郡
9開化	「春日率川坂本陵」(開化60．10．乙卯)	伊邪河之坂上(中巻)	「春日率川坂上陵」／大和国添上郡
10崇神	「山辺道上陵」(崇神崩後壬辰8．甲寅)	山辺道勾之岡上(中巻)	「山辺道上陵」／大和国城上郡
11垂仁	「菅原伏見陵」(垂仁99．12．朔)	菅原之御立野中(中巻)	「菅原伏見東陵」／大和国添下郡
12景行	「山辺道上陵」(成務2．11．壬午)	山辺之道上(中巻)	「山辺道上陵」／大和国城上郡
13成務	「狭城盾列陵」(仲哀即位前紀)	沙紀之多他那美(中巻)	「狭城盾列池後陵」／大和国添下郡
14仲哀	「長野陵」(神功2．11．甲午)	河内恵賀之長江(中巻)	「恵我長野西陵」／河内国志紀郡
15応神	「蓬蔂丘誉田陵」(雄略9．7．朔)	川内恵賀之裳伏岡(中巻)	「恵賀藻伏崗陵」／河内国志紀郡
16仁徳	「百舌鳥野陵」(仁徳87．10．己丑)	毛受野耳原(下巻)	「百舌鳥耳原中陵」／和泉国大鳥郡
17履中	「百舌鳥耳原陵」(履中6．10．壬子)	毛受(下巻)	「百舌鳥耳原南陵」／和泉国大鳥郡
18反正	「耳原陵」(允恭5．11．甲申)	毛受野(下巻)	「百舌鳥耳原北陵」／和泉国大鳥郡
19允恭	「河内長野原陵」(允恭42．10．己卯)	河内之恵賀長枝(下巻)	「恵我長野北陵」／河内国志紀郡
20安康	「菅原伏見陵」(安康3．8．壬辰)	菅原之伏見岡(下巻)	「菅原伏見西陵」／大和国添下郡

21雄略	「丹比高鷲原陵」(清寧元.10.辛丑)	河内之多治比高鸇(下巻)	「丹比高鷲原陵」／河内国丹比郡
22清寧	「河内坂門原陵」(清寧5.2.戊寅)	蚊屋野之東山(下巻)	「河内坂門原陵」／河内国古市郡
23顕宗	「傍丘磐杯丘陵」(仁賢元.10.己酉)	片丘之石坏岡上(下巻)	「傍丘磐杯丘南陵」／大和国葛下郡
24仁賢	「埴生坂本陵」(仁賢11.10.癸丑)	(記載なし)	「埴生坂本陵」／河内国丹比郡
25武烈	「傍丘磐杯丘北陵」(継体2.10.癸丑)	片岡之石坏岡(下巻)	「傍丘磐杯丘北陵」／大和国葛下郡
26継体	「藍野陵」(継体25.12.庚子)	三嶋之藍御陵(下巻)	「三嶋藍野陵」／摂津国嶋上郡
27安閑	「河内旧市高尾丘陵」(安閑2.12)	河内之古市高屋村(下巻)	「古市高谷丘陵」／河内国古市郡
28宣化	「身狭桃花鳥坂上陵」	(記載なし)	「身狭桃花鳥坂上陵」／大和国高市郡
29欽明	「檜隈坂合陵」(欽明崩後辛卯9)	(記載なし)	「檜隈坂合陵」／大和国高市郡
30敏達	「磯長陵」(崇峻4.4.甲子)	川内科長(下巻)	「河内礎長中尾陵」／河内国石川郡
31用明	「磐余池上陵」(用明2.2.7.甲子)→「河内磯長陵」(推古元.9)	石寸掖上→科長中陵(下巻)	「河内磯長原陵」／河内国石川郡
32崇峻	「倉梯岡陵」(崇峻5.11.乙巳)	倉椅岡上(下巻)	「倉梯岡陵」／大和国十市郡
33推古	「竹田皇子陵」(推古36.9.壬辰)	大野岡上→科長大陵(下巻)	「磯長山田陵」／河内国石川郡
34舒明	「滑谷岡」(皇極元.12.壬寅)→「押坂陵」(皇極2.9.壬午)	—	「押坂内陵」／大和国城上郡
35皇極	斉明天皇として重祚		
36孝徳	「大阪磯長陵」(白雉5.12.己酉)	—	「大阪磯長陵」／河内国石川郡
37斉明	「小市岡上陵」(天智6.2.朔)	—	「越智上陵」／大和国高市郡
38天智	(記載なし)	—	「山科陵」／山城国宇治郡
39弘文	(記載なし)	—	(記載なし)
40天武	大内陵(持統2.11.乙丑)	—	「檜隈大内陵」／大和国高市郡
41持統	(『続日本紀』大宝3.12.壬午)		

出典：『古代地名大辞典』角川書店、1999年

輪伝代は、木の年輪が一年に一本ずつ生じることを原理として、それを数えることから年代を明らかにしようとする方法です。なぜ明らかにできるかと言いますと、暑い年もあれば寒い年もあり、木の生長が一定ではありませんから、当然、年輪にも詰まった場所と広い場所とができてきますので、それをパターン化することからある特定の年を探し出せるようになっているのです。奈良文化財研究所にいらっしゃった光谷拓実《みつたにたくみ》さんが精力的に取り組まれた結果、檜については今からさかのぼって紀元前一〇世紀頃までのパターンが解明されています。須恵器に関してみますと、平城宮の下層で出土したものが四一二年に切り倒された木材と一緒に出土しており、一つの根拠を与えておりました。

そして、さらに重要な資料を提供しましたのが京都府宇治市街遺跡です。ここでは、平安時代の街区の下層から、古墳時代の溝が見つかり、初期の須恵器が三九一年伐採の木材とともに出土したことが明らかになっています。このように須恵器の生産を従来よりも溯らせうる資料が表れたことにより、Ⅳ期の埴輪についても同様に溯らせることが可能になってきました。ただし、ごく初期の須恵器が出土しております岸和田市の持ノ木《もちのき》古墳がⅢ期の埴輪を持つ古墳であることから、埴輪の窖窯焼成が須恵器の生産開始よりもやや遅れる可能性は十分にあると思います。

また、大手前大学の森下章司《もりしたしょうじ》さんがお書きになっていますように、四世紀の古墳自体が全体としてさかのぼらせうることも重要なポイントです。このことは弥生時代の年代決定とも関わりがあるのですが、先に触れた年輪年代などの成果から弥生時代後期の開始が半世紀から一世紀ほど古くなり、それに伴って古墳時代の開始についても三世紀中頃にまでさかのぼらせてよいのではないかということになっております。鏡などの年代が、実際に作られた年代に近づくことになりましたので、同様に四世紀前半、後半の古墳についても年代を古くしてよいのではないかと考えられるようになっているのです。このような点を加味しますと、応神陵古墳の年代は、およそ四一〇年代から四二〇年代、応神天皇の没年は判然としませんが、その墓として矛盾がないところまで引き上げることが可能になってきたと考えております。

百舌鳥古墳群の天皇陵

再び話を百舌鳥に築かれた三代の天皇陵に戻そうと思います（図3）。百舌鳥古墳群で最大の古墳は言うまでもなく仁徳陵古墳です。ただし、先にも触れましたように、天皇陵の治定があやしいということから、教科書においても「大山《だいせん》（大仙）古墳」とされ、仁徳陵という名称はあまり使われなくなっております。私自身は伝わってきた伝承は伝承として重要だという観点から、「仁徳陵古墳」と呼ぶべきとする京都橘大学の一瀬和夫《いちのせかずお》さんのご意見に賛成で、この名称を使わせていただきますが、天皇陵に二通りの呼び方があることはご承知おきいただきたいと思います。

この仁徳陵古墳に次ぐ規模を誇るのが履中陵古墳（石津丘《いしづおか》ミサンザイ古墳）です。この履中陵古墳の円筒埴輪ですが、川西編年ではⅢ期の埴輪になり、Ⅳ期の仁徳陵古墳よりも古い古墳ということになります。即位の順序では仁徳天皇が先ですから、これは明らかに逆転しているということになります。もちろん死去した年代と古墳が造られた年代に違いがあるので、そのために逆転現象も起こりうるという言い訳もできるかもしれません。しかし、埴輪の場合、とくに墳頂部の埴輪については、埋葬施設を納め、完全に墓穴を埋めた後に立てられるものですから、埋葬の時期にきわめて近い遺物であると言えます。死去から埋葬までの間にも、殯《もがり》といってある程度の時間をおいたことが知られておりますが、先に亡くなった人を追い越して埋葬をおこなうことはさすがにない

図3　百舌鳥古墳群の分布
(堺市立埋蔵文化財センター『百舌鳥古墳群鎮守山塚古墳』、1998年/一部改変)

と言ってよいでしょう。したがいまして、履中陵古墳と仁徳陵古墳については、どちらかかあるいは両方ともが陵墓の治定を間違っているということを導き出せます。

さらに一点、この百舌鳥の天皇陵について問題になることがあります。それは、反正天皇陵とされる古墳（田《た》出井山《でいやま》古墳）は、規模が一五〇mほどの全長しかなく、天皇陵としてはふさわしくないのではないかという指摘を受けていることです。この規模の古墳は、地方に持っていきますと最大級になることが多いのですが、しかし、他の天皇陵がいずれも二〇〇mを超す規模を持つことと比べると、やはり格段に小さいと言わざるをえません。古墳そのものが権力の見せびらかしであるとする観点からすると、規模の大きさというのが決定的な意味を持っていると考えられてきましたから、この反正陵古墳の規模は陵墓としてふさわしいかどうかという点で問題にされてきたのです。

以上のように、『古事記』『日本書紀』から百舌鳥に墓があることが確実視される仁徳、履中、反正の三代について、大型の前方後円墳三基を簡単に用意できるということにはならないのです。二〇〇mを超す大規模な前方後円墳が消えてなくなるということは想定しにくいですから、やはりそれよりも規模の小さい古墳も候補に入れて、天皇陵の比定をおこなっていく必要があるということになります。その際に役に立つのが、やはり埴輪の研究で、先ほど説明しました川西編年をさらに細分化して精緻になった物差しを利用することが可能になっています（表4）。とくにもともと長い期間が想定されていたⅣ期については、Ⅳ—1からⅣ—3に分けられ、応神陵古墳がⅣ—1期で、仁徳陵古墳がⅣ—2期というように、先後差が明らかにされています。

今問題にしております百舌鳥古墳群の埴輪については堺市教育委員会の十河良和《そごうよしかず》さんが研究を進めておられます。それによって、百舌鳥の主要な古墳を年代順に並べますと、履中陵古墳（石津丘ミサンザイ古墳）はⅢ期で、

表4　百舌鳥古墳群と古市古墳群の円筒埴輪編年

川西編年	細分	古市古墳群	百舌鳥古墳群
II		津堂城山	乳岡
III		仲津山	石津丘ミサンザイ（履中陵） 大塚山
IV	IV―1	墓山	
		誉田御廟山（応神陵）	いたすけ／御廟山
	IV―2	黒姫山	大山（仁徳陵） 田出井山（反正陵）
	IV―3	軽里大塚	ニサンザイ
		市野山（允恭陵）	
V	V―1	岡ミサンザイ（仲哀陵） 白髪山（清寧陵）	
	V―2	ボケ山（仁賢陵）	
	V―3	高屋城山（安閑陵）	平井塚
	V―4	河内大塚	

出典：十河良和「和泉の円筒埴輪編年概観」『埴輪論叢』５、2003年

続くIV―1期に御廟山《ごびょうやま》古墳、そして仁徳陵古墳（大山古墳）と反正陵古墳（田出井山古墳）がIV―2期でやや先後差があり、次にIV―3期にある比較的大きな古墳としてはニサンザイ古墳をあげることができます。実年代はどうかといいますと、III期の履中陵古墳は五世紀初めことになりますから、先の三代の治世よりも古いことになり、候補からはずれます。そのうえで百舌鳥の主要な古墳で三代に対応しそうなものとしては、仁徳陵古墳、反正陵古墳、ニサンザイ古墳ということになり、それぞれ仁徳天皇、履中天皇、反正天皇のお墓の候補となります。ただし、御廟山古墳を組み入れて三代を想定できる余地も残しておりますので、陵墓を確定していくためには、先に古市《ふるいち》古墳群の方を検討する必要があります。

古市古墳群の天皇陵

『古事記』『日本書紀』に綴られた伝承の中で、古市に墓を設けたことがわかる例を抽出してみましょう（表

3)。『古事記』には仲哀天皇が「河内恵賀《えが》之長江」、応神天皇が「川内恵賀之裳伏岡《もふしおか》」に葬られたとしており、恵我（会賀《えが》）の地名が中世以降も残されていることから、河内や恵賀という地名が古市古墳群に関わるものと推測されます。少し飛んで允恭《いんぎょう》天皇の墓も、『古事記』では「河内之恵賀長枝」、『日本書紀』では「河内長野原陵」とされており、仲哀天皇の墓ときわめて似た記載になっています。そして、雄略天皇の「丹比高鷲原陵《たじひたかわしはら》」（『日本書紀』）も、『古事記』に「河内之多治比高鸇《たじひたかわし》」と出てくるように古市古墳群内か近接する地域にあることがわかります。その後、清寧《せいねい》天皇、仁賢天皇も古市古墳群に葬られたことがわかります。

以上のように、これらの天皇の墓が古市古墳群内にあったものと推測でき、『延喜式』の記載、そして幕末以降に進められた陵墓の治定でもそのようにされています。先ほどおこないましたように、七世紀の伝承に立ち返って検討を進めるという方法をとりますと、河内、恵賀、あるいは長野といった地名をもとに古市古墳群の構成を考えることができるということになります。この古市古墳群における主要古墳の順序について、次にみてみることにしましょう（図4）。

古市古墳群で最古の大型前方後円墳は津堂城山《つどうしろやま》古墳で、埴輪では川西編年のII期に入ります。続いて、III期の仲津媛《なかつひめ》陵（仲津山古墳）があり、IV―1期には応神陵古墳（誉田御廟山《こんだごびょうやま》古墳）、その間に墓山古墳が位置づけられています。IV―2期には少し離れて黒姫山古墳がありますが、古市古墳群の外に位置しています。IV―3期には軽里大塚《かるさと》古墳と允恭陵古墳（市野山古墳）、そして、V―1期には仲哀陵古墳（岡ミサンザイ古墳）があります。以降、六世紀には墳丘が小さくなりますが、清寧陵古墳、仁賢陵古墳、安閑陵古墳が、それぞれ即位の順序とほぼ同じ順に築造されていることがわかります。

これらの中でまず確実におかしいと言えるのが仲哀陵古墳です。応神天皇の父とされる人ですから、実在した

図４　古市古墳群の分布
（藤井寺市教育委員会事務局『探検 巨大古墳の時代』1998年）

とすれば四世紀後葉に活動の時期が想定されますので、仲哀陵古墳との間に一〇〇年以上のひらきが存在することになります。このお墓を除いて検討を進めていきますと、応神陵古墳と允恭陵古墳の間に大型古墳の空白があることに気がつきます。これと天皇の治世とを重ねてみますと、応神天皇の後に、仁徳、履中、反正の三代が百舌鳥にお墓を造っており、その次の允恭天皇になって再びお墓が古市に帰ってくる現象と符合しそうです。応神陵古墳の年代が少しさかのぼらせてよいという話を先ほどしましたが、それとこの大型古墳の築造順序から考えて、応神陵古墳、允恭陵古墳は、ともにその被葬者が合っているのではないかと思います。

ここまでは埴輪で順番をみてきましたが、須恵器からも年代を示す事実が得られています。先年、宮内庁が出している『書陵部紀要』に仁徳天皇陵の造り出しで発見された須恵器の図面が公表されました。これは陶邑《すえむら》の編年でＴＫ216型式にあたりますが、その次のＴＫ208型式の須恵器が允恭陵古墳から出土しております。このような関係からも、応神から允恭にいたる陵墓の比定は裏付けがとれているものと考えます。

古市に墓を築く次の天皇として雄略天皇があげられますが、時期的に合いそうなのが仲哀陵古墳（岡ミサンザイ古墳）です。このほかに河内大塚山古墳にあてる意見もあるのですが、ここまでみてきた古墳の順序からは仲哀陵古墳が最もぴったりくるようです。そして、ここからはじき出された仲哀天皇のお墓はどうなるのかと申しますと、『古事記』『日本書紀』の双方において允恭天皇陵と地名の表記がよく似ていたことが重視できます。応神陵古墳よりも古く、允恭陵古墳の近くにある墓としては仲津山古墳、あるいは墓山古墳が候補となります。以上みてきましたように、『古事記』『日本書紀』における陵墓の伝承は、そのおおよその位置を示すものとしてはかなり有効であると言えますので、七世紀における伝承の確実性をも確かめることができたのではないかと思います。

記紀の陵墓伝承と五世紀の天皇陵

さて、以上の結論では、応神天皇が応神陵古墳、仁徳天皇が仁徳陵古墳、允恭天皇が允恭陵古墳というようになり、何か当たり前のことを主張しているように聞こえるかもしれません。しかし、現在の考古学界では、このような結論を話すのはかなり勇気がいることで、むしろ暴論の誹《そし》りを免れないといった方がよいくらいです。以上の手続きでは、可能な限り先入観を排し、最新の古墳編年と『古事記』『日本書紀』の伝承とを比較検討するという方法をとってきました。そして、明らかになったことは、このような伝承というのが、従来思われていた以上に事実を語っているということです。

戦後の歴史学の流れとしては、『古事記』『日本書紀』の記載について、できるだけ批判し、慎重な態度をとることが主流でありました。これはたいへん重要なことで、戦前の偏った歴史観からの脱却をはかる意味で、大きな意味を持っていたと思います。実際、国家の歴史を記した正史というものには、時の為政者を正当化するという目的で潤色が折り込まれていくことになりますから、史実としては疑ってかかるという態度は、自然な流れであったと思います。そして、かつては『古事記』や『日本書紀』の内容を裏づける物証というものがほとんどありませんでしたが、戦後における考古学調査の進展の中で、そのような資料も増えてまいりました。有名なのが埼玉稲荷山古墳から出土しました鉄剣で、ワカタケルを示す銘文が刻まれていて、雄略天皇の時代の歴史を考える重要な証拠となりました。そして、今回扱いましたように、天皇陵の問題を通して、考古学の物証が『古事記』『日本書紀』の伝承を検証する物証になるのではないかと考えております。犯罪捜査において、証言を物証で固めていくやり方と同じように、考古学の資料によってお墓の順番を並べていく、そして、文献が伝える時代や場所についての伝承と突き合わせをおこなう、このような単純な作業から新しい成果が生まれことを強調しておきたいと思います。

中国史書の倭の五王

年代ということについては、中国史書に表れる倭の五王がより確実な年代を与えられるということになります。年代を正確に数えるためには暦が必要となりますが、日本では雄略天皇の時代頃からようやく暦を用いてきっちりと年月日を示すことが可能になってきたようで、それまでの年代にはかなりあやふやだと言えます。一方、中国側の史料は、年月日にいたるまで信頼が置けますから、使節の来訪を記した外交記事は、これまでもたいへん重要視されてきました。

よく知られていますように、讃、珍、済、興、武の五名の倭王は、年代が確かであるがため、日本のどの天皇にあたるのかという点について、長らく検討が進められてきました。たとえば、讃は仁徳天皇の名である「オオサザキ」の「サ」の音をとったものだという考えは通説にもなっております。そして、埼玉稲荷山古墳の鉄剣にも表れるワカタケルすなわち雄略天皇が武であることは、ほぼ定説であると言ってよいでしょう。今回、古墳の年代を考えることから、天皇陵の見直しをおこないましたので、改めて、この倭の五王についても考えてみたいと思います。

中国側の史料が伝える遣使の年代についてみてますと、讃は四一三年から四三〇年に使いを送り、珍は四三八年、済は四四三年から四六〇年、興は四六二年に使いを出しています。武は四七八年に有名な上表文を携えた使いを送っていますが、その前年の使いもまた興よりは武とした方がよいと考えられています。この年代と先の陵墓の年代とを合わせてみていきましょう。応神陵古墳を四一〇年代から四二〇年代においてみますと、やはり讃

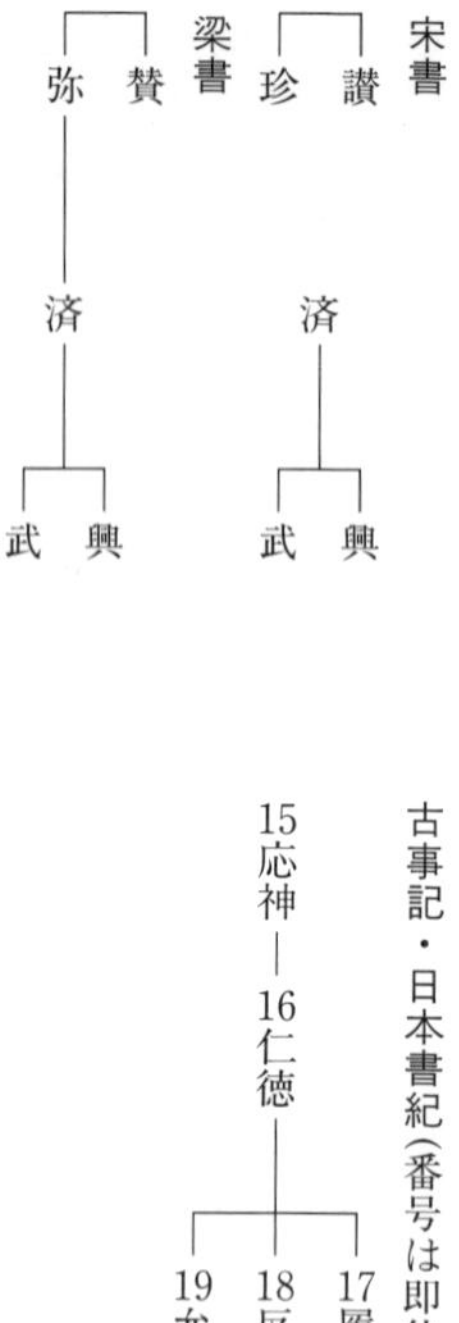

図5　中国史書と記紀に記された系譜

が仁徳天皇で合ってきますし、済の没年が四六〇年前後ということから允恭陵古墳の時期ともあっています。すなわち、讃＝仁徳、済＝允恭、武＝雄略は、かなり確実性が高いと言えましょう。残る珍と興ですが、興は安康が該当するのもほぼ定説の通りで、珍に対して履中と反正の二人の天皇が候補になるということが問題点となります。この点に関し、『宋書』や『梁書』の記載では、珍は讃の弟だということになっています。ところが、履中天皇も反正天皇も仁徳天皇の息子で記載と合いませんが、この二人のうちの弟である反正が珍として倭王の位を兄から受け取ったとすると、履中をスキップする形で中国への朝貢がおこなわれたことになり、つじつまが合ってきます。履中天皇の陵墓として想定した反正天皇陵古墳（田出井山古墳）が天皇陵としてはかなり小さかったことなど、使いを送れなかった天皇の影の薄さとして理解できるかもしれません。

それから、中国側の史料が伝えるもう一つ重要な点としては、倭の五王の関係です（図5）。『宋書』では、讃・珍と済・興・武の関係を記しておりません。『梁書』では珍を弥と表記しますが、それを済の父親にしております。『梁書』の記載は日本側が伝える仁徳天皇以下の関係とよく符合するのですが、『宋書』に関係が記されなかった点にも注意したいと思います。というのは、讃・珍は百舌鳥古墳群、済・武は古市古墳群を墓所としており、興と考えられる安康天皇は大和国の佐紀古墳群に墓がありますが、眉輪《まゆわ》王に殺害されるという特異な状況があるので、それを除外すると、あたかも二つの王統があったかのように見えるからです。このことは五世紀の王陵が古市、百舌鳥という二ヵ所に設けられたのはなぜかという大きな問題につながるのですが、ここではその課題を指摘するのにとどめておきたいと思います。

以上のように、中国側の史料をみましても、先ほどの天皇陵の想定とは矛盾がなく、むしろ、倭王の間柄の関係が墓所の位置と関係するといった新たな事実も追加することができました。そして、各天皇の在位期間についてもある程度その長短を推測できることになりますから、『古事記』『日本書紀』の記載の真偽を考えていくうえでの、基礎的な作業にもなったと思います。この一連の作業の中で注目しておきたいのは、現在の反正陵古墳(田出井山古墳)が改めて履中陵古墳の可能性が高いことを指摘したことと関わるのですが、天皇陵の中にも規模が比較的小さいものもあり得るという事実です。最初にも述べましたように、今日の考古学の立場では、最大級の古墳のみを「大王陵」として取りあげ、王権、王統の復原がなされています。しかし、小さくても天皇陵であるものを積極的に提示していくことから、王家の盛衰といったものを示していけるのではないかと考えております。実際、反正陵古墳の真の被装者と推定した履中天皇は、中国に遣使しなかった唯一の天皇ということになり、その権力基盤の弱さが墓の大きさに反映しているのかもしれません。もちろん、ここで述べた以上の証拠があるわけではありませんので、考古学的証拠に歴史を「深読み」することは控えた方がよいと思いますが、五世紀の倭王が持っていた王権にも大小の波があるという見方は、十分に配慮されてよいのではないかと考えております。

三　陵墓と国家形成論

王朝交替学説と河内王朝論

ここまで、古市古墳群や百舌鳥古墳群に設けられた五世紀の天皇陵についてお話をしてきました。当然、それよりも古い天皇陵があるわけで、大和の三輪山《みわやま》の麓にある柳本古墳群や平城京の北にある佐紀古墳群について検討しなければなりません。しかしながら、五世紀には倭の五王を介して、中国側の史料という恵まれた材料との接続ができましたので、確実性の高い推測が可能になりましたが、それより以前では、伝承を確かめる手段が限られ、かなり困難が伴うものと考えております。

天皇陵を含む大規模古墳の変遷観から、たとえば白石太一郎さんが示されていますように、三輪山の麓から大和盆地の北縁に墓が移り、さらに河内（和泉を含む）に進出するという傾向が読みとられ、王権の変遷過程を示すものとされてきました。これは文献史学において、三輪王朝から河内王朝への交替という王朝交替学説が提起されていることとも重ね合わさり、たいへん注意される考古学的事実となっております。とくに、河内王朝論はたいへん魅力的な学説で、今日では直木孝次郎さんが熱心に説いておられますが、応神天皇を始祖とする新たな王朝が台頭したとする考えで、朝鮮半島からの新たな技術の渡来など、新しい動きをこのような王朝交替の画期にからめて理解しようとする見方があります。

大型古墳の造られる場所が移動していることは事実ですが、その墳丘の形を見ますと、大和の佐紀にある古墳の形、とりわけ神功《じんぐう》陵古墳（五社神《ごさし》古墳）が起点となって、その影響を受けた仲津媛陵古墳（仲津山古墳）、仁徳陵古墳（大山古墳）が成立することになり、あまり断絶といった現象を指摘することはできません（図6）。また

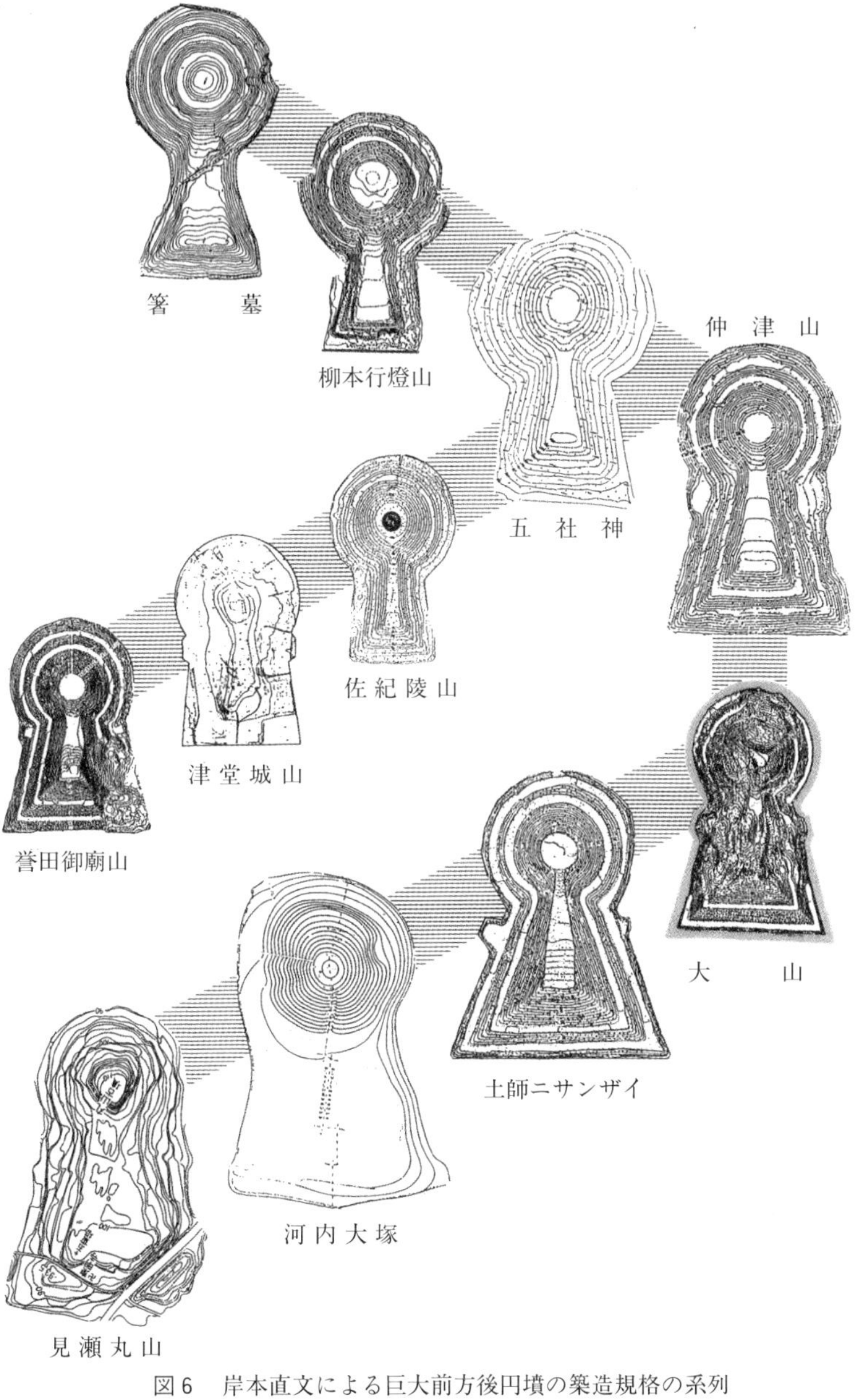

図６　岸本直文による巨大前方後円墳の築造規格の系列
(岸本直文「前方後円墳築造規格の系列」『考古学研究』39巻２号、1992年)

埴輪の研究においても、大和の埴輪と河内の埴輪で飛躍的に変化するというわけでもありません。古墳祭祀の方法という点では継続性の方が高いということができます。また、伝承になりますが、五世紀に河内に墓を設けた天皇のうち、宮を大和に構えたとする例が意外に多いことも指摘されています。

このような現象から判断すると、王権の自由のきくエリアが、四世紀には大和に限られ、応神天皇の時代になって大阪平野に拡大したというように理解するのがよいように思います。天皇陵がおかれた古市古墳群や百舌古墳群は広大な面積を墓専用の土地として確保され、天皇以下の有力者が、それぞれの力、あるいは地位に応じてさまざまな規模の古墳を築造しています。その範囲には埴輪の生産工房など、墓づくりを支えたムラが営まれておりました。このような土地利用にも王権の力が働いているとみてよいでしょう。

ただし、天皇陵の比定をおこなった際にみたように、古市古墳群が応神陵古墳、百舌古墳群が仁徳陵古墳という天皇陵を起点に始まったわけではありません。古市古墳群には津堂城山古墳、百舌古墳群では履中陵古墳がより先行する大型の前方後円墳として知られています。それらの性格については、文献史料との対比が困難であるため、検討することが困難ですが、先ほど古市と百舌鳥で王統の違いが反映される可能性を指摘しましたように、やはり三輪山麓、あるいは佐紀からの変化というのが王統の違いを反映している可能性は十分にあると考えてよいと思います。王権の拡大という側面とともに、その内部における王統の変化という側面の双方が五世紀の画期の背景にあったのではないでしょうか。

内部領域と「ウチツクニ」

そもそも五世紀になりますと、大和盆地や大阪平野にさまざまな手工業産地が成立してきます（図7）。泉北丘陵と千里丘陵では須恵器の生産が開始しますが、とりわけ前者では、三つの丘陵上で同時に生産が開始する状況がみとめられます。燃料となる薪の山を確保するため、より広い後背地をもって生産地が確立する様子がうかがえます。このほか、集中的な鍛冶工房が生駒山西南の大県《おおがた》遺跡群と、その北縁の森遺跡群に成立し、大和でも布留《ふる》遺跡群と葛城の忍海《おしみ》遺跡群、南郷遺跡群が成立しています。そして、集約的な玉作りをおこなった工房として、大和の曽我《そが》遺跡、大阪平野では福万寺《ふくまんじ》遺跡や森ノ宮遺跡が現れています。製塩もそれまでの備讃瀬戸での生産に対抗するように、紀淡海峡での生産が活発になっていきます。手工業とはやや異なりますが、北河内地域では馬の飼育がおこなわれていたと考えられ、牧が設けられていたと考えられます。

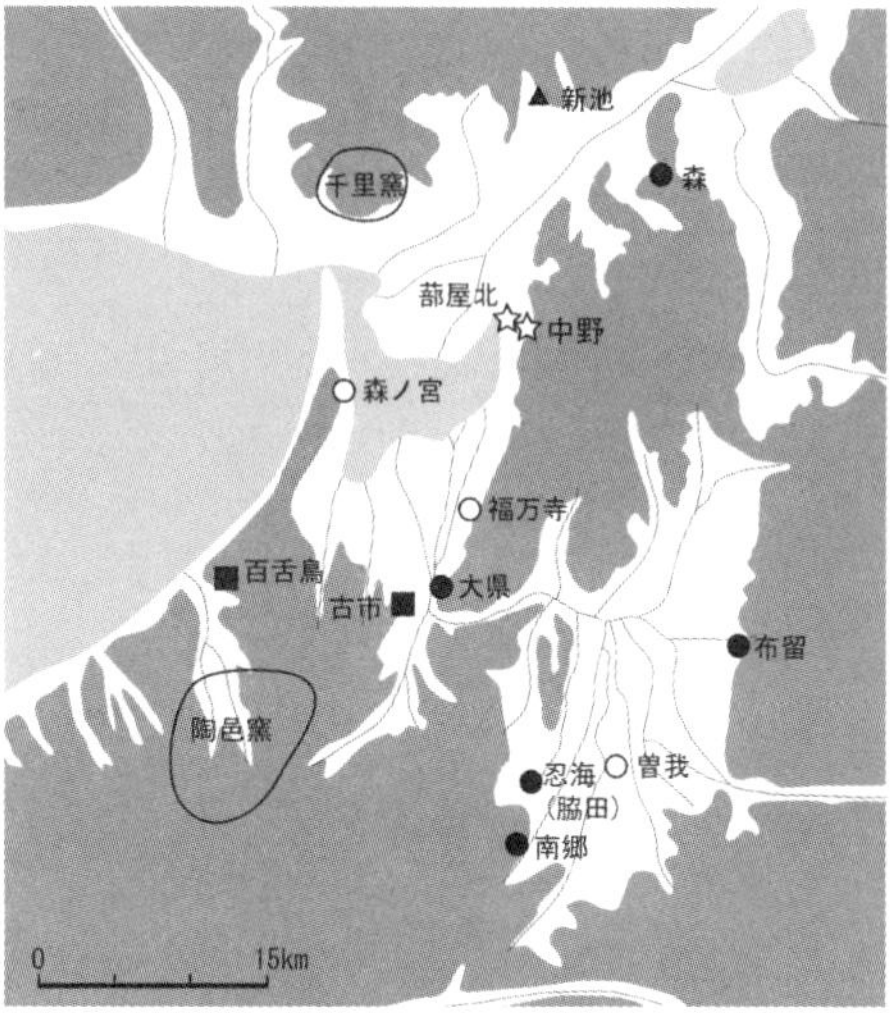

凡例：●鍛冶・造兵　○玉作り　▲埴輪窯
☆馬(牧)　■造墓

図７　畿内中枢部の大規模生産工房の分布

以上のように、王権を支える諸産業が、大和盆地から大阪平野さらに紀淡海峡にかけてのエリアで展開していく状況が明らかになっています。これらの生産地は、須恵器生産が一〇世紀まで続いたように、長期にわたって安定した生産をおこなっていたところが多いという特徴もあります。したがいまして、五世紀というのは、国家を支える諸産業が政策的に配置され、それが根付いていった時代であると言うことができます。王墓が大和から河内に進出してくるというのも、まさにこのような計画的な土地利用の一部をなしているというように考えるのがよいように思います。

このように、五世紀には王権を支えるための内部領域、強制力を行使できる領域といってもよいかもしれませんが、それがより広い範囲で成立していることがわかります。そのエリアというのは、のちの国名で言いますと、大和、河内、和泉、摂津東部、山城南部が含まれ、また紀ノ川流域もその可能性があると思っております。この範囲は、ある段階に「ウチツクニ」と呼ばれていた範囲で、のちの畿内の基礎になったと考えられます。

下垣仁志《しもがきひとし》さんがおもしろい指摘をされていまして、日葉酢媛《ひばすひめ》陵古墳（佐《さ》紀陵山《きみささぎやま》古墳）の墳丘と同じ形態をもつ古墳が畿内の範囲の境界に近い場所に位置するということを仰っておられます（図8）。これは「ウチツクニ」の範囲が、当時の人々にも目に見える形で示されていたことを物語っているようです。

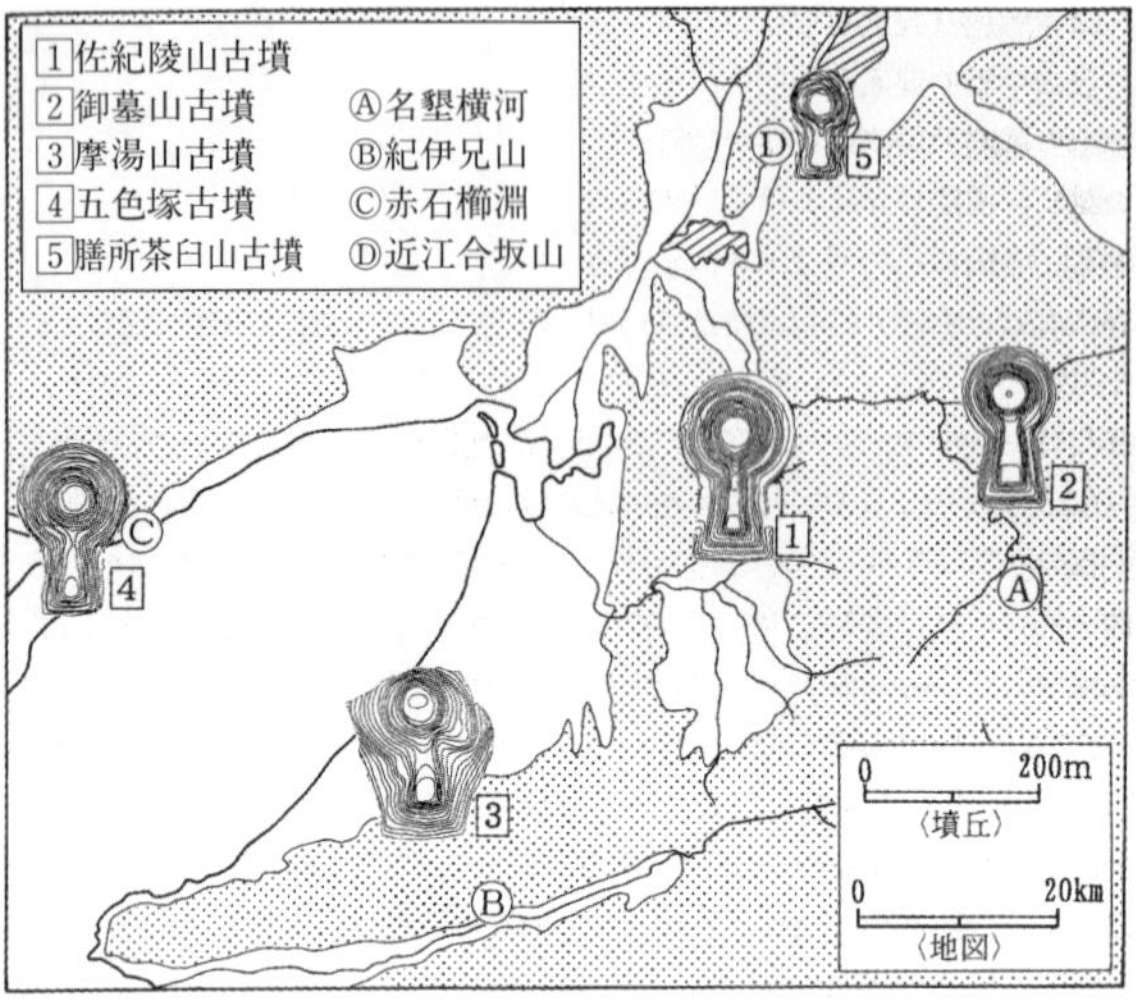

図8　下垣仁志による佐紀陵山類型の前方後円墳分布
(「倭王権と文物・祭式の流通」『国家形成の比較研究』学生社、2005年)

　このような基盤となる内部領域、あるいはその領域内の人々に対する支配が確立してくることこそが、国家の成立にとって重要な前提になったものと推測しております。国家の要件として、土地と人民に対する支配ということがよくあげられます。五世紀における内部領域の確立というのが、計画的な産業の配置を可能にしておりましたので、そのような土地と人民に対する支配の確立を示すものとして受け取ってよいと考えます。したがいまして、国家成立の最初のステップが、この時代の変化にあるとみてよいのではないかと思います。

おわりに

以上で概観しましたように、天皇陵の問題を取り扱うと、必然的に王権や国家の問題に行き着くことになります。日本の国家形成については、まだまだ議論百出で、先に挙げた王朝交替学説のほか、地域国家を認めるか否か、そもそも古墳時代は国家の段階か否かというような議論が活発におこなわれております。このような議論にとって、天皇陵の実態が明らかになることが何よりも重要であることは論をまちません。必ずしも埋葬施設や副葬品が明らかにならなくても、墳丘の正確な形状、立てられた埴輪の種類といった外表施設の情報だけでも、大いに研究を助けることになります。また、『古事記』『日本書紀』に対する文献史学の研究と古墳を扱う考古学との対話を進めるうえで、天皇陵が重要な鍵になることは、今日のお話の中で強調してきたことの一つです。そして、百舌古墳群を世界遺産にという動きもありますが、真の意味で日本国民だけでなく世界の人々にとっての宝として、天皇陵をはじめとする陵墓が扱われることを祈念して、今日のお話を終えさせていただきます。ありがとうございました。

〔コラム①〕

「天皇陵」における前方後円墳の終焉

高橋照彦

「天皇」という称号の成立は七世紀に下るものだが、それ以前の倭国の最高首長についてもひとまず「天皇」と呼び、その墳墓も「天皇陵」に包括しておくと、古墳時代（三世紀後半頃から六世紀後半頃）の「天皇陵」は基本的に前方後円墳であったと考えられる。ところが、「天皇」号の成立期には、すでに前方後円墳が築かれなくなっている。「天皇陵」としての前方後円墳は、何時どのような経緯で消滅したのであろうか。その特筆すべき歴史事象の顛末は、残念ながら『古事記』や『日本書紀』といった文献史料において直接的には言及されていない。

考古学からすると、畿内最後の大型前方後円墳の一つとして著名なのが、奈良盆地の南部、橿原《かしはら》市に位置する五条野《ごじょうの》丸山《まるやま》古墳である（図1～3）。その墳丘の規模は大和国で最大、六世紀の古墳に限れば全国最大

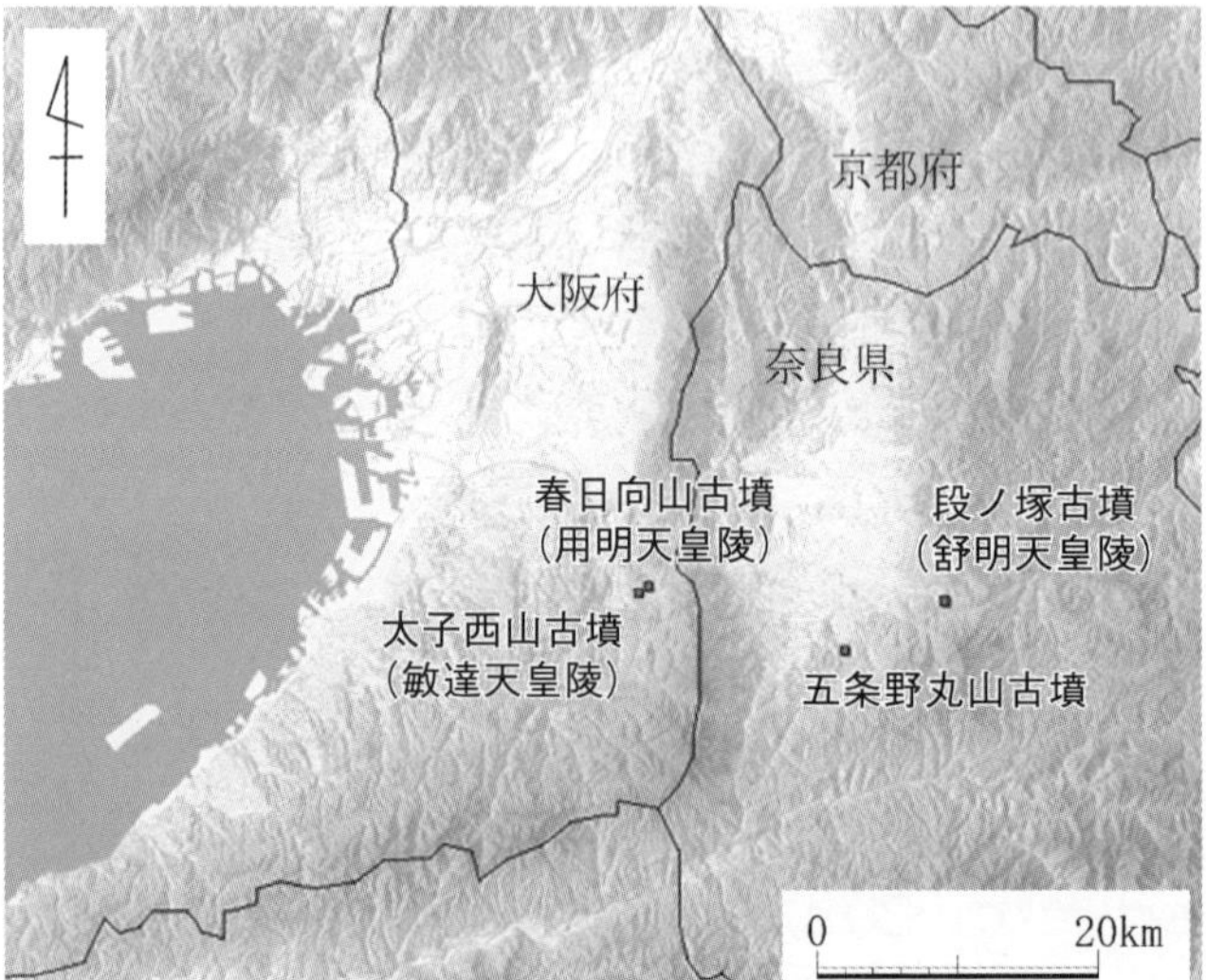

図1　五条野丸山古墳と関連古墳（縮尺：1/1,000,000）

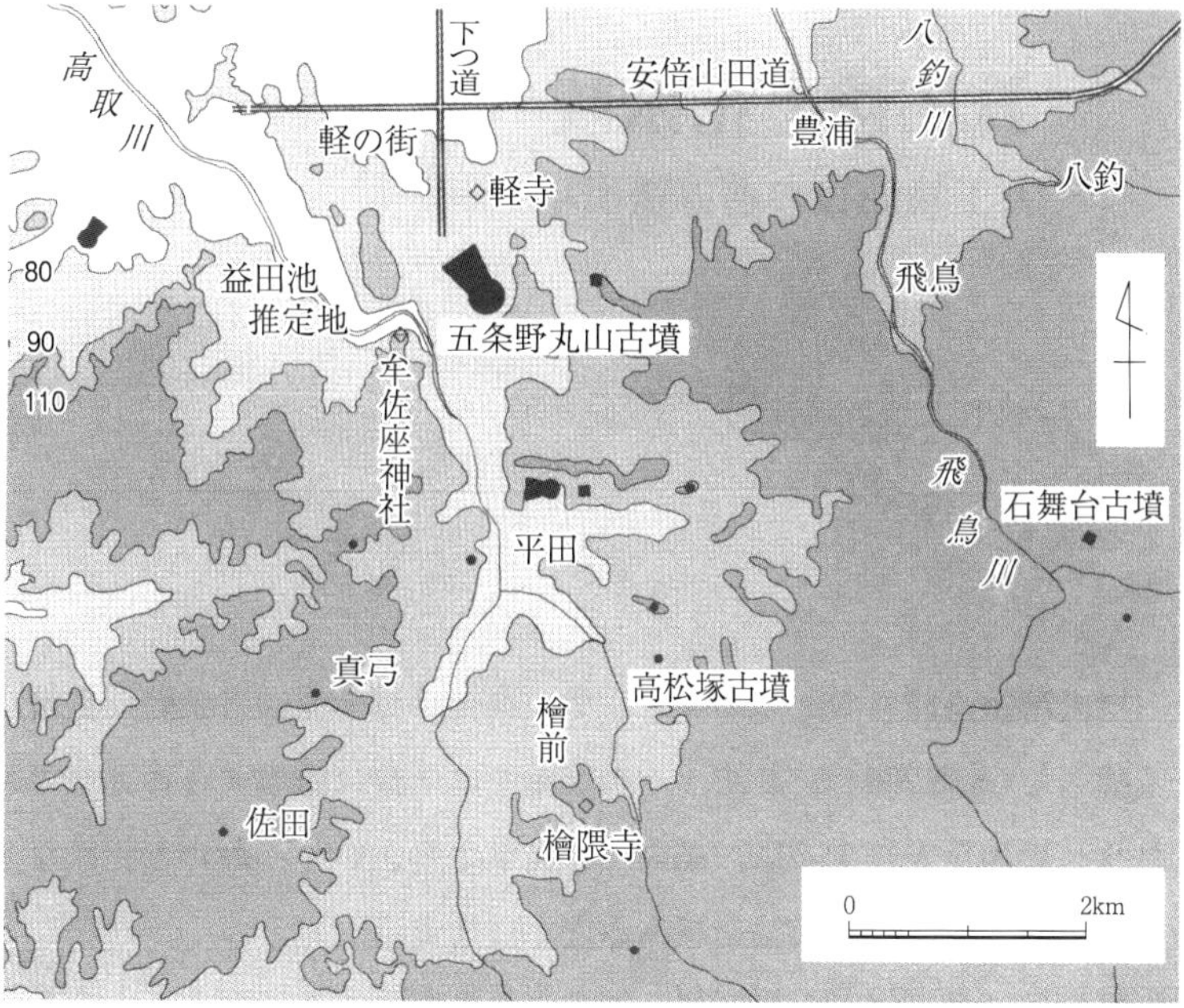

図 2　五条野丸山古墳の位置(縮尺：1/100,000)

図 3　五条野丸山古墳の墳丘(縮尺：1/8,000)

であり、石棺などを納める横穴式石室も全国最大である。この古墳の被葬者名としては諸説が出されているものの、有力視されているのが欽明天皇である。『日本書紀』などによれば、欽明陵は檜隈坂合《ひのくまのさかい》に築かれたとされる。檜隈は五条野丸山などの古墳が所在する地域の広域名称とみられ、坂合がどのあたりかが問題になる。『日本書紀』などにおいて「坂合」は「境」とも記されるが、その「境」は記紀に軽境岡宮《かるのさかいおかのみや》や軽境原宮《かるのさかいはらのみや》などの名がみえるように、「軽」の地域に存在したことが知られる。そして、五条野丸山古墳のすぐ北側に軽寺《かるでら》跡があることからも、「軽」は丸山古墳の付近から北の一帯を指す地名である。また、丸山古墳の西に近接する牟佐坐《むさにます》神社はかつて境原天神と称されていたこと、軽境岡宮が軽曲峡《まがりお》宮とも呼ばれ、曲峡に対応する高取《たかとり》川の湾流が丸山古墳のすぐ南西に確認できることなどからも、五条野丸山古墳が境＝坂合の陵と呼ばれるにふさわしい古墳であると私は考えている。

　五条野丸山古墳を欽明陵とすれば、欽明に続く敏達《びだつ》天皇の陵の所在地が次の問題になる。『日本書紀』によれば、崇峻《すしゅん》四年（五九一）に、敏達の母である石姫《いしひめ》の墓に敏達も合葬されたと記されている。その石姫墓は現在の敏達天皇陵古墳である太子西山古墳（大阪府太子町）とみるのが穏当であろう。したがって、敏達天皇の代まで前方後円墳への埋葬が曲がりなりにも続いていたようだが、それはあくまで母の墳墓である。敏達に続く用明・崇峻・推古の陵はいずれも方墳へと変化したものとみられる。そして、推古の後に即位した舒明《じょめい》天皇から後は、文武天皇まで八角墳を採用していた可能性が高い（図4）。

　ここで気付かされるのは、方墳を採用した用明・崇峻・推古の三代がいずれも欽明を父に、蘇我氏の娘を母にしている点である（図5）。その一方で、敏達からの系譜を引き非蘇我系とも言える舒明以降の天皇の陵には八角墳が採用されている。この点から、王統の相違が天皇陵の形態差にも反映していることが予想される。

　そうなると、前方後円墳から方墳への変化も、王統

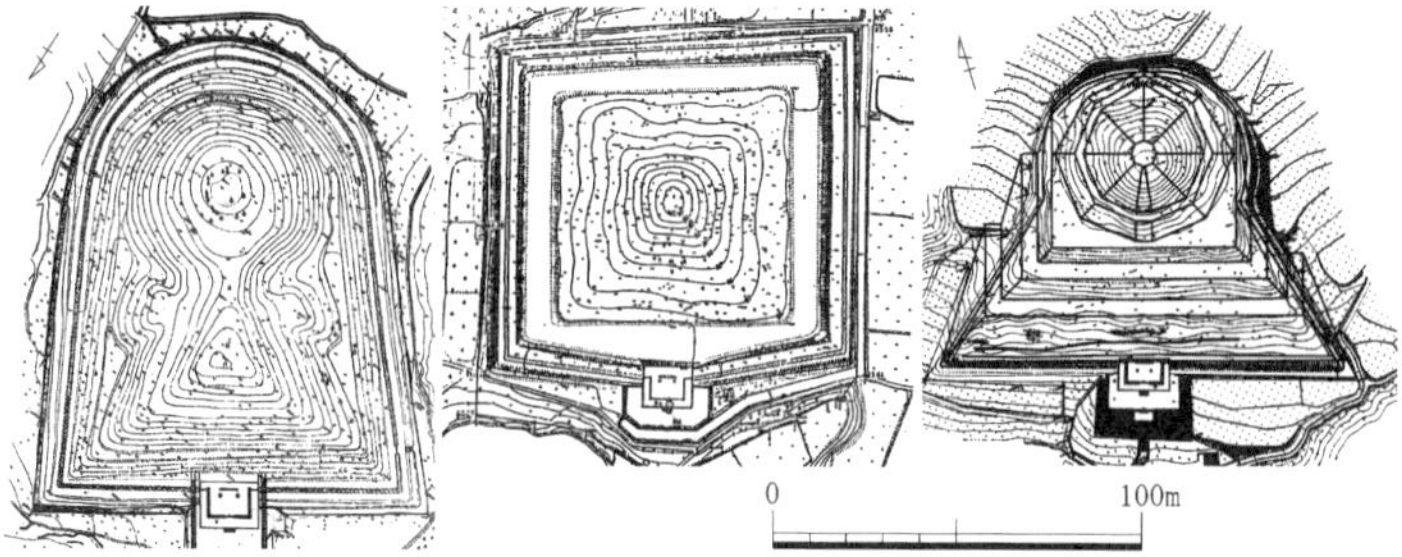

図４　「天皇陵」古墳における前方後円墳・方墳・八角墳(縮尺：1/4,000)
左から、太子西山(敏達天皇陵)古墳、春日向山
(用明天皇陵)古墳、段ノ塚(舒明天皇陵)古墳

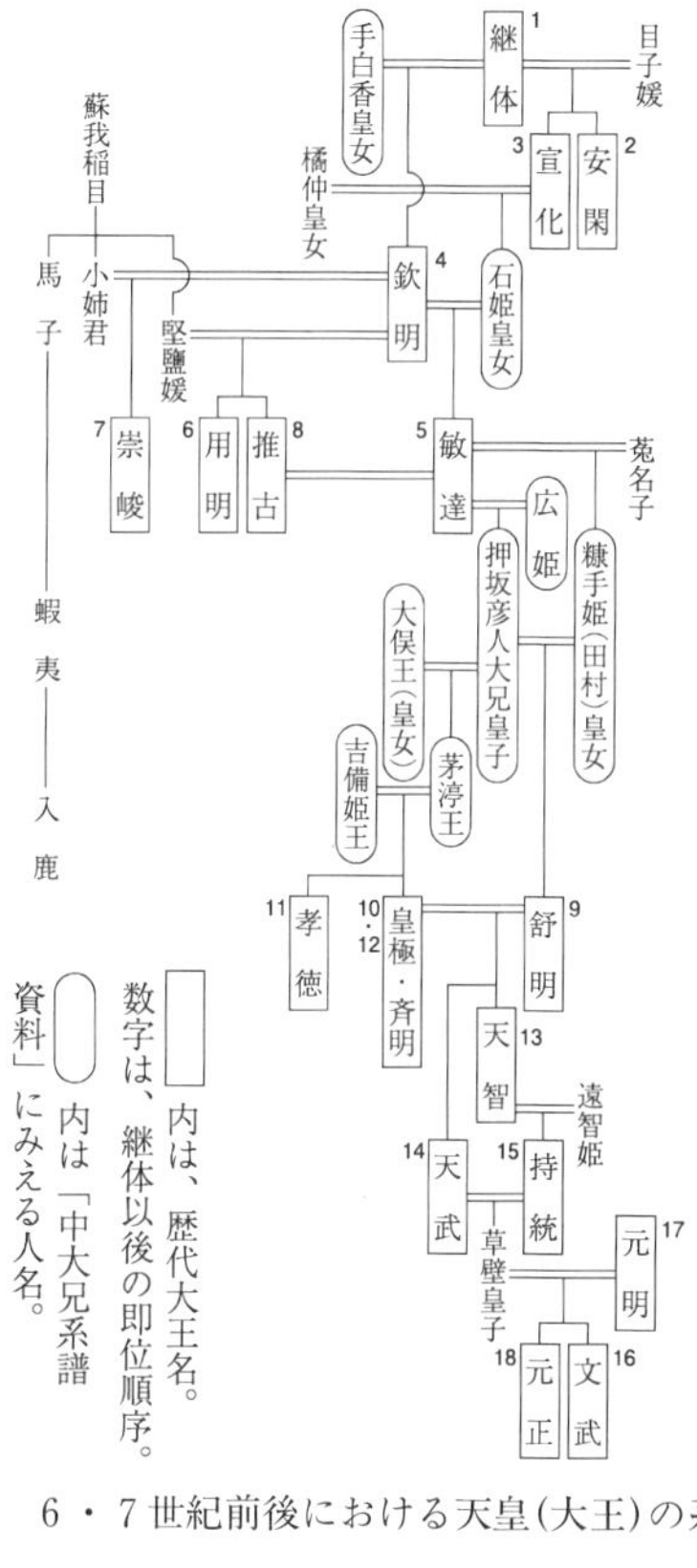

図５　６・７世紀前後における天皇(大王)の系譜

や蘇我系氏族との関係が問われるべきであろう。仏教受容をめぐって蘇我氏と対立的であったとみられる敏達は、崩御より六年を経過し、蘇我氏が物部《もののべ》氏との戦いに勝利した後の段階に、天皇本人のために築かれた墳墓ではなく、母の石姫墓に埋葬されることになった。その一方で、蘇我系と括りうる用明以後の天皇陵は方墳となったが、前方後円墳が倭国独自の伝統形態であるのに対して、方墳は日本列島以外の東アジアにおいても一般的な墳墓の形態である。また、崇峻朝以降には飛鳥寺を嚆矢として、中国や朝鮮半島に広まっていた仏教寺院の建立が我が国でも推進されている。これらの点をふまえると、前方後円墳の消滅は、伝統的な在来文化を否定し、海外文化の摂取に積極的に乗り出そうとする蘇我氏などによる体制変革の一環であったものと推測されよう。

今後「天皇陵」の実態がより明確になれば、当該期の時代像もさらに鮮明になるはずである。

〈参考文献〉

白石太一郎「畿内における古墳の終末」『国立歴史民俗博物館研究報告』第一集、一九八二年
高橋照彦「欽明陵と檜隈陵──大王陵最後の前方後円墳──」『待兼山考古学論集』大阪大学考古学研究室、二〇〇五年
大阪府立近つ飛鳥博物館『ふたつの飛鳥の終末期古墳──河内飛鳥と大和飛鳥──』二〇一〇年

〔コラム②〕

平安京・京都近郊の陵墓と古墳

山本雅和

長岡京・平安京の造営以降、明治天皇の遷御まで京都は天皇の在所であり続けた。そのため平安京・京都近郊には歴代にわたる数多くの陵墓が比定されている。しかしながら、それらの中には推定されている被葬者とは年代に大きな懸隔のある古墳を充てていることが見受けられる。小稿では考古学的知見に基づき主要な例を紹介する。

藤原乙牟漏《おとむろ》高畠陵（伝高畠陵古墳）　向日市寺戸町大牧の丘陵頂部に所在。藤原乙牟漏は桓武天皇の皇后。直径約七〇メートルの円墳で、四世紀末の築造と推定できる（向日市二〇〇八）。

伊予親王巨幡《こはた》墓（黄金塚二号墳）　京都市伏見区桃山町遠山の丘陵に所在。伊予親王は桓武天皇の皇子。前方部が破壊されるが、全長約一二〇メートルの前方後円墳に復元されている。現存する後円部は直径約六六メートル、高さ約八・五メートルで、陵域は頂部を含む後円部の一部である。一九七四年の墳丘崩壊防止工事に伴う立会調査により後円部主体部が粘土槨《ねんどかく》であることが確認され、革綴《かわとじ》冑《かぶと》小札《こざね》・金具・刀子などが出土した。また、一九九五年の発掘調査では後円部裾に立ち並べられた円筒埴輪・盾形埴輪からなる埴輪列が検出された。五世紀後半の築造と推定できる（戸原ほか一九七六・伊達一九九七）。

仲野親王高畠墓（垂箕山《たるみやま》古墳）　京都市右京区太秦《うずまさ》垂箕山町の段丘上に所在。仲野親王は桓武天皇の皇子。全長約七五メートルの前方後円墳で、前方部幅が拡がる墳形から六世紀中葉の築造と推定できる（京都市二〇〇六）。

蓮華峯寺陵（朝原山古墳群・長刀坂《なぎなたざか》古墳群）　京都市右京区北嵯峨朝原山町・長刀坂町の丘陵頂部・裾部に所

在。後宇多天皇らの陵墓。一九七七年の飛地へ号域内での発掘調査では横穴式石室の一部（朝原山一七号墳・一八号墳）が検出された。また、二〇〇二〜二〇〇三年の測量調査により陵域内に円墳二一基が分布していることが確認された。規模は直径約六〜二〇メートル、高さ約一〜三・五メートルで、石室石材が露呈しているものがある。六世紀後半から七世紀前半の古墳群と推定できる（井上一九七九・福尾ほか二〇〇四）。

鳥戸野《とりべの》陵（鳥戸野古墳群）　京都市東山区今熊野泉山町の丘陵に所在。一条天皇皇后定子らの陵墓。一九九九〜二〇〇一年の測量調査により陵域内に円墳一二基、低墳丘墓一六基、建物跡一棟が分布していることが確認された。円墳の規模は直径約一〇〜二二メートル、高さ約一・八〜四メートルである。須恵器の小片が採集されており、六世紀後半から七世紀前半の古墳群と推定できる。低墳丘墓は古墳の間に点在し、規模は直径約三〜六・五メートル、高さ約〇・三〜一・三メートルである。平安時代の墳墓と推定できる（福尾ほか二〇〇三）。

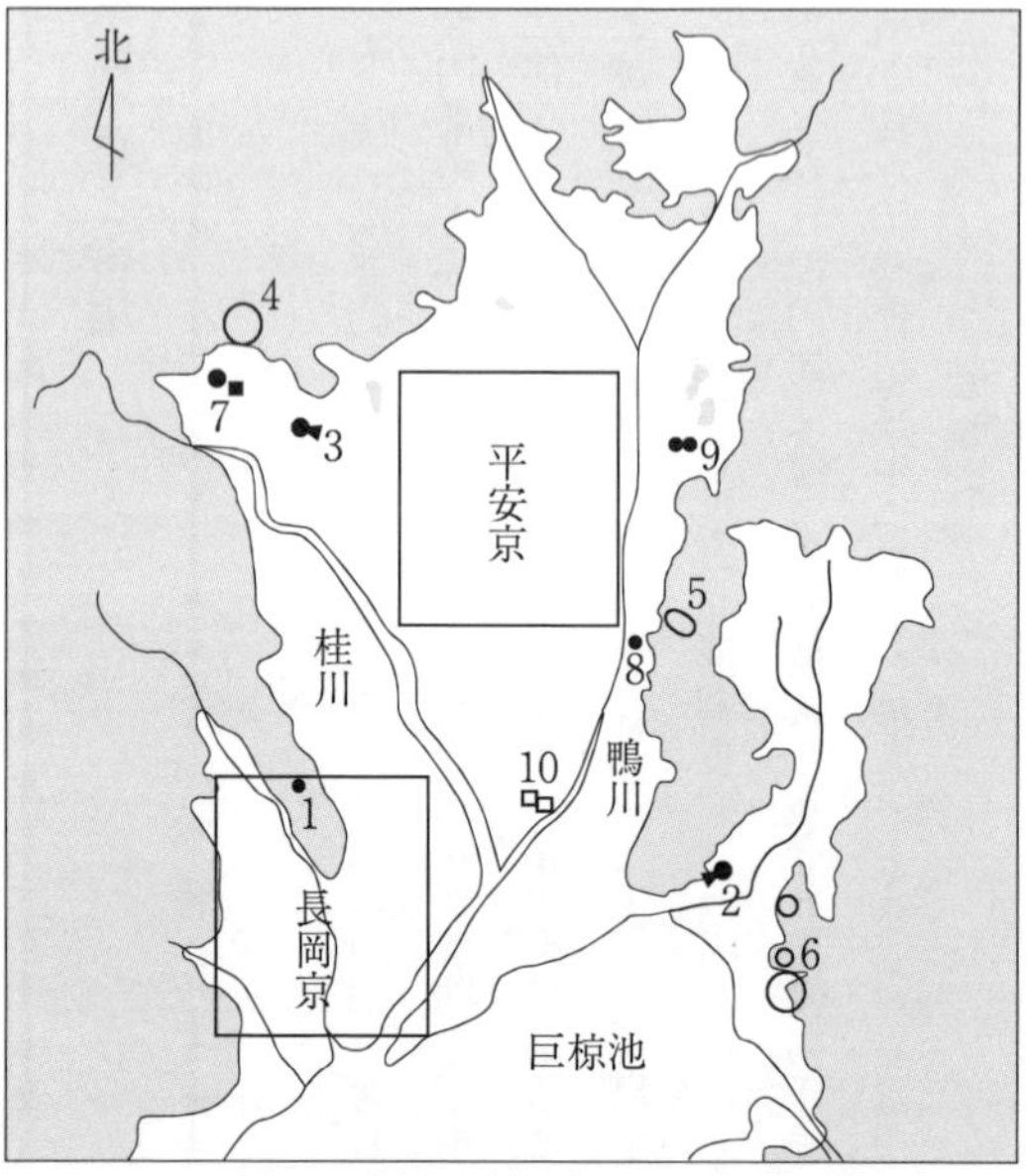

1　藤原乙牟漏高畠陵
2　伊予親王巨幡墓
3　仲野親王高畠墓
4　蓮華峯寺陵
5　鳥戸野陵
6　宇治陵
7　円山陵墓参考地
　入道塚陵墓参考地
8　東山本町陵墓参考地
9　鵜塚・秘塚
10　後宮塚陵墓参考地
　浄菩提院塚陵墓参考地

図1　遺跡分布図(1：300,000)

宇治陵（木幡古墳群・木幡墳墓群）　宇治市木幡の広範囲にわたる丘陵頂部から斜面に所在。現在は住宅地に包摂されている。一条天皇中宮彰子らの陵墓。皇族以外にも藤原道長・頼通ら藤原氏の墳墓が営まれた。前方後円墳の可能性がある一基を含む直径一〇～二〇メートル、高さ数メートルの円墳約一二〇基が分布する。一九六三年の宇治陵二三号西側での発掘調査では横穴式石室の一部を検出し、須恵器・土師器が出土した。また、一九九六～一九九七年の宇治陵第二九号西北西約一〇〇メートルでの発掘調査では新たに直径約一八メートルに復元できる円墳の周濠を検出し、埴輪・須恵器が出土した。陵墓周辺にはさらに数多くの古墳が埋没していることが確実である。五世紀後葉から七世紀前半の古墳群と推定できる。一部の古墳の間には直径数メートルの小規模な低墳丘墓が確認でき、平安時代の墳墓と推定できる（山田一九九三・吹田一九九七）。

　平安京・京都近郊の陵墓参考地にも注目すべき遺跡がある。京都市右京区嵯峨野の円山《まるやま》陵墓参考地（円山古墳）・入道塚《にゅうどうづか》陵墓参考地（入道塚古墳）は、発掘調査により巨石を積み上げた横穴式石室を備える六世紀末から七世紀初頭の古墳であることが確定した（小林二〇〇二）。また、京都市東山区本町《ほんまち》十六丁目の東山本町陵墓参考地（塚本古墳）も、発掘調査により横穴式石室を備えた六世紀の古墳であることが判明した（佐藤一九二八）。

　京都市左京区岡崎の鵺塚《ぬえづか》・秘塚《ひめづか》は、移葬に伴う調査の後、一九五五年に陵墓参考地から解除された。墳丘が削平されたため主体部は不明であるが、一九九一～一九九二年の発掘調査で出土した遺物から鵺塚は六世紀前半の古墳であることが判明した（末永一九五六・内田ほか一九九五）。

　京都市伏見区竹田の後宮塚《こうきゆうづか》陵墓参考地は、平安時代後期に殿舎・寺院が建ち並んだ鳥羽殿の一画にある。現状では不整形な方形の高まりであるが、南隣接地の発掘調査により鳥羽殿に造営された金剛心院《こんごうしんいん》九体阿弥陀堂の基壇上に位置していることが判明した（前田二〇〇二）。近隣に所在する浄菩提院塚《じょうぼだいいんづか》陵墓参考地も鳥羽殿の建物基壇の可能性が高い。

右記の古墳の築造年代は四世紀末から七世紀前半にわたる。一方、比定されている被葬者の没年は平安時代初頭から鎌倉時代後期で、約三〇〇～七〇〇年もの年代差がある。また、中には建物基壇の高まりを墳墓と誤認したものがある。ただし、鳥戸野陵・宇治陵の低墳丘墓は平安時代の墳墓と推定でき、中には比定に該当する人物の墳墓が含まれていると考えられる。むしろ、古墳の間に低墳丘墓が点在する位置関係から平安時代の埋葬方法の一つの特徴をみることが可能である。

佐藤虎雄「塚本社及塚本古墳」『京都府史蹟名勝天然紀念物調査報告』第九冊、京都府、一九二八年
末永雅雄「京都府京都市陵墓参考地鶴塚・秘塚の調査」『書陵部紀要』第六号、一九五六年
戸原純一・笠野毅「巨幡墓の境界線崩壊防止工事の立会調査」『書陵部紀要』第二七号、一九七六年
井上喜久男「後宇多天皇陵整備区域の調査」『書陵部紀要』第三〇号、一九七九年
山田邦和「京都府宇治市木幡古墳群の意義」『古代世界の諸相』晃洋書房、一九九三年
内田好昭・丸川義広・平方幸雄「最勝寺跡・岡崎遺跡」『平成3年度京都市埋蔵文化財調査概要』(財)京都市埋蔵文化財研究所、一九九五年
吹田直子「木幡古墳群――南山一―一、南山畑一九他――発掘調査概要」『宇治市埋蔵文化財発掘調査概報第三九集』宇治市教育委員会、一九九七年
伊達宗泰「黄金塚2号墳の研究」『花園大学考古学研究報告』第一〇号、花園大学文学部考古学研究室、一九九七年
前田義明「調査経過と調査概要」『鳥羽離宮跡Ⅰ　金剛心院跡の調査』京都市埋蔵文化財研究所調査報告第二〇冊、(財)京都市埋蔵文化財研究所、二〇〇二年
小林行雄「円山陵墓参考地・入道塚陵墓参考地調査報告」『書陵部紀要』第五三号、二〇〇二年
福尾正彦・清喜裕二「鳥戸野陵の墳丘外形調査」『書陵部紀要』第五四号、二〇〇三年
福尾正彦・有馬伸「蓮華峯寺陵の墳丘外形調査」『書陵部紀要』第五五号、二〇〇四年
『京都市遺跡地図台帳【第8版】』京都市文化市民局、二〇〇六年
『向日市の遺跡』(財)向日市埋蔵文化財センター・向日市教育委員会、二〇〇八年

奈良平安時代における天皇陵古墳——律令国家の陵墓認識——

北　康宏

一　歴史のなかの天皇陵古墳

「奈良平安時代における天皇陵古墳」と題してお話しさせていただきます。他の方々の題目は「江戸時代の天皇陵」などもっとシンプルなのですが、私の題目だけが「奈良平安時代における」と付いていたり、「……天皇陵古墳」となっていたりと、くどいものになっています。しかし、これが今日のお話の視角と密接に関わっているのです。「奈良平安時代の天皇陵」といたしますと、奈良・平安時代に活躍した天皇が葬られた山陵ということになってしまいますが、今回扱うテーマはそうではありません。古墳時代の巨大古墳が、奈良時代にいかなる手続きを踏んで歴代天皇陵として認定されたのか、そこにどのような象徴的機能が期待されたのか、——そういった奈良平安時代における天皇陵古墳の扱われ方ということを表現したかったわけです。副題に「律令国家の陵墓認識」とありますように、日本律令国家——律令制度という中国の官僚制システムを導入して打ち立てられた日本古代国家の一つの完成形態ですが——、この律令国家が、それまでの国家成立史を背負いつつ、自らが国家元首と仰いだ天皇という存在を説明するために、その皇祖の葬地をどのように取り扱い、どのように意味付けたのか、これが今回お話しすることのテーマです。

遺跡としての古墳と天皇陵

天皇陵と聞くと、大きな堀に水をたたえた巨大前方後円墳といったイメージが思い浮かびます。即ち、巨大古墳といえば天皇陵、天皇陵といえば巨大前方後円墳と連想することが多いかと思います。教科書でも、以前は古墳時代のページの図版には必ずといっていいほど「仁徳天皇陵」と称して写真が掲載されていました。しかし最近では「大仙陵《だいせんりょう》古墳（現、仁徳《にんとく》天皇陵）」と表記されるようになっています。

この名称変更は、戦後の古墳研究をリードしてこられた森浩一先生の提唱が出発点になっています。科学的な古墳研究の土台を作るべく、すべての古墳を遺跡名で呼ぶことが試みられたのです。考古学の研究方法からいえば、天皇陵であるかそれ以外の古墳であるかはひとまず捨象される問題だからです。一つの「遺跡」として検討することによって、古墳の形式と出土遺物の編年、特定地域における古墳造営とその消長、地域首長墓間の相互関係といった事象を客観的に検討することができるようになったのです。「太田茶臼山《おおだちゃうすやま》古墳」もしくは「今城塚《いましろづか》古墳」と称することで、継体天皇陵の議論もはじめて可能になるのです。遺跡名で呼ぶということは、すべての古墳を純粋に考古学の対象として設定するという、一つの画期的な見識だったといえます。

しかし視点をかえてみれば、特定の古墳が七世紀末以降、律令国家の国家元首たる天皇の皇祖の葬地＝山陵として明確に認識されるようになり、奈良時代以降には神武天皇以降の全天皇陵が確定・整備され、そこに毎年中央から幣物を奉る「荷前《のさき》」と称する恒例祭祀が挙行されるようになったことも歴史の事実です。天皇陵古墳は、古墳時代に築造された治天下大王《ちてんかだいおう》の古墳であると同時に、奈良時代以降には天皇陵として荷前の対象とされてきた存在でもあるという、二重の歴史性を自らのなかにもっているわけです。

先の森先生の提示された視角——それがたとえ天皇陵であれ、一たんその被葬者の問題とは切り離して、一つの古墳として考察するという視角——は、裏返せばこれから私がお話する視角を与えてくれるものでもあります。すなわち、個々の「古墳」が何ゆえ「天皇陵」であるのか、いかなる手続きをもって天皇陵と認定されたのか。

古墳は、古墳時代の地域首長や王権の指導者といった支配者層が造営したモニュメント性を有する墓です。そのモニュメンタルな視覚性をもって被葬者の支配力を示したのです。そういった目的をもって造営された古墳を、奈良時代の律令国家はあらためて天皇の「祖先の陵」と位置付けなおしていくわけです。より具体的に言いますと、奈良時代の律令国家にとっては、『日本書紀』に記された神武天皇以降の歴代天皇の山陵がすべて実在するということこそが重要でしたが、古墳時代の、例えば「倭の五王」の武（雄略天皇）にとって崇神《すじん》陵や垂仁《すいにん》陵といった過去の古墳も管理すべき大切な存在だったでしょうか。日嗣《ひつぎ》の語りという継承儀礼の次元では過去の治天下大王とその山陵について語り継がれたでしょうが、現実の古墳という意味では、おそらくそれには無関心であって、権力を示すための自身の古墳造営にこそ関心があったでしょう。自分の権力を可視的に見せるために古墳を造営する古墳時代の意識と、古代国家が完成しそこから振り返って皇祖とその葬地を歴史的に意味付ける奈良時代の意識、この二つは全く違う意識だということです。

今回は、「歴史のなかの天皇陵」という大きな題名のもとでの連続講座になっております。以上に述べました古代国家が天皇陵をどう認識し、どう位置付けたかという視点こそ、江戸時代・明治時代に至るまで天皇陵という存在がどう意味付け直され続けていくのかという「歴史のなかの天皇陵」という視点につながっていくと考えるわけです。

二　古代国家の天皇陵管理

幕末・明治期の山陵治定とその根拠

現在われわれが目にするような天皇陵の姿が生まれたのは、江戸時代末の文久から慶応年間、そして明治時代初頭のことで、一部を除いて中世近世には荒れ果ててしまっていた天皇陵を、一つずつ確認整備していったのです。詳細はその時期をテーマにした講演でお話があると思います。

図1　神武天皇畝傍山東北陵　荒蕪図
（『御陵画帖』国立公文書館蔵）

例えば、図1の「文久山陵図」（国立公文書館蔵『御陵画帖』）をみますと、初代の天皇として最重要視されるはずの神武天皇陵ですら、幕末には田園風景のなかに荒蕪《こうぶ》した状態で存在しています。管理人が置かれているわけでもなければ柵があるわけでもない。奈良時代にいったん確定・整備されたはずの天皇陵も、中世以降には荒れ果てて所在がわからなくなったものも少なくなかったのです。

神武陵の場合は、現在の橿原《かしはら》市大久保町、当時の山本村に「ミサンザイ（神武田《じぶた》）」という発音の近い地名が残っており、『日本書紀』などの文献史料に記された神武陵の所在とも矛盾しないということで確定されたのでした。治定の途上においては幾つかの候補があったのですが、その中から最終的にこの古墳を選び、現在見るような立派な神武陵に仕上げられていくのです。これなどはまさに典型的な山陵治定《さんりょうじじょう》の姿であって、江戸時代までの山陵から明治以降の天皇陵へと切り替わっていく様子をリアルに映し出している事例だといえます。

中世・近世においては周壕の水は近隣の灌漑用水に用いられ、村人たちはキノコやワラビを採りに墳丘に入っていたようですが、幕末・明治になると新たに天皇制の尊厳を示すという機能が付与されて、立ち入りが禁止されるようになります。また、それ以外にも宮内庁が管理し、現在でも立ち入りが禁止されている古墳があります。陵墓参考地です。これなどは治定段階で迷い、念のために押さえておこうというものです。かなり迷った部分もあったわけです。

では、明治政府は天皇陵をどのようにして決めていったのでしょうか。有名なものについては、地域の伝承もある程度残っていたでしょうけれども、神武・綏靖《すいぜい》・安寧《あんねい》・懿徳《いとく》・孝昭・孝安・孝霊・孝元……とすべて決めないといけないわけですから大変です。孝安天皇といわれても、どんな天皇だかイメージがわかない、それでも一つの古墳に決めなければならない。

自分が幕末明治期の陵墓治定に携わった人になったつもりで考えるとわかりやすいでしょう。例えば、継体天皇陵がどの古墳か決めろと言われたら、まず『古事記』に三嶋地域にあると書いてあり、その地域の巨大古墳としては高槻市の今城塚古墳、茨木市の太田茶臼山古墳の二つに限られますから、比較的決めやすいでしょう。ところが、神武天皇陵とか、古い時期の天皇の陵のほとんどは奈良盆地の南部にあると記紀に書いてある。しかしあの辺りに行ってみると、もう古墳だらけです。その中からどれか一つに決めないといけない。考古学的な知見は現在ほど進んでいませんから相当難しい作業です。

「延喜諸陵寮式」とその性格

そもそも基本史料である『古事記』『日本書紀』の天皇陵記載自体がすごく大雑把で、具体的な場所を特定するにはほとんど役に立たない。そこで治定作業において重視されたのが、平安時代、十世紀初頭に編纂された『延喜式《えんぎしき》』に収録されている陵墓のリスト、「延喜諸陵寮式」陵墓歴名です。その一部を引いてみましょう。

〔「延喜諸陵寮式」の陵墓歴名（抜粋）〕

磯長山田陵　小治田宮御宇推古天皇。在㆓河内国石川郡㆒。兆域東西二町。南北二町。陵戸一烟。守戸四烟。

押坂内陵　高市崗本宮御宇舒明天皇。在㆓大和国城上郡㆒。兆域東西九町。南北六町。陵戸三烟。

大坂磯長陵　難波長柄豊碕宮御宇孝徳天皇。在㆓河内国石川郡㆒。兆域東西五町。南北五町。守戸三烟。

このリストには、日向国にあるという神代三陵（ホノニニギノミコト、ヒコホホデミノミコト、ウガヤフキアヘズノミコトの陵）や神武陵から始まって、平安前期に至るまでの天皇陵がすべて列挙され、その下に被葬者名、所在地、兆域（墳丘とそれを囲む一定の管理区域）、守衛戸に関する情報が付記されています。所在地は、例えば「河内国石川郡に在り」と郡レベルまで書き記してくれています。また、兆域も「東西二町。南北二町」「東西九町。南北六町」といった形で書かれており、古墳の規模や主軸の方角など、迷ったときには判断の手がかりを得ることもできます。この史料に基づいて決めていくということになったわけです。しかし逆に、これが唯一の根拠となる場合も多かったのです。

宮内庁による天皇陵の被葬者比定が正しいか誤っているかという議論が研究者の間で行なわれます。ケチをつけるのは簡単ですが、このように治定する側の視点にたって考えてみると、まずは治定ミスがどの段階で発生したかを考えてみる必要があることに気づくでしょう。そこには二つの可能性があります。

第一は、幕末・明治期における治定の際に、『延喜式』の語っている古墳からずれてしまったという場合です。『延喜式』といえども山陵の所在は「郡」までしか記されていませんから、同一の郡域に候補となる古墳が二つも三つも存在した場合には、当然のことながら間違う可能性が生じます。つまり近代になってから間違いが発生したという場合です。

第二は、この『延喜式』に掲載されたリスト自体に誤りがあった場合です。古代のリストだといっても人が作ったものです。後に述べるように、このリストの原形は八世紀初頭にまでさかのぼらせることができますが、奈良時代から振り返っても古墳時代中期は三〇〇年くらい前になります。古代と一括りで考えがちですが、古墳時代は奈良時代の人にとっても遠い昔なのです。したがって、この段階で古墳の比定を間違ってしまった場合や、詳細な所在地がわからず憶測で決めてしまった場合もあったはずです。

明治以降のミスについては、現代の最新の考古学的知見から再考を加えればいいのですが、古代のリストそのものに間違いが含まれていたら、これはもう如何ともしがたい。そこで考えるべき課題は、この『延喜式』の山陵リストにどの程度の信憑性があるかを検討することになります。

リストを丁寧に分析してみますと、個々の記載様式や書式が、ある箇所から微妙に変化していたり、あとから書き足したなと感じる部分があったりします。細かい話になりますので省略しますが、そういったところを削除していくと、どうもリストの本体は奈良時代初期に作られたリストにさかのぼるということがわかってきたのです。そうすると、リストの原形部分は日本律令国家が成立した時期のリストだということになり、もうすこし信憑性が出てくることになります。古墳時代が終わって奈良時代を迎えようという段階で、総決算として作られたリストだということです。

律令国家による山陵の公的管理の開始

では、このリストが作られた事情について、当時の史料は何か語ってくれていないでしょうか。次の史料を見てください。

〔職員令《しきいんりょう》19諸陵司条〕

諸陵司。正一人、掌㆓祭陵霊、喪葬・凶礼、諸陵及陵戸名籍事㆒。佑一人、令史一人、土部十人、掌㆓賛相・凶礼㆒。員外臨時取充。使部十人、直丁一人。

職員令というのは、律令――皆さんご存じの大宝律令とか養老律令といった律令国家の根本法典ですが――この律令のなかで諸官司の構成メンバーとその職掌について規定したチャプターが職員令です。ここにあげました諸陵司という役所では、「正《かみ》」一人、「佑《すけ》」一人、「令史」一人、「土部」十人という構成員が定められ、さらにその職掌についても記されています。何を掌るのが仕事かというと、「陵霊を祭る」、山陵に宿っている霊魂を祭ることで、これが「荷前」として恒例化されていくものです。また、「喪葬・凶礼」、つまり葬送儀礼や凶礼にも関与します。注目したいのは、その次です。「諸陵及び陵戸の名籍の事」、全ての山陵とそれに付された陵戸《りょうこ》（守衛戸）とをリストアップした名籍を作成・管理しているわけです。これがまさに先にみた「延喜諸陵寮式」陵墓歴名に引き継がれるリストの原形なのでしょう。陵墓歴名には山陵名が列記され、その下に「陵戸五烟」「守戸《しゅこ》五烟」など山陵の守衛を担当する戸数が書いてある。律令の制定と共に諸陵司という官司が設定され、山陵の公的管理のためのリストが作成され始めたということがわかります。

では、山陵の公的管理はどのように進められたのでしょうか。養老喪葬令1先皇陵条をみてください。

〔養老喪葬令1先皇陵条〕

凡先皇陵、置二陵戸一令レ守。非二陵戸一令レ守者、十年一替。兆域内、不レ得二葬埋及耕牧樵採一。

「過去の天皇の陵には陵戸を置いて守らせよ」と定められています。陵戸という特別な戸籍に登録された戸単位で天皇陵の守衛にあたらせています。また「陵戸にあらずして守らせる場合には、十年にひとたび替えなさい」とあります。管理を委任された専属の陵戸ではなく、一般の公民に管理を委託する場合には、十年に一回チェンジさせなさいというのです。また、墳丘のみならずその周りには兆域と呼ばれる一定の空閑地を設けて、周りを柵で囲って侵入禁止区域とします。近隣の住民が死体を遺棄・埋葬したり、牛や馬を飼ったり、木樵が木を切ったり、ワラビやキノコ採りに入ったりすることが禁止されることになります。まさに天皇霊を祀る神聖な場所として整備されていくわけです。

この法令の起源をさらに追ってみましょう。

〔『日本書紀』持統天皇五年（六九一）十月乙巳条〕

詔曰、凡先皇陵戸者、置二五戸以上一。自余王等有レ功者、置二三戸一。若陵戸不レ足、以二百姓一充。免二其徭役一。三年一替。

先ほどの養老喪葬令と類似していますが、「先皇の陵戸は五戸以上を置け」と、具体的な数字が入っております。また「自余の王等の功ある者」、それ以外の王族のうちの有功者、ヤマトタケルなどでしょうが、そういった人たちの墓には「三戸置け」とあります。もし陵戸が足らず、やむを得ず百姓をもって充てる場合には、代わりに「その徭役」すなわち雑徭《ぞうよう》と役《やく》（のちの庸）の二税目は免除するといっております。具体的な政策実行のための単行法令ですから、二年前の持統天皇三年（六八九）に施行された浄御原令《きよみはらりょう》の葬葬令先皇陵条を受けた施行細則と考えるのがよいでしょう。

このようにして陵墓は公的管理のもとに置かれることになるわけですが、日常的にはどのように整備維持されたのでしょうか。「延喜諸陵寮式」にその規定があります。

〔「延喜諸陵寮式」陵墓側近条〕

凡陵墓側近有二原野一、寮仰下二守戸一并移二所在国司一共相知焼除上。

陵墓の側近に原野があった場合には、諸陵寮が守戸に指示を出し、所在地の国司にも通達したうえで、両者立ち会いのもと焼除すると規定されています。放置しておけば草や木が茫々と生えて、さらにゴミが捨てられたりしてしまう。実際、平安時代の史料を通覧しても、木が切られたり「汚穢を為」されたりして、天皇陵が祟る事例が散見します。常にきれいに整備しておきなさいというわけです。

〔「延喜諸陵寮式」諸陵墓条〕

凡諸陵墓者、毎年二月十日差二遣官人一巡検。仍当月一日、録レ名申レ省。其兆域垣溝若有二損壊一者、令二守戸修理一、専当官人巡加二検校一。

この史料も同じく管理のやり方ですが、先の日常的な管理に加えて、毎年二月十日には全陵墓へ一斉に官人を派遣して巡検させます。兆域の垣や溝に損壊があったら、守戸に修理させたうえで、あらためて専当の官人がチェックするというのです。

なぜここまで一律に過去のすべての天皇陵を管理する必要があったのでしょうか。古墳時代には、造営段階で葺石をふいて埴輪を巡らして一所懸命に築造するのですが、世代が替わると放置され森になってしまう。永続的な祭祀の対象ではなかった。ところが奈良時代になると皇祖の山陵だということで、全ての天皇陵の公的管理が行なわれるようになる。普通の感覚からすれば、自分の父母、祖父や祖母の墓ぐらいまでならばきちんと管理して祀るでしょうが、十代前・二十代前の祖先のお墓がどこそこにあるといって毎年お参りする人がいるでしょうか。古代でいうと自分が奉仕したことがある天皇の山陵についてならば理解できますが、例えば綏靖天皇の山陵は奈良時代からみてもリアリティが無いわけです。

このことは、すべての先皇陵への一斉祭祀である「荷前」が、天皇の家の祭祀ではなく、律令国家の君主たる天皇の行なう政治的祭祀として創始されたことを示しています。現天皇が神武天皇から連綿と連なる皇統の延長線上に立っているという「一系性」を具象化させるための祭祀であって、祖先観念とは別次元のものであったといえます。

三　律令国家による陵墓治定の実態――陵戸守戸記載からみえるもの――

記紀から陵墓歴名へ

次に、古代の山陵治定がどのような形で行なわれたのか、より具体的にみていきましょう。まず〔百舌鳥《もず》三山陵の記載一覧〕を見てください。百舌鳥古墳群（図2参照）にあるという仁徳天皇陵、履中天皇陵・反正《はんぜい》天皇陵のことを『古事記』『日本書紀』『延喜式』がどう書いているかを列記してみました。

〔百舌鳥三山陵の記載一覧〕

	『古事記』	『日本書紀』	『延喜式』
仁徳天皇	「毛受之耳上原」	「百舌鳥野陵」	「百舌鳥耳原中陵」
履中天皇	「毛受」	「百舌鳥耳原陵」	「百舌鳥耳原南陵」
反正天皇	「毛受野」	「耳原陵」	「百舌鳥耳原北陵」

『古事記』では「毛受《もず》之耳上原にあり」、履中天皇陵は「毛受にあり」、反正天皇は「毛受野にあり」と書いてある。これだけだったらお互いの位置関係も明らかではなく、決めることができません。すべてに「毛受」が付いておりますが、「毛受」と「毛受の野」とがどう違うのかよくわかりません。そこで『日本書紀』を調べてみればもう少し具体的にわかるだろうかと紐解いてみます。『古事記』では反正陵に「野」がついていたから野原の

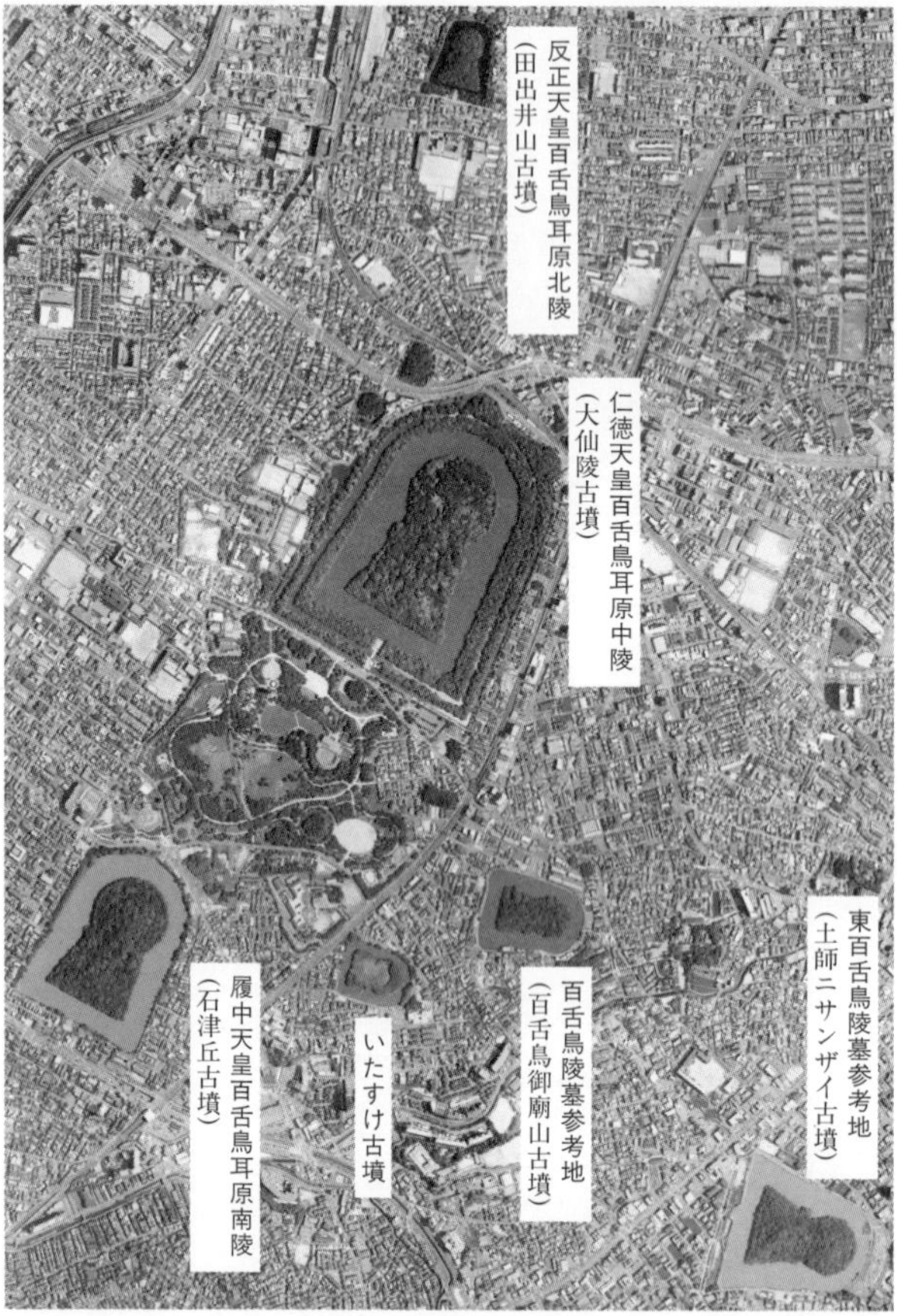

図2　百舌鳥古墳群

ような場所にあるのかと思っていたら、『日本書紀』では仁徳天皇の方に「百舌鳥の野の陵」と書いてある。また、履中陵は「百舌鳥の耳原の陵」とありますが、『古事記』では「耳原」の語がともなっているのは仁徳陵でした。しかも「原」は「野」と何が違うのだということになってきます。反正陵は「耳原の陵」とのみ書かれている。これでは履中陵と反正陵の区別もつかない。

このように『古事記』『日本書紀』の記事は非常に曖昧ですから、これのみによって三天皇の山陵を個々の古墳に当てていくのは非常に困難であるわけです。先ほど申しましたように明治の治定では、これに加えて位置関係が明確にされた『延喜式』の記事を参照することができましたが、奈良時代では、まさにその『延喜式』のもとになったリスト自体を、曖昧な『古事記』『日本書紀』の情報を用いて作成しているわけです。

彼らが最終的にどのようにして決めたかはわかりませんが、すべてを「百舌鳥耳原……陵」と統一していますから、先ほど我々が考えた「耳原」「野」という限定句は相互の判別には役に立たないと判断したのでしょう。考古学的知識のない当時のことですから、まずは大きい古墳が天皇陵だと推測、まずは二つの古墳が候補にあがるでしょう。加えてもう一つ探さないといけない。また、『古事記』の「毛受之耳上原」（仁徳陵）と『日本書紀』の「百舌鳥耳原陵」（履中陵）とを比較して、「上」という字の存在から仁徳陵が相対的に北にあると考えて、「中陵」「南陵」の位置関係を決定したかもしれません。あとは地域の人から伝承を聴き集めるしか方法はありません。しかし、五世紀前半の大王といえば奈良時代の八世紀初頭からさかのぼってもおよそ三〇〇年前のことです。同じ古代のことだといえば簡単なようですが、我々の時代からさかのぼって三〇〇年前といえば、まだ徳川綱吉が没して新井白石が登場する時期のことです。古墳時代中期の古墳のことを奈良時代の地域住民がどの程度記憶していたか甚だ心許ない。

このような試行錯誤の結果、最終的に仁徳陵は「中の陵」、履中陵は「南の陵」、反正陵は「北の陵」と決定されたわけです。有名な大王の巨大前方後円墳でもこれだけ迷うわけですから、奈良盆地のあの古墳だらけの場所でどうやって決めることができるのか。相当苦労したはずです。

陵戸・守戸設置の実態

そこで、もう一度「延喜諸陵寮式」の山陵リストをみてみましょう。ここに書き込まれている守衛戸記載、特に「陵戸」という正式の守衛戸が設置されている部分を詳細に検討してみると、そこには興味深い傾向が現われていることに気づきます。

〔「延喜諸陵寮式」陵墓歴名、推古陵～光明子陵まで〕

磯長山田陵　小治田宮御宇推古天皇。在㆓河内国石川郡㆒。兆域東西二町。南北二町。陵戸一烟。守戸四烟。

押坂内陵　高市崗本宮御宇舒明天皇。在㆓大和国城上郡㆒。兆域東西九町。南北六町。陵戸三烟。

大坂磯長陵　難波長柄豊碕宮御宇孝徳天皇。在㆓河内国石川郡㆒。兆域東西五町。南北五町。守戸三烟。

越智崗上陵　飛鳥川原宮御宇皇極天皇。在㆓大和国高市郡㆒。兆域東西五町。南北五町。陵戸五烟。

右卌遠陵

山科陵　近江大津宮御宇天智天皇。在㆓山城国宇治郡㆒。兆域東西十四町。南北十四町。陵戸六烟。

右一近陵

檜隈大内陵　飛鳥浄御原宮御宇天武天皇。在㆓大和国高市郡㆒。兆域東西五町。南北四町。陵戸五烟。

同大内陵　藤原宮御宇持統天皇。合㆔葬檜前大内陵㆒。々戸更不㆓重充㆒。

真弓丘陵　岡宮御宇天皇。在㆓大和国高市郡㆒。兆域東西二町。南北二町。陵戸六烟。
檜前安占岡上陵　藤原宮御宇文武天皇。在㆓大和国高市郡㆒。兆域東西三町。南北三町。陵戸五烟。
奈保山東陵　平城宮御宇元明天皇。在㆓大和国添上郡㆒。兆域東西三町。南北五町。守戸五烟。
奈保山西陵　平城宮御宇浄足姫天皇。在㆓大和国添上郡㆒。兆域東西三町。南北五町。守戸四烟。
佐保山西陵　平城朝太皇大后藤原氏。在㆓大和国添上郡㆒。兆域東西十二町。南北十二町。守戸五烟。
佐保山南陵　平城宮御宇勝寶感神聖武天皇。在㆓大和国添上郡㆒。兆域東四段。西七町。南北七町。守戸五烟。
佐保山東陵　平城朝皇大后藤原氏。在㆓大和国添上郡㆒。兆域東三町。西四段。南北七町。守戸五烟。

浄御原喪葬令による先皇陵の公的守衛方針を受けて、持統天皇五年には先皇陵には五戸を置くといった具体的な設置基準が単行法令として出されたことは先にみたとおりです。これにより陵戸設置がスタートするわけですが、その際に最初に着手するのは、当然のことながら所在が明瞭で、現在との関係が深い身近な皇祖の山陵であろうと想像されます。事実、山陵リストのうち持統陵の前後を見ると、持統天皇にとって夫である天武天皇の檜隅《ひのくまの》大内《おおうち》陵や、天智天皇の山科陵、皇極天皇の越智崗上《おちのおかのえ》陵、舒明《じょめい》天皇の押坂内《おしさかのうち》陵など、身近な祖先の山陵には陵戸が設置されています。また、持統天皇が崩じたあとに新たに設定された諸山陵にも、暫くは陵戸がきちんと置かれています。持統陵は天武陵に合葬されましたから「陵戸、更に重ねては充てず」とありますが、岡宮《おかみやに》御宇《あめのしたしろしめしし》天皇（草壁皇子）の真弓丘《まゆみのおか》陵にも、文武天皇の檜前安古岡上《ひのくまのあこのおかのえ》陵にも陵戸が設置されています。新しい天皇陵管理制度が発動し始めた頃には、陵戸をきちんと置こうとしているわけです。

ところが、その続きを見てみると、元明《げんめい》天皇の奈保山東陵、元正《げんしょう》天皇（浄足姫《きよたらしひめ》天皇）の奈保山西陵と、元明陵以降は陵戸が全く現われなくなります。このあとはずっと守戸しか置かなくなるのです。元明女帝が崩御したのは養老五年（七二一）のことで、元正朝の末です。このとき以降、一般百姓に守衛を委託する守戸を設置する原則へと方針転換したと考えるべきでしょう。

この方針転換は、守戸設置に関する規定の変化にも明瞭に反映されています。細かい話になりますが、先にみました持統天皇五年（六九一）十月乙巳の詔では、「凡先皇陵戸者、置二五戸以上一。自余王等有レ功者、置二三戸一。若陵戸不レ足、以二百姓一充。免二其徭役一。三年一替」と、あくまで陵戸設置を原則とし、「もし陵戸足らざれば」と厳密に条件付けていました。ところが、養老喪葬令1先皇陵条になると「凡先皇陵、置二陵戸一令レ守。非二陵戸一令レ守者、十年一替。……」となり、この条件は撤廃され、あたかも二つの選択肢のような書き方になっています。さらに興味深いのは、「三年に一《ひと》たび替えよ」の部分が「十年に一たび替えよ」と変更されている点です。持統天皇五年制ではなぜ「三年に一たび」と規定されたのでしょうか。二年では短く四年では長いすぎるからでしょうか。そうではありません。古代の民衆支配のサイクルが六年だからです。戸籍は六年にひとたび作りますから、これと擦り合わせがきくようにその半分の三年という数字が設定されているのです。守戸の場合は「其の徭役を免ず」と税制とも深く関わるわけですから、戸籍のサイクルとリンクしてなければならないわけです。ところが養老喪葬令になると十年になってしまう。明らかに切り離されている。百姓たちに守衛を委託し、十年の長い年月を経た後にはもう交替のことを忘れてそのまま守ってくれよと、なし崩しに守衛をさせようとしているのです。切り替えるつもりがないから十年という長いスパンが設定されているわけです。こうした点からみても、養老年間を境にして陵戸設置を原則とする方針が撤廃され、守戸設置へと転換したことがはっきりと確認されます。

さて、こうした守戸設置方針への転換という観点を「延喜諸陵寮式」の山陵リスト全体に及ぼすと、何が見えてくるでしょうか。当初は身近な祖先の陵と新たに設置された陵に優先的に陵戸を置いている。逆に古い時代のものになればなるほど陵戸を置くことができていない。これはどういうことでしょうか。簡単にいえば、不明なものは暫く措いて、所在が比較的はっきりしている山陵から順次リストに登録して陵戸を設置していったということです。ですから、古い時代のものでも百舌鳥の山陵のように記紀の情報と現地の巨大古墳の存在とを結びつけることが比較的容易な場合には、早く治定・登録が完了し、陵戸設置に至ったのでしょう。このほか、ヤマトタケルとならんで全国統一の伝承をもつ景行天皇の山陵や、八幡神と融合して後々まで八幡宮として祀られ続けた応神天皇の山陵、雄略天皇や欽明天皇など政治的に大きな役割を果たした著名な天皇の山陵などには陵戸が設置されています。他方、欠史八代の天皇など、そもそもその実在性を問題視する研究者もいるような天皇陵では陵戸は設置できていません。

以上の傾向を踏まえると、陵戸を設置しているものはその所在が容易に確定できた山陵で、奈良時代のごく初期までに陵戸設置が完了したものです。逆に守戸しか設置できていないものは、もちろん個々の特殊事情はあるでしょうが、概してその所在を決定するのに手間取り、養老年間まで確定できないで放置されていた山陵だということになります。政府側からは荷前儀礼が開始できないから早く決定するようにと督促がある。「こんな古墳が密集した所はわかりませんよ」という。最終段階に至って、「推測が入ってもいいから何とか決めろ」といわれて一斉に確定した山陵、これらが養老年間以降に確定した守戸設置山陵の大部分をなしているのでしょう。

この理論にしたがえば、陵戸が設置されている山陵は、かなり信憑性の高いものだといえます。逆に守戸しか置いていないところは、なかなか決め難くかなり迷ったのだなということが想像される。細かい記事ですが、丁寧に見ていくと古代の人たちが山陵を治定していく具体的なプロセスが垣間見られるおもしろい史料なのです。

このように山陵治定と守衛戸設置は、持統天皇五年から始まり養老から神亀《じんき》年間ころに完了したと考えられますから、実に三〇～四〇年かけていることになります。中央の役人が各地の古墳を見て廻り、記紀の記載と地域の伝承とを擦り合わせながら確定し、決まった所から順に兆域を設定、柵を造って人が入らないようにしていったわけです。相当な労力を要した作業であったと考えられます。

山陵祭祀＝荷前の開始

では、なぜこのような苦労をしてまで山陵のリストが作成されなければならなかったのでしょうか。それは、律令が規定した諸陵司の第一の職掌、「陵霊を祭る」ということを実行に移すためです。先皇陵を一般の人が立ち入れない神聖な空間として設定し、そこに毎年十二月に一斉に幣物を奉る荷前と称する陵霊祭祀を開始するためなのです。そのためには、先皇陵の位置がもれなく確定していなければなりませんし、常に整備が行き届いていなければなりません。リストはまさに荷前をスタートさせるために必要不可欠な台帳だったといえます。養老年間以降は推測を交えてもいいということで、不明だった山陵が一斉に決定され守戸が設置されていったとすれば、リストの完成は聖武天皇の神亀年間ころになろうかと推定されます。荷前儀礼が開始されたのは、それを受けた天平元年（七二九）の十二月からであったようです。というのも、「職員令集解」所引「令釈」によれば、それに先立つ同年八月五日に従来の諸陵司が拡張されて諸陵寮となり、人員の拡充が図られているからです。

律令国家がこのように創設した陵墓管理制度と荷前儀礼は、その後も変化を遂げながら少なくとも平安時代末までは続けられていたようです。

〔『朝野群載《ちょうやぐんさい》』第八、康和二年七月十七日付諸陵寮解〕

諸陵寮

請下特蒙二 天裁一、被レ下二 宣旨於五ケ国一、停三止国司収公一、且給二官使一、任二官省符一、条里坪付人□□中要

劇陵戸田作人等、募二権勢一遁中避地子上状

陵墓所在

山城国卅四所　大和国五十七所　河内国十五所　和泉国四所

摂津（要劇田廿町五反二百八十分）　紀伊国一所　近江国一所

康和二年（一一〇〇）というと院政期の堀河天皇の時代ですが、この段階でも諸陵寮は山城国に三十四ヵ所、大和国に五十七ヵ所、河内国には十五ヵ所、和泉国には四ヵ所、摂津・紀伊・近江ではそれぞれ一ヵ所の天皇陵を管理し続けていたことがわかります。

荷前の方も平安時代を通して続けられています。藤原忠平の日記『九条殿記《くじょうどのき》』（『九暦《きゅうれき》』）天慶《てんぎょう》八年（九四五）十二月二十日の記事には次のように書き記されています。

〔『九条殿記』天慶八年十二月二十日条〕

……申剋参レ陵。酉剋参着。到二御在所一之間、陵戸設二盥水一也。盥洗。而次官共昇二立於御前一。（先例、令三内竪大舎人昇二立之一。倩案二事情一、猶長次官躬可二昇一立者也。仍今年躬昇二立之一。）次着座申二事由一。両段再拝。次官随拝之。内竪大舎人共出二幣物一、置二於棚上一。以レ松焼レ之。事畢、戌剋還レ家。給二酒食於権随身等一。次亦給レ禄。……。

十二月二十日という日付からわかるように年終の荷前で、忠平には山科陵に行ってこいと命令が下ったわけです。午後三時くらいから出発して、五時くらいには山科陵に到着しています。もう年の暮れのことですから暗くなっていたでしょう。御在所《ございしょ》というのは天皇の遺体が納められている墳丘のことです。天皇霊を祀る御在所に行く途

中で、陵戸が清めの水を入れた盥《たらい》を設置してくれた。そこで手を清めて、次官たちは山陵の御前で幣物を舁き立ちます。着座して天皇霊に奉幣の由を申して両段再拝する。拝礼が終わると内豎《ないじゅ》・大舎人《おおどねり》たちが幣物を取り出して棚の上に並べ、松の葉で焼いて捧げる。帰ったのは夜の七時すぎ。疲れたなあと酒を飲んで、随身《ずいじん》たちにも酒とご飯を振舞った、こういうふうな話ですね。

もう少し後の三条実房の日記『愚昧記《ぐまいき》』仁安三年（一一六八）四月三十日条にも、興味深い記事があります。

〔『愚昧記』仁安三年四月三十日条〕

卅日、天晴。今日御即位由可レ被レ告ニ山陵一之。……即参ニ向山科山陵一。令レ尋ニ陵預一。頃之、出来。予問云、参ニ御山一歟、将レ候ニ此鳥居一歟。答云、此鳥居下令レ候也。行成云、故殿為ニ荷前使一令レ参之時、御ニ此鳥居下一也。……。

高倉天皇が即位したので山陵にそれを報告するための使者が立てられました。臨時の奉告使です。山科山陵、すなわち天智天皇の山陵に到着すると、まず御山つまり墳丘の所まで参るべきか、この鳥居のところでよいのか、どっちだろうと陵預《りょうあずかり》に尋ねさせています。すると、鳥居の所で拝んでいただいたら結構ですと返事が返ってきた。ところが古参の従者の行成（三蹟の行成とは別人）は「あなたのお父さんのときに一緒に来たことがあるのですが、その時はやり方が違いましたよ」と皮肉を言っている。結局、両方でやろうかということになってきて、おもしろい記事です。平安末期でも陵前祭祀はこのように行なわれ、この時も幣物を松の葉で燃やして捧げています。現在、天皇陵に行くと鳥居が立っていますが、あれは平安時代の先例を模したものです。

山陵治定信憑性の判断基準

以上、細かいお話をしてまいりましたので、ここで問題点を整理しておきましょう。

第一は、奈良時代の山陵治定においては、すぐに決めることができたものと決めにくかったものとがあり、これが陵戸設置か守戸設置かに反映しているということです。陵戸が設置されている古墳は決めやすかった天皇陵だということです。もちろん間違いはありますから、陵戸が置かれているからといって絶対正しいということではありませんが、少なくとも自信をもって確定され、政府に報告されたものだということがわかる。逆に守戸だけのものは、かなり迷いに迷ったのだなということが知られるのです。

第二は、奈良時代以降になると前方後円墳の周りに兆域が設定される。「南北○町、東西○町」と、かなり広い範囲を取り、その周り東西南北に柵や溝を造ってこの中に立ち入れないようにしている。そして毎年二月にはチェックのうえで修理が加えられており、当然十二月の荷前の際にも陵戸守戸の責任で整備がなされていたはずです。従って、現在の立場からいえば、天皇陵かどうかは次のような点を調べてみればある程度わかるわけです。

墳丘から数町離れた位置で発掘の機会があった場合には、注意していれば平安時代の兆域の周囲をめぐる柱穴の遺構が発見されるかもしれません。普通の古墳ではない可能性が出てくるわけです。少なくとも奈良・平安時代には天皇陵とみなされていた古墳であることがわかる。また、平安時代になると天皇陵には鳥居が付属しているようで、その近辺で幣物を松の葉で焼いています。毎年十二月にやっているわけですから、土が焼けていたり、あるいは幣物の燃え滓《かす》が残っていたりとか、そういった奈良・平安時代の陵前祭祀の痕跡が出てくる可能性がある。墳丘自体を調査しなくても、こういう場所を精査してみれば、古代国家が天皇陵であると判断していた古墳を確認することができるのです。

四　山陵治定の実態――いくつかの事例から――

これまで述べてきたことをふまえて、いくつかの山陵治定とその信憑性について文献史学の視点から検討を加えてみたいと思います。

崇峻天皇の倉梯岡陵

まず一つ目は、崇峻天皇の陵、倉梯岡陵《くらはしのおか》についてです。「延喜諸陵寮式」の崇峻天皇陵の項目には興味深いことが書かれています。

〔「延喜諸陵寮式」の崇峻陵〕

倉梯岡陵　倉梯宮御宇崇峻天皇。在㆓大和国十市郡㆒。無㆓陵地并陵戸㆒。

山陵名に続いて「大和国十市郡に在り」と書いていますが、さらにその後に「陵地ならびに陵戸無し」とも注記されています。崇峻陵には土地も無く、管理人もいない。リストですから一応山陵名は列記するが、その実体は無いと言っているのです。崇峻天皇は蘇我馬子の策略によって暗殺された天皇です。

〔『日本書紀』崇峻天皇五年十一月乙巳条〕

馬子宿禰詐㆓於群臣㆒曰、今日進㆓東国之調㆒。乃使㆓東漢直駒㆒弑㆓于天皇㆒。或本云、東漢直駒東漢直磐井子也。

是日、葬㆓天皇于倉梯岡陵㆒。

蘇我馬子が直接に手を下したわけではありませんが、群臣に偽って今日は東国の貢を奉る日であると伝え、出御した天皇を東漢直駒《やまとのあやのあたいこま》に命じて弑させたと書いております。

注目したいのは、「是の日、天皇を倉梯岡陵に葬った」と書かれている点です。暗殺された日に即日埋葬です。この「倉梯」という地は、寿墓《じゅぼ》（生前に自分のために築造した墓）が作られていた場所かとでも思いたくなりますが、「倉梯宮」という崇峻天皇の宮殿があったまさにその場所なのです。『日本書紀』崇峻天皇即位前紀（五八七）八月条に「是月、宮二於倉梯一」と書いてある。崇峻天皇が東漢直駒に暗殺されて倉梯宮は戒厳令が布かれたような状態で封鎖、即日、その宮の地に埋葬してしまったという話です。当時の天皇の喪葬は殯《もがり》儀礼を含めて長期にわたるのが一般的でしたから、かなり異常な処置です。

このように誰も立ち入ることができない状況下で同地に埋葬されたと公表された、——こうした状況を思い巡らすと、崇峻天皇は本当のところは弑されていないのではないかと疑問がわいてきます。日本の歴史のなかで天皇を弑すなどということは先にも後にもこの一例しかありません。早良《さわら》親王の廃太子や花山《かざん》天皇の退位などの事例をみても、幽閉したり出家を求めたりするという形式を取るのが一般的なようです。生存しているという事実が漏れて政争が再燃しないように即日埋葬と公表されたが、実際には退位を求められたのではないでしょうか。

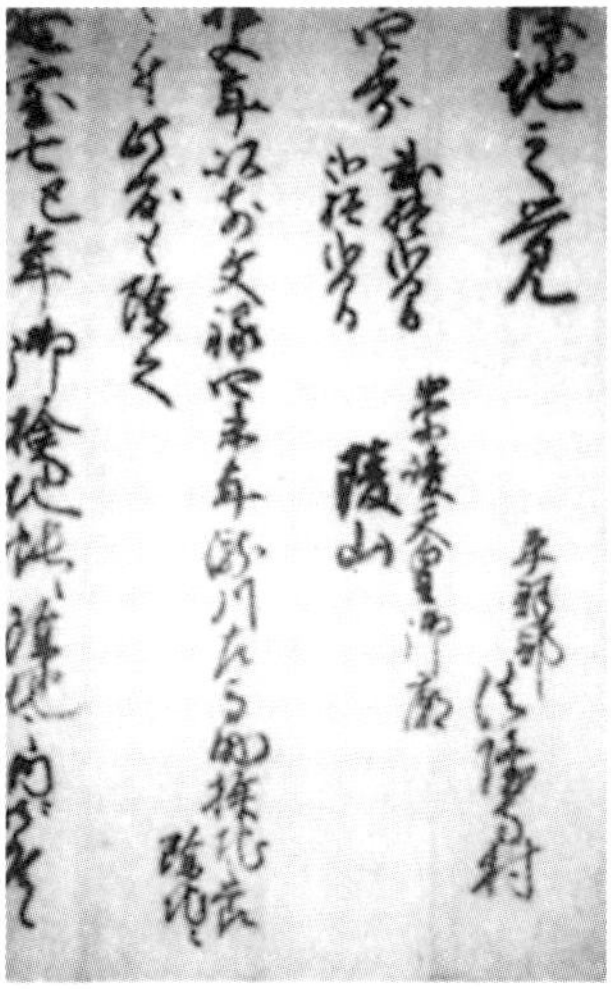
図3　延宝7年（1679）の法隆寺文書「崇峻天皇御廟陵山」とみえる（森浩一他編『藤ノ木古墳とその文化』山川出版社，1989年）

法隆寺の高田良信師は中世近世の法隆寺古文書の検討から、法隆寺近隣の藤ノ木古墳が江戸時代前期には陵山と呼ばれ、崇峻陵とする伝承が根強く存在したこと、そしてこの地を「ミサヽギ」と称する小字名は文永二年（一二六五）にさかのぼるということを指摘しておられます（図3）。その可能性は十分にあると思います。何の根拠もなく「陵」と称されることはないでしょうし、崇峻天皇のようにさほど有名ではない、むしろ悲惨な最期を遂げた天皇の山陵をわざわざ造作するということは考えにくいからです。そう考えますと、幽閉され、後には出家して法隆寺の僧となって、そこで余生をすごしたのではないかと想像されます。

ともあれ、このように「延喜諸陵寮式」の陵墓歴名は、当時把握した状況を相当正直に書いている。陵地が無い場合は、はっきりと無いと書いてあるのです。だからこの史料に則して検討すればいろいろなことが見えてくるわけです。

成務天皇の狭城盾列池後陵と神功皇后の狭城盾列池上陵

次に、成務天皇と神功皇后の山陵についてみてみましょう。奈良県の北部、近鉄の大和西大寺駅からちょっと北に行ったあたりに佐紀盾列《さきたたなみ》古墳群があります（図4）。そこには五社神《ごさし》古墳・佐紀石塚山古墳・佐紀陵山《みささぎやま》古墳という三つの前方後円墳が並んでいます。現在はそれぞれ神功《じんぐう》皇后陵・成務天皇陵・日葉酢媛《ひばすひめ》墓にあてられていますが、「延喜諸陵寮式」では次のように記されています。

〔「延喜諸陵寮式」陵墓歴名の成務陵・神功皇后陵〕

狭城盾列池後陵　志賀高穴穂宮御宇成務天皇。在㆓大和国添下郡㆒。兆域東西一町南北三町。守戸五烟。

狭城盾列池上陵　磐余稚桜宮御宇神功皇后。在㆓大和国添下郡㆒。兆域東西二町南北二町。守戸五烟。

神功陵は成務陵と同じく山陵に列されていますから、毎年荷前使が派遣されています。『日本書紀』では、成務陵については仲哀天皇即位前紀に「六十年、天皇崩。明年秋九月壬辰朔丁酉、葬㆓于倭国狭城盾列陵㆒」と、神功

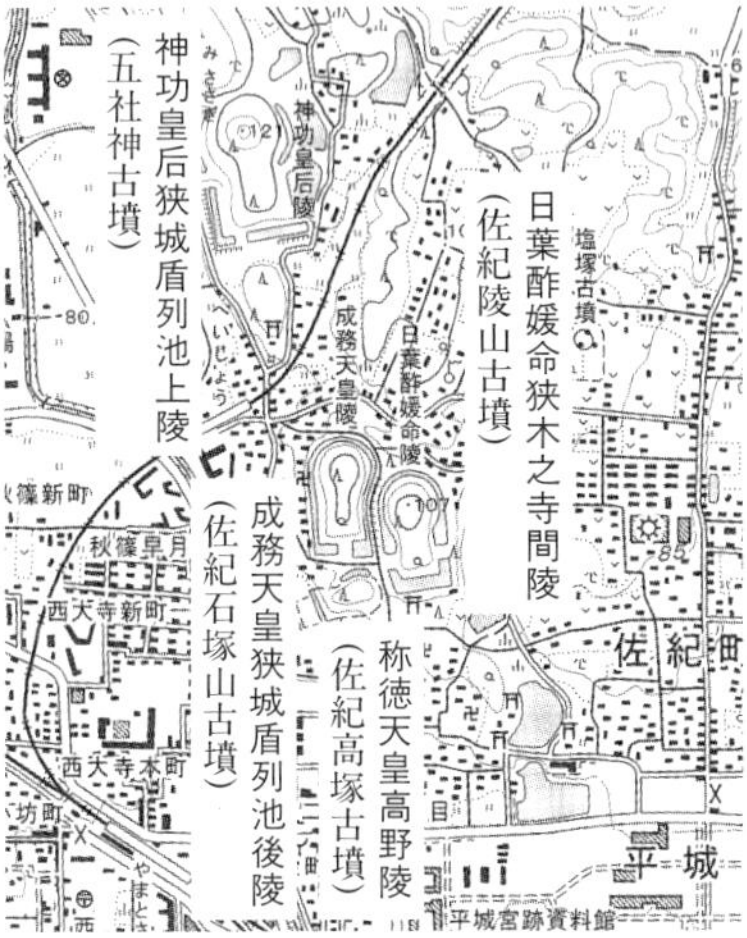

図４　佐紀盾列古墳群

皇后陵については神功皇后摂政六十九年十月壬申条に「葬二狭城盾列陵一」とあるにすぎず、いずれの古墳に治定すべきか、かなり難しかっただろうと思います。地域の伝承などを参考に律令国家が「池後陵」「池上陵」に治定したのでしょう。池の後ろと池の上といわれても微妙な位置関係で、実際その後も混乱があったようです。

次の承和十年（八四三）の朝廷から成務陵と神功陵に使者が派遣された際の記事をみてください。

〔『続日本後紀』承和十年四月己卯条〕

使下二参議従四位上藤原朝臣助・掃部頭従五位下坂上大宿禰正野等一、奉上レ謝二楯列北南二山陵一。依三去三月十八日有二奇異一、捜二検図録一、有三二楯列山陵一。北則神功皇后之陵、倭名大足姫命皇后、南則成務天皇之陵、倭名稚足彦天皇。世人相伝、以二南陵一為二神功皇后之陵一。偏依二是口伝一、毎レ有二神功皇后之祟一空謝二成務天皇陵一。先年縁二神功皇后之祟一、所レ作弓剣之数、誤進二於成務天皇陵一。

承和十年といえば、平安京に都が移って五〇年ほど経ったころです。参議の藤原助と掃部頭《かもんのかみ》の坂上正野らを遣わして「盾列南北の二山陵に謝し奉る」とあります。何を陳謝しているのかというと、去る三月十八日に奇異（天変地異）があって調べてみた。山陵の図録で確認すると、盾列山陵には成務天皇陵と神功皇后陵の二つがあって、北は神功皇后陵で南側は成務天皇陵となっていた。しかし近年は、在地における世人の口伝で南側が神功陵だと言われているのに従って、神功皇后陵の祟りがあるごとに成務陵に陳謝していた。先年も弓や剣を間違って成務陵に捧げていた。神功皇后からすれば謝りに来られたのに前を通り過ぎて行ったのでは余計に腹が立ったのか、それで祟りが起こったと、こういったお話です。

興味深いのは、地域の人たちが政府の図録の語るところとは逆の見解を主張していた点です。さらに複雑なのは、この地にはもう一つ日葉酢媛墓といわれる古墳があることです。口頭で問うた場合には、これを含めて三つの古墳のうちどの二つを念頭において北・南と言っているかで比定が変わってくるのです（図5）。日葉酢姫も神功皇后も女性ですから、伝承上、相互に混乱も発生しうる。女性の墓に対して北側が成務天皇ですよと言ったのを、さらに誤認した可能性もあります。

さらに注目すべきは、この記事の中でわざわざ二人の「和名」が記載されていることです。神功皇后は「大《おお》足比売《たらしひめ》」、成務天皇は「稚足彦《わかたらしひこ》」です。「ヒコ」「ヒメ」は男女の名につける敬称ですから、「オオタラシ」と「ワカタラシ」です。成務天皇、神功皇后といった名前は漢風諡号《しごう》といいまして、奈良時代の末に淡海三船《おうみのみふね》により決められたものですから、地域の口伝としてはオオタラシさんの陵、ワカタラシさんの陵といった形になります。地域の人でもどっちだったかなとか、だんだん混乱してきそうなよく似た名前です。先ほど百舌鳥の三山陵の話もいたしましたが、地域の人たちに聞き取り調査をしたとしても、このように和名が似ていたりすると、混乱が既に発生していることもあるわけです。また、平安時代でも政府の見解と地域の口伝との間のズレが問題になっていることもあって、曖昧さが残っていることが

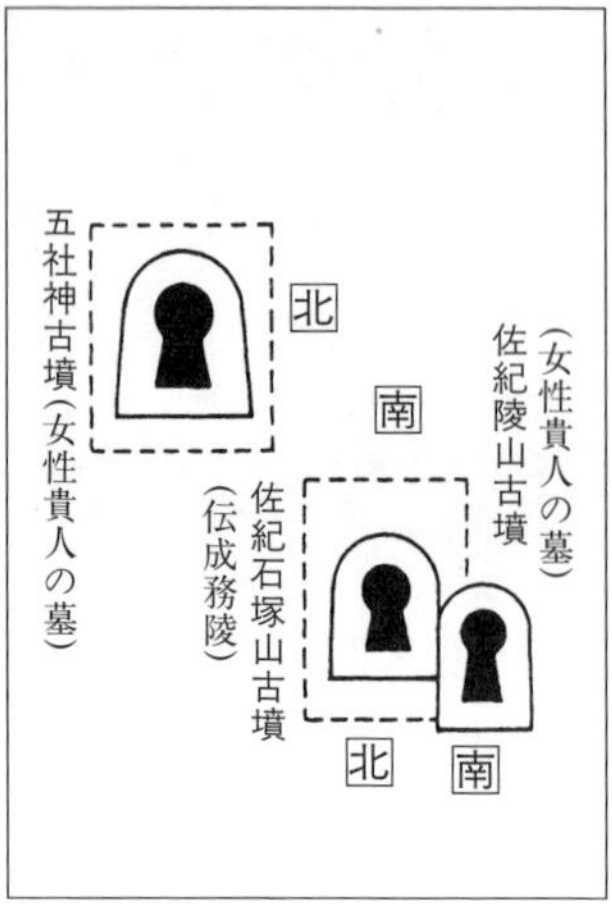

図5　佐紀古墳群の3古墳の被葬者関係

わかります。この史料はまさにそういった生々しい誤りの様相を我々に伝えてくれているのです。

継体天皇の三嶋藍野陵

最後に、継体天皇陵の問題にもふれておきたいと思います。これは学界でも大きく取り上げられてきた大問題なので、軽々に口を出すと叱られそうですが、今までの話を踏まえて私なりの意見を申しておきたいと思います。

継体陵は、宮内庁では茨木市にある太田茶臼山古墳だとされてきました。ところが近年では高槻市にある巨大前方後円墳、今城塚古墳こそが真陵ではないかという意見が強く打ち出されています（図6）。発掘すると継体天皇の時代にぴったりくる。太田茶臼山古墳から検出された埴輪はもっと古くて、五世紀にさかのぼるものではないかというのです。宮内庁側は、そんなことはない、もしそうだとしても永年太田茶臼山古墳の方を継体陵として拝してきたのだから、継体天皇の霊もこちらに遷っていらっしゃるだろうと説明される。どうかと思う説明ですが、「なるほど、ではそちらも陵墓参考地にしましょう」となれば、現在の学術調査も中止になってしまいますから、それはそれで困ってしまいます。

「延喜諸陵寮式」にも継体陵は摂津国にあると書いてあるわけですから、この二つの古墳の何れかだということは間違いないでしょう。今城塚古墳を継体陵とするのが現在の学界の大勢ですが、現状で問題がすべて解決されたといえるのでしょうか。何よりも問題なのは、摂津地域に二つも巨大前方後円墳がある。継体天皇が初めてこの地域に入ってきて今城塚古墳を造ったというならば、もう一つのそれに先行する太田茶臼山古墳の被葬者がわからなくなってしまいます。

今城塚古墳を継体陵とする根拠としては、まず「延喜諸陵寮式」にみえる「郡」の記載があげられてきました。

図6　太田茶臼山古墳と今城塚古墳

〔「延喜諸陵寮式」陵墓歴名の継体陵〕

三嶋藍野陵　磐余玉穂宮御宇継体天皇。在二摂津国嶋上郡一。兆域東西三町、南北三町。守戸五烟。

「摂津国嶋上郡に在り」と書いてある。『和名類聚抄《わみょうるいじゅしょう》』で平安時代の郡名をみると、嶋上郡・嶋下郡に分かれており、その郡境は今城塚古墳と太田茶臼山古墳との間にあったと考証できる。従って嶋上郡にある今城塚古墳が真陵だ、という判断です。

一見するともっともな見解ですが、これは『延喜式』を金科玉条にした結論です。これまで述べてきたように、その山陵リストは浄御原令を受けて作成が開始され、相当の紆余曲折を経て元正朝に完成したものです。その治定の根拠は『古事記』『日本書紀』の情報でした。

〔『古事記』下巻〕

天皇御年四十三歳、丁未年四月九日崩也。御陵者、三嶋之藍御陵也。

〔『日本書紀』継体天皇二十五年冬十二月庚子条〕

葬二于藍野陵一。

『古事記』では嶋上郡・嶋下郡への分割以前の地名で「三嶋之藍御陵」と書かれており、『日本書紀』に至っては「藍野陵」としか書かれていない。「藍」もしくは「藍野」と呼ばれる地域は、むしろ現在も「安威川」という河川が走る太田茶臼山古墳周辺の淀川右岸で最も肥沃な地域こそがふさわしいのではないかと思われます。少なくとも、郡の分割以降の『延喜式』にもとづく従来説は、いくら郡境を厳密に考証復元したとしても、結局は律令国家の継体陵認識を復元したにすぎないわけです。

では、律令国家による継体陵治定にはどの程度の信憑性があるでしょうか。三嶋地域を限ってみると、大王陵相当の古墳は二つしかないわけですから、他の地域に比してかなり治定しやすかったはずです。ところが「延喜諸陵寮式」の守衛戸記載をみてみると、継体陵には「守戸」しか設置されていない。先ほどの陵戸・守戸設置の沿革からすれば、守衛戸設置が遅れた可能性がある。何らかの理由で決めかねている、迷った痕跡があるわけです。この古代の人たちが迷ったという事実はそう簡単に無視できないだろうと思います。

継体の王権と安威の地との関係

継体天皇は、皆さんご存じのように応神天皇の五世孫で、北陸から入って、血統が絶えた五世紀の王権を継ぐことになる天皇です。自分が即位するなどと思ってもいませんでしたから、目子媛《めのこひめ》という在地の娘と結婚しております。子供たちをつれて大和朝廷に入ってくるわけです。即位すると五世紀の「倭の五王」以来の血筋を引く手白香皇女《たしらかこうじょ》と結婚することが求められ、その間に生まれた子が欽明天皇とされて次の皇統へとつないでいくわけです。目子媛の子、勾大兄皇子《まがりのおおえのおうじ》（安閑天皇）や檜隈高田皇子（宣化天皇）は既に成人しており、朝廷に入って継体天皇の補佐をしている。手白香皇女の生んだ欽明天皇側とは当然微妙な関係になる。そこにそれぞれを支持する大伴氏と蘇我氏の勢力が結びついて、主導権争いとなります。これを「継体欽明朝の内乱」と称する学者もいます。このことを念頭において、次の記事に着目しましょう。

〔『日本書紀』安閑天皇元年閏十二月壬午条〕

閏十二月己卯朔壬午。行㆓幸於三嶋㆒。大伴大連金村従焉。天皇使㆓大伴大連㆒問㆓良田於県主飯粒㆒。県主飯粒慶悦無㆑限。謹敬盡㆑誠。仍奉㆓献上御野・下御野・上桑原・下桑原、并竹村之地。凡合肆拾町㆒。大伴大連奉㆓勅宣㆒曰、率土之上、莫㆑匪㆓王封㆒。普天之下、莫㆑匪㆓王域㆒。……味張、自今以後、勿預㆓郡司㆒。……於㆑是、大

河内直味張、恐畏永悔、伏レ地汗流。啓ニ大連一曰、愚蒙百姓、罪当ニ万死一。伏願毎レ郡以ニ钁丁一、春時五百丁、秋時五百丁、奉ニ献天皇一。……。

安閑天皇が大伴金村を従えて三嶋に行幸したという記事です。伝説的なお話ですが、この地域と安閑天皇（勾大兄皇子）との関係が非常に密接だったということがわかります。安閑天皇は大伴金村に命じて、この辺りに良田があるかどうかを地域の豪族三嶋県主飯粒《あがたぬしいいぼ》に尋ねさせた。すると、飯粒は声をかけていただいて有難いことだと喜んで、上御野・下御野・上桑原・下桑原、さらには竹村之地と、この地域の最もいい田地あわせて四十町を奉献したというのです。

ストーリー自体は、自分の良田を喜んで奉った三嶋県主飯粒と献上を惜しんだ大河内直《おおしこうちのあたい》味張《あじはり》の二人の対比がテーマになっていますが、他方では継体天皇の子安閑天皇の勢力基盤としての三嶋のミヤケの起源譚を成しているともいえます。この安閑紀の「御野」「桑原」という地名は現在も残っています。茨木市の東方、太田茶臼山古墳の横を安威川という河川が流れているのですが、この川の上流地域、阿武山古墳で著名な阿武山のふもとから平野部に出るあたりが「桑原」です。また「耳原」と書いて「ミノハラ」と読ませる地名も太田茶臼山古墳の西、安威川右岸に残っています。これまた「御野（ミノ）」にあたるのでしょう（図7）。

先の伝承は、――『日本書紀』がミヤケ設定の画期として描く安閑紀に集約して掛けられていますが、大兄として継体天皇を補佐した勾大兄皇子と継体即位を主導した大伴金村の二人を中心とした三嶋地域への進出を暗示しており――、まさに北陸から入ってきた継体天皇とその子安閑・宣化天皇という、大和に基盤をもたない外来王権が新たな拠点として三嶋に設定したミヤケの起源を物語るものでしょう。そして、それが現在の安威川周辺の最も豊かな田園地帯で、のちには藤原摂関家領、興福寺領、春日社領荘園などが設定されることになる肥沃な

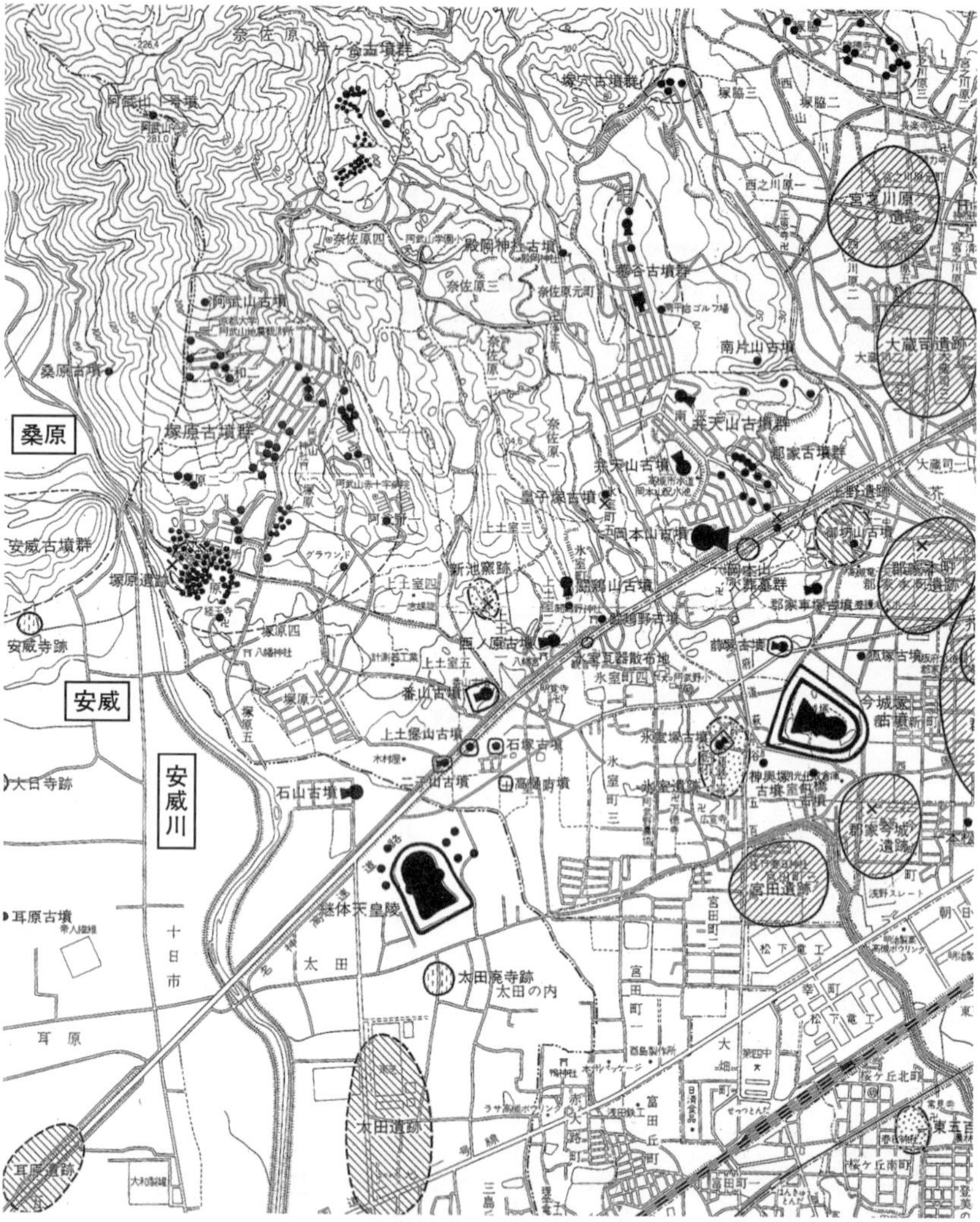

図７　安威の地と耳原・桑原
（高槻市史編さん委員会『高槻市史』第６巻考古編、1973年、付図に加筆）

地域なのです。

　このように考えてくると、継体天皇が山陵を自分の固有のミヤケ、三嶋の安威の地に造営したと考えるのが自然ではないでしょうか。古代の治定の際に時間がかかったのも、太田茶臼山古墳を継体陵とする伝承が在地に残っていたからだと思います。

相対年代と実年代

　考古学の立場からすれば、出土した埴輪の編年や墳丘の形式などからみて、そんな馬鹿なことはあり得ないと反論が出るでしょう。しかし、もう少し慎重になってもいいのかなと思います。例えば、有名な藤ノ木古墳も今でこそ六世紀末の古墳であることが確定しておりますが、本格的に調査される以前は埴輪の編年などから五世紀の古墳だと言われていたのです。百年以上ずれてしまった例もあるわけですから、十分な調査が行なわれていない太田茶臼山古墳の推定年代も確実だとはいえません。

　墳丘の形式ということでいえば、明治期の山陵修復で形が相当変わってしまっている例もあります。また、大きな変更がなかったとしても、築造形式については次のような観点をもつべきです。

　例えば法隆寺の建築様式を思い出してください。ご存知のように、現在の法隆寺は飛鳥時代のものではなく、天智天皇九年（六七〇）の火災以降に再建されたものです。しかし法隆寺を実際に訪れてみると、どうも飛鳥時代を髣髴とさせる雰囲気を感じます。この古拙な建築様式を白鳳時代のものと思えるでしょうか。かつて再建・非再建論争が繰り広げられ、戦前の優れた建築史家関野貞《せきのただし》らが建築様式から飛鳥時代の建物だと強く主張しました。しかし、それでも再建だったのです。

関野たちの様式論が間違っていたわけではありません。様式の展開が一系列で、一方通行で進むわけではないことに注意を向けさえすればよかったのです。現代でも最先端の建築を建てる人もいれば、古い伝統的な建物を建てる人もいる。流行のファッションに乗る人もいれば、古風な服装をしている人もいる。実際、法隆寺には特殊な事情がありました。檀越《だんおつ》である山背大兄王《やましろおおえのおう》ら上宮王家《じょうぐうおうけ》は皇極天皇二年（六四三）に蘇我入鹿の策謀で滅ぼされましたから、再建の経済的なバックグラウンドがないわけです。最先端の建築技術を駆使することは覚束ない。売れない古い技術を持った職人たちに依頼し、リサイクル材を利用しながら再建したとすると、当然古臭い感じになるわけです。

入り婿にすぎなかった継体天皇が大和朝廷の保有する最先端の古墳築造技術を利用することが許されない立場にあり、自らのミヤケに自力で古墳を造営せざるを得ず、新たに埴輪窯を開かなければならなかったとすれば、どうでしょう。古臭い埴輪、古くさい形の前方後円墳を造ってもおかしくありません。現在、埴輪公園になっている茨木市にある新池窯跡からは、太田茶臼山古墳にも今城塚古墳にも埴輪が供給されています。二つの古墳が全く異質な王権もしくは首長により造営されたものだとは考えがたく、新池の窯が太田茶臼山古墳の造営を契機にひらかれたものだとすると、太田茶臼山古墳はやはりこの地域に最初に進出した継体天皇の山陵にふさわしいのではないでしょうか。

さらにいえば、継体天皇治世のスパンに考古学の成果がすりあわされているわけですが、そもそも継体天皇の崩年からしても、既に『日本書紀』自身がその編纂段階から辛亥年とすべきか甲寅年とすべきかで疑問をもっているのです。

〔『日本書紀』継体天皇二十五年冬十二月庚子条〕

冬十二月丙申朔庚子、葬㆓于藍野陵㆒。或本云、天皇廿八年歳次甲寅崩。而此云、廿五年歳次辛亥崩者、取㆓百済本記㆒為㆑文。其文云、大歳辛亥三月、師進至㆓于安羅㆒営乞。是月、高麗弑㆓其王安㆒。又聞、日本天皇及太子皇子倶崩薨。由此而、辛亥之歳、当廿五年矣。後勘校者知㆑之也。

ましてや即位年については、王統をめぐる混乱期でもあり、『日本書紀』の紀年をそのまま信じることはできないでしょう。倭王武が崩じて以降の、五世紀末の王権の状況には曖昧な点が残るわけで、継体天皇の即位年が五世紀後半にまでさかのぼる可能性は十分にあります。さらに古墳が寿墓であるとすれば、その造営が五世紀にかかることも否定できないのです。考古学の成果を被葬者論に擦り合わせるときには、文献そのものの揺れ幅にも注意する必要があるでしょう。

太田茶臼山古墳から今城塚古墳への改葬

なお、今城塚古墳についても、こちらも継体陵だと私は考えています。つまり改葬後の継体陵です。継体天皇から安閑天皇へと引き継がれる三嶋地域のミヤケに設定された山陵は、まさに安閑即位の正当性を保障するモニュメントであったといえます。しかし五世紀の王統を継承する手白香皇女との間に生まれた欽明天皇を奉じる蘇我馬子からすれば、欽明天皇こそが正統な日嗣であり、目子媛所生の安閑・宣化天皇は中継ぎにすぎない。そこで欽明即位と絡めて「新たな継体陵」――今城塚古墳――を最新の技術を用いて造営し、そこに継体天皇を「改葬」したのではないかと思います。

唐突な憶測のようですが、古墳を用いたパフォーマンスは蘇我氏が代々好んで行なった政治的手段であったことを想起すべきでしょう。まず、蘇我馬子が蘇我系の妃である故堅塩媛《きたしひめ》を欽明天皇の大后に擬すべく行なった改葬パフォーマンス、即ち推古天皇二十年（六一二）二月庚午に堅塩媛の遺体を欽明陵に改葬し、大々的に殯儀礼を挙行したことがあげられます。また推古天皇二十八年（六二〇）十月には、欽明陵の域外に土を盛って氏ごとに柱を立てさせ、二人の婚姻関係に対する服属儀礼を行なわせています。さらに、皇極天皇元年（六四二）十二月には、蘇我蝦夷が今来の地に雙墓を作って、大陵小陵と称して自分と入鹿の墓としたことは、よく知られているところです。

このように考えれば、なぜこの地域に大王《だいおう》陵《りょう》級の前方後円墳が二つもあるのか、なぜ地域の伝承を集めた奈良時代の諸陵司の官人たちに治定段階での迷いが生じたのかが説明できます。継体陵そのものに改葬前の古墳と改葬後の古墳の二つがあったからではないでしょうか。これまでこの摂津の二つの巨大古墳については様々な説明がなされてきました。それぞれ説得力のある解釈ではあるのですが、それでもなお、現段階では、太田茶臼山古墳もまた継体陵の候補として否定しさることはできないと考えています。

近年の考古学の築造技術、埴輪や須恵器の編年についての厳密で科学的な研究成果には目を瞠《みは》るものがあります。しかし、それに基づいてなされる被葬者論についていえば、なお幾つかのフィルターのかかった仮説的作業であるということを忘れてはならないと思います。第一に、考古学の編年に基づく相対年代は厳密で科学的なものですが、これを実年代に当てる際には多少のブレが発生するのです。しかし被葬者論にとってこのブレは大きい。また第二に、天皇陵ということでいえば、考古学者が古墳造営の実年代を推定したうえで特定の天皇陵であるか否かを判断する場合に、実は『日本書紀』の紀年や系譜を前提に擦り合わせがなされていないかということです。天皇の治世年数に作為があることは学者の認めるところです。実際には両方が動いているものを擦り合わせるという仮説的作業が被葬者論なのです。このことは、太田茶臼山古墳・今城塚古墳の被葬者について考える際にも注意しておかなければならないことなのです。

平安時代の天皇陵

山田邦和

一　天皇陵との出会い

京都と天皇陵

今日お話しするのは「平安時代の天皇陵」ですが、考えてみますとこれはいささかマニアックなテーマですね。御承知の通り、奈良県や大阪府に行きますとたくさんの天皇陵があります。そういった地域の天皇陵は古墳時代に属する大きな古墳であることが多く、非常に目立つわけです。たとえば、大阪の堺市には仁徳天皇陵に治定《じじょう》されている大山《だいせん》古墳（大仙陵古墳とも呼ばれる）がありますが、これが日本最大の前方後円墳であることは周知の通りです。奈良に行きましても、あちこちに代々の天皇の御陵に治定されている古墳があり、それらが日本の古代国家を考える場合の大事な手がかりになっています。

もちろん、京都にも天皇陵はたくさんあります。京都は千年の都であり、九世紀以降の歴代の天皇の多くは京都で崩御して京都の土地に葬られるわけですから、京都に天皇陵が多いのはあたりまえだということになります。

事実、私たちが京都の町を歩きますと、思いがけないところで天皇の御陵や皇族の墓に出会うことができるわけです。ですから、京都の市民にとって天皇陵というのは非常に近しい存在であることは間違いないことです。ただ、奈良とか大阪の巨大古墳に比べますと、京都の天皇陵というのは見劣りがするといわなくてはなりません。巨大前方後円墳ということはほとんどありませんし、行っても白砂の参道と鳥居があるだけで、中を覗き込んでも何があるのかよくわからないわけです。

そして、正直なところを言いますと、学界でも京都の天皇陵に対する扱いは大きくありません。考古学や歴史学の学界には天皇陵の研究者はたくさんいるわけですけれども、そういう研究者の関心分野は、大きくわけてふたつだといえると思います。まず、天皇陵研究者のかなりのパーセンテージは、古墳時代の大型古墳に関心を持っています。むしろ、大型古墳に関心があるので派生的に天皇陵の研究をやっている、という人が多い、という感じになります。もう一つは、近世・近代の思想史や政治史の中で天皇陵を扱おう、という分野です。つまり、江戸時代や明治時代に、国家がどのように天皇陵を扱ってきたかという問題です。

そうした学界の現状では、しばしば、古墳時代と江戸時代の間に位置する天皇陵の研究が抜けてしまっています。平安時代の天皇陵はどうだったのか、あるいは鎌倉時代とか室町時代の天皇陵の実態といったテーマは、ほとんど研究が進んでいないわけです。私は、研究のテーマについてもいささか穴場狙いというところがあり、人がやっているのと同じようなことを研究してもあまりおもしろくない、ということで、平安時代や中世の天皇陵の問題を特に追いかけてきました。

私にとっての天皇陵

実は、私がそういうことをやり始めたといいますのは、私が京都に生まれ育ったことが影響しているのは間違いありません。大体、私が考古学とか歴史学の途を選んだのも、子供の時に天皇陵に触れたことが大きかったのです。戦前の天皇制国家の時代には、当然のことながら国民の間でも天皇陵の巡拝というのが盛んにおこなわれていました。しかし、戦後になって民主国家になりますと天皇陵の巡拝というのはあまり流行らなくなりました。ただ、私はどういうわけか、子供の頃に天皇陵に興味を持っていろんな天皇陵に行き始めました。高校生のときまでには天皇陵になっているところはほぼ全て巡りまして、大学生になったときに東京に初めて行き、大正天皇の御陵に詣りました。これで一応、日本に存在する天皇陵を全部見たことになったわけです。ですから、天皇陵ということについては私は結構年季が入っているといって良いと思います。ただ、念のため言っておきますと、天皇陵を巡ったからといって私は右翼思想の持ち主だというわけではありません。

私は、そのようなところから考古学の勉強を始めました。そして、天皇陵を見ていく中で、子供心にもこれはやっぱりおかしいんじゃないかとか、これはもっと勉強したらおもしろいんじゃないかということに気づいていったのです。たとえば、平安時代の天皇とか皇子のお墓になっているのに、明らかにその形態は前方後円墳である。私もまだ中学生とか高校生で、考古学の入門書をかじった程度でありましたが、それでも古墳時代の前方後円墳が平安時代の天皇の墓になるはずがないというくらいは気づきます。そうすると、知らず知らずのうちに、天皇陵というものにはいろんな問題が含まれているんだということが分かってきたわけです。やはり天皇陵というのは私にとっては歴史の教科書のような存在だったのです。

二　桓武天皇陵と山丘型陵墓

宇太野の桓武天皇陵計画

さて、図1に示しましたのは、京都周辺の天皇陵の分布図です。京都盆地の中央に平安京が営まれており、その西南にその前の都であった長岡京があります。そして、歴代の天皇陵は平安京・長岡京の周辺地域に造られているということになるわけです。ここでまずお話ししたいのは、長岡京と平安京を造った桓武天皇であります。桓武天皇は平安京遷都の七九四年から数えて一〇年後に七三歳で亡くなりました。そもそも、桓武天皇は自分こそが新しい王朝の始祖であるという強烈な意識を持っていました。平城京は前の王朝の首都であって、これは否定すべきものである。それに対して、自分は新しい王朝をつくっていくんだという、そういう意識がものすごく強い人であるわけですね。長岡京と平安京は、そうした桓武天皇の自意識に基づく新しい都だったのです。

その桓武天皇が亡くなって、御陵が造られることになりました。後で述べますように、桓武天皇は山城国紀伊郡（京都市伏見区）の柏原陵に葬られますが、実は最初の桓武天皇陵予定地は別の場所であり、山城国葛野郡の宇太野（京都市右京区）というところだったのです。現在も平安京からいいますとすぐ西北の山際である京都市右京区に宇多野という地名が残っていますが、平安時代の宇太野もそこを中心とする地域だったと推定されます。桓武天皇の葬儀が済み、天皇を葬るためにここに御陵を造りかけたわけです。するとどういうわけか、平安京周辺におきまして、山火事などの天変地異が頻発することになります。単に山火事といいましても、これはおそらく自然現象ではなく、誰かが火をつけてまわっていると考えてよいと思います。その結果、周りの山火事によりまして煙がもうもうとして、平安京は昼なお暗いという状況におちいってしまうわけです。それで桓武天皇の息

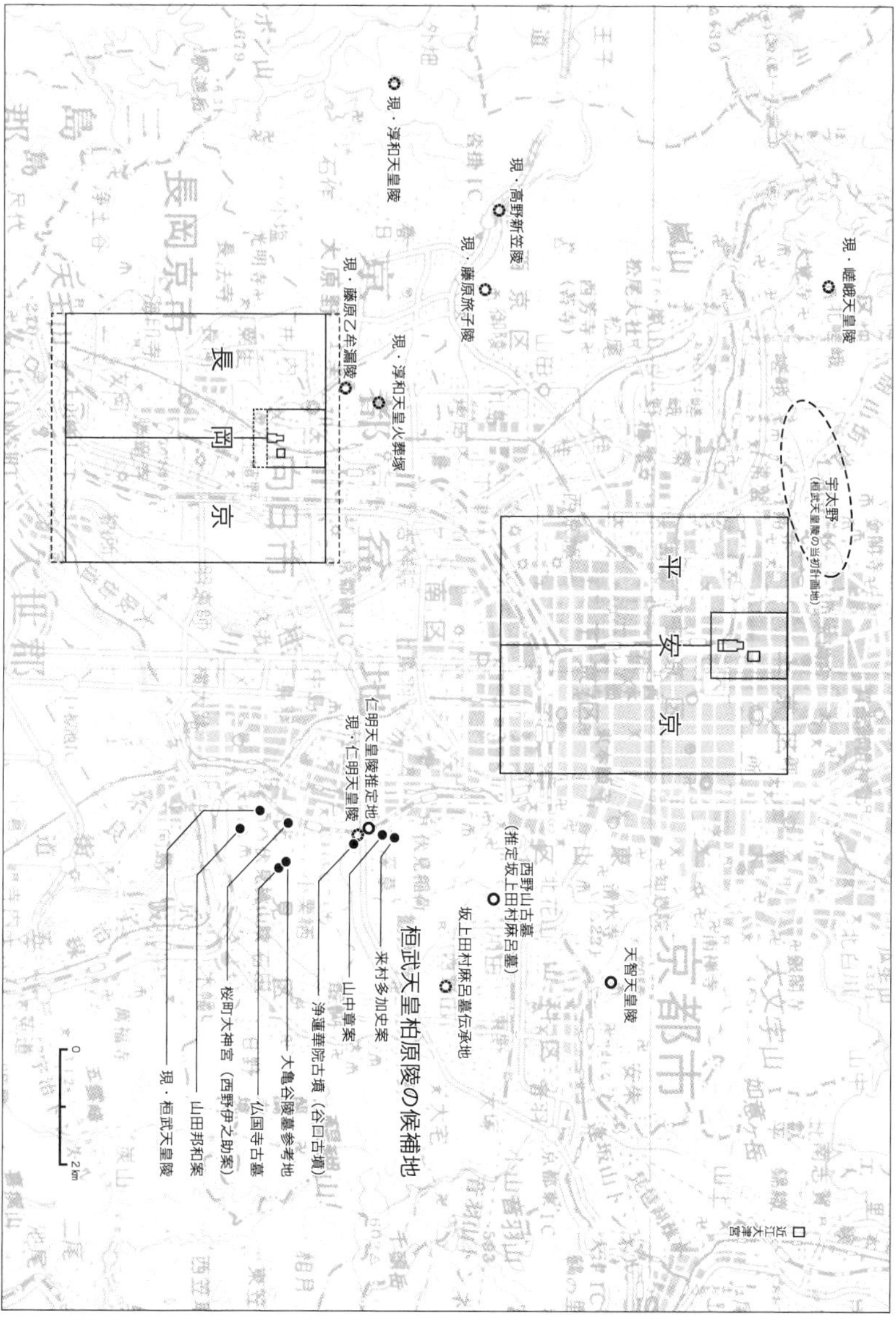

図1　平安京・長岡京と天皇陵

子であった新しい天皇、つまり平城《へいぜい》天皇は、これは神の怒りではないかと考えて驚き怖れてしまいました。そこで占いをさせた結果、これは賀茂社（上賀茂・下鴨両神社）の祟りであるという結果がでました。桓武天皇陵を作ろうとした宇太野の土地が賀茂社に近く、それで神様が怒ったのだというふうな占いが出たのです。それで平城天皇は仰天してしまいます。結局、宇太野に桓武天皇陵を造る計画は平城天皇の命によって取り下げられてしまい、改めて山城国紀伊郡の柏原に桓武天皇陵を造営した、ということになるわけであります。

では、最初の桓武天皇陵の場所として、平安京の西北郊にあたる宇太野という地域が選ばれたのはなぜでしょうか。これはやはり理由があってのことだと思います。奈良時代の場合、天皇陵がどこに造られたかといいますと、平城京の北郊の丘陵地帯です。奈良市の市街地の北側には、奈良山（寧楽山）という低い丘陵がのびています。今は開発が盛んになって、平城ニュータウン、相楽ニュータウン、高の原ニュータウンといった住宅地に変貌した部分が多いのですが、あそこはもともと、標高の低い丘陵地帯だったのです。その奈良山に、奈良時代の歴代の天皇陵があるわけです。たとえば平城京を造った女帝である元明《げんめい》天皇や、その後を継ぎましたこれも女性の天皇であった元正《げんしょう》天皇、このふたりの陵は平城京の北側にあります。奈良の市街地の北側に、かつてドリームランドという遊園地がありました。子供の頃には私も何度も遊びに行って非常に楽しい思いをしましたけれども、最近になって遊園地業界は東京ディズニーランドの一人勝ちになってしまい、奈良のドリームランドも閉園してしまいました。それは余談ですが、このドリームランドのすぐ東側に元明天皇と元正天皇の御陵があるのです。それから、東大寺の大仏を造りました聖武天皇と、その皇后であった光明皇后（藤原安宿媛《あすかべひめ》、藤原光明子）の御陵も、今の奈良の市街地の北方で、現在の奈良女子大学の北側の丘陵地にあります。

このように、奈良時代においては首都の北側の丘陵地帯を天皇陵の空間としていたわけです。これは明らかに中国の模倣です。中国の西安、これはいうまでもなく唐の長安であった都市ですが、その北側の丘陵地帯に歴代の皇帝陵がずらずらと並んでいることを知ることができます。一番有名なものは、唐の三代皇帝の高宗《こうそう》（李治）とその后であった則天《そくてん》（則天武后、武則天。本名は武照）が合葬された乾陵《けんりょう》で、ここは今では西安郊外を代表する観光地となっています。もちろん中国と日本ではスケールが違いますので、西安の市街地から北郊の皇帝陵に行こうと思いますと車で数時間はかかってしまうほどの距離があります。でも、都の北側に皇帝を葬るというのが中国の唐の方式だということはいえるのですね。このやりかたを奈良時代の日本人は模倣して、それで平城京の北側を天皇陵の空間にしていたと考えられるのです。

そして、桓武天皇も、長岡京を造った時にはそういう計画をしていた形跡があります。長岡京は一〇年しか存続しませんでしたし、桓武天皇も長岡京で亡くなったわけではなく、長岡京に葬られた天皇はいません。しかし、長岡京の北側の丘陵地帯には、桓武天皇に近い女性たちが葬られていることが知られています。まず、桓武天皇の母でありました高野新笠《たかののにいがさ》です。宮内庁が治定している高野新笠陵は、現在は桂坂というニュータウンになっているところのすぐ南側にあります。それから、桓武天皇の皇后でありました藤原乙牟漏《おとむろ》、この女性は平城天皇と嵯峨天皇の母です。彼女の御陵は、長岡京のすぐ北側の場所に治定されています。さらに、桓武天皇の妃のひとりで、淳和天皇の母である藤原旅子《たびこ》の陵も、桂坂ニュータウンの南東方に治定されています。もちろん、宮内庁が治定している御陵が真実のものだといえるかどうかは別なのですが、とにかく長岡京の北側にこうした后妃たちの御陵が集まっていることはいえるわけです。ですから、もし長岡京が永続したならば、桓武天皇もそこで亡くなって、このあたりのどこかに葬られたであろうということが考えられるわけです。

柏原の桓武天皇陵

平安京の段階になりますと、桓武天皇自身はいささか考えを改めまして、自らの陵は平安京の南東郊の東山の山麓に造ろうと考えていた形跡があります。ただ、桓武天皇の後継者となった平城天皇は従来通り、首都の北側の丘陵地帯を天皇陵の空間に指定し、桓武天皇陵もそこに築造しようとしたのだと思います。しかし、それはうまくいかなかった。反対勢力による抗議行動と思われる天変地異が続出したため、平城天皇はその構想を撤回し、都の北側に天皇陵の空間を造るという構想を破棄した、ということになったわけであります。

こうして、桓武天皇は山城国紀伊郡の柏原陵に葬られます。紀伊郡というのは、ほぼ現在の京都市伏見区にあたっています。しかし、京都市伏見区にあるのは確実ですが、そのどこに桓武天皇陵があったのかはよくわかっていません。現在、宮内庁が治定している桓武天皇陵は、伏見の桃山にあります。伏見桃山城と呼ばれている復興模擬天守が建っていますが、そのちょうど下のところに現在の桓武天皇陵があるわけです。ただ、現在の桓武天皇陵は、真ん中にちょっとした円形の盛り土がありまして、その周りを柵で囲んでいるだけで、規模も小さいですし、あまり根拠があるわけではありません。

要するに、桓武天皇陵は中世に入って忘れられてしまうわけです。平安時代には桓武天皇陵というのは非常に大事にされまして、継続して祭祀が続けられていました。なんといっても桓武天皇は平安王朝の始祖です。平安時代の歴代天皇は何か事件――新しい天皇が即位したとか、皇太子をたてたとか、天変地異があったとか――がある度にいくつかの天皇陵に使者を派遣して、祭祀や報告をしているわけですが、そういう中には必ず桓武天皇陵も入っています。ですから、平安時代には桓武天皇陵の存在は一応明確だったはずなのです。しかし、中世に入ると、だんだん天皇陵の存在が忘れられていきまして、そのうち桓武天皇陵もどこにあったかわからなくなってしまうということになるわけです。

では、桓武天皇陵というのはどういうものであったのかということです。皆さんの中には桓武天皇陵は古墳だとお思いになっているという方があるかと思いますが、そういうことはないだろうと思います。もはや古墳時代というのは遠い過去になってしまっており、大きな前方後円墳を造るなどということはなくなっているわけです。

桓武天皇陵の実態は不明なところが多いのですが、若干の手がかりはあります。鎌倉時代中期の文永一一年（一二七四）に桓武天皇陵が盗掘の難にあっています。つまり、泥棒が桓武天皇陵を掘り起こしまして、何か宝物が埋まっていないかと探したわけです。さすがに当時の朝廷も、桓武天皇陵が荒らされたとなると慌てふためきまして、その事後処理のために役人を派遣しているのです。その記録が『仁部記《にんぶき》』という貴族の日記に載っているのですが、それによりますと、桓武天皇陵については「件の山陵、十許丈を登り、壇の廻りは八十余丈」と書いています。つまり、下から三〇メートルくらい登ったところにあって、周囲が二四〇メートルぐらいあったということです。ということは、おそらく桓武天皇陵は丘の上にあるんですね。そして、周りが二四〇メートルというと、直径が大体八〇メートルぐらいの大きな規模を持っていたということが推定できるわけでは。しかし、これが円墳だとすると、古墳時代ですら直径八〇メートルというのはかなりの大規模な部類にはいってしまいます。そうすると、平安時代の初めの桓武天皇陵がそんな大規模な古墳であったとは考えにくい。結論から言いますと、桓武天皇陵は自然の山をそのまま利用していると考えるのが一番可能性のある考え方だと思います。このように自然地形を活かした陵墓のことを「山丘型陵墓」と呼んでいます。

それでは、なぜ桓武天皇が山丘型陵墓という形式をとったのでしょうか。これは、ほとんど確実に言えるのは、中国の模倣であります。中国は当時は唐という時代でしたが、この唐というのは世界で最高の文化を誇る大国です。その頃の日本は、なんとか自分も唐の文化に追いつきたい、というのが国家的な目標だったのです。ですから、日本の古代国家は何回も遣唐使を派遣して、唐の最先端の文化の受容に力を注ぐわけです。そして、皇帝陵についていうと、唐より以前の歴代皇帝は巨大な古墳を造り、そこに葬られたわけです。唐でも、初代皇帝の高祖李淵の陵は古墳の形式をとっています。しかし、唐の第二代皇帝の太宗李世民は、首都である長安の北郊の「昭陵」に葬られました。これは、そのあたりでもひときわ高くそびえる九峻山《きゅうそうざん》という山を皇帝陵にしたものです。山の全体を皇帝陵として、中腹にトンネルを穿って、その奥に太宗と皇后の長孫《ちょうそん》氏《し》の棺を納めているはずです。要するに、唐の皇帝陵では、自然の山を利用した山丘型陵墓というのが最先端のトレンディな姿だったんです。当然、日本の遣唐使もそうした知見を持って帰ってきたはずです。そして、「古墳なんか造るのは時代遅れだ。山をそのまま陵墓にするのが唐のやりかただ」ということを朝廷に報告したと思います。

　桓武天皇はやはり、唐の文化にあこがれているわけです。特に桓武天皇が自分の理想としていましたのは、唐の二代皇帝太宗だったと思います。太宗というのは、唐という新しい王朝の実質的な建国者だったといっても良いですし、それを世界最大の巨大な国家に発展させていった皇帝です。桓武天皇がそうしたことを知らないはずはないし、あこがれを持たないはずがない。そうしますと、桓武天皇が自分の陵のことを計画するのに、唐の太宗の昭陵のことを意識するのはごく自然のなりゆきだと思います。

　では、桓武天皇陵は実際にはどの場所にあったのでしょうか。宮内庁が治定している現在の陵が確証に欠けているということは前述しましたし、そもそも丘陵裾の緩斜面である現陵の場所に山丘型陵墓を想定するのは不可能です。桓武天皇の真陵の場所については学界でもいろいろ議論があるのですが、私は桃山丘陵の頂上の見晴らしの良い場所だと考えております。直径が八〇メートルくらいある山丘型陵墓を考えたならば、やはりここが一番いいだろうと思っております。

ただ、学界ではそれには異論もあります。たとえば、中国の皇帝陵がご専門の来村多加史先生（阪南大学教授）や、日本古代都城研究の第一人者である山中章先生（三重大学教授）は、伏見桃山よりももっと北方の深草の場所で、立命館高校がある付近ではないかとおっしゃっています。確かに、桓武天皇陵の場所を「稲荷山の南野」とした文献史料もあり、その点では桃山よりも深草の方がふさわしいといえないことはないのですが、一方、深草ですと大規模な山丘型陵墓を想定することはなかなか難しいようにも思います。残念なのは、私が挙げている候補地である桃山の頂上部は、現在は宮内庁の管理する桃山陵墓地（明治天皇陵・昭憲皇太后陵など）に取り込まれており、発掘することはおろか自由に立ち入ることもできません。さらに、桃山丘陵は豊臣秀吉の伏見城の建設によって地形がほとんど完全に変更されていますから、仮にそこを発掘調査することができたとしても、桓武天皇陵の遺構を確認することはほとんど絶望的です。したがって、桓武天皇陵の桃山丘陵頂上説を立証することはなかなか難しいのですが、私は決してまちがっていないだろうと思っております。

三　嵯峨・淳和両天皇の薄葬

桓武天皇の後継者たち

さて、いずれにしても、桓武天皇陵は東山丘陵の南半のどこかに山丘型陵墓として造られたと推定されます。このままだったら、平安時代の歴代天皇陵はこのあたりにどんどん造られていったということになると思います。しかし、桓武天皇の後に、天皇陵の方針はがらっと変わってしまいます。

桓武天皇の後継者となったのは、同天皇の三人の息子です。一番上が平城天皇、二番目が嵯峨天皇、そして三番目が淳和《じゅんな》天皇というように、兄弟三人が相継いで天皇となっているわけです。ただ、一番最初の平城天皇は「薬子の変（平城太上天皇の変）」によって失脚させられます。平城天皇は決して愚かな天皇ではなく、政治的にも結構意欲的なことをやっていますが、あまり頑健な体質の持ち主ではなかったようです。そして、調子のよいときはものすごく意欲的になるが、ちょっと体調が悪くなると途端に精神的にも落ち込んでしまうという、そういう性格の天皇だったようです。ですから、即位してわずか三年で、病気によって天皇の座を投げ出し、弟の嵯峨天皇に位を譲るわけです。しかし、その後では体調を取り戻し、その結果として弟に天皇の座を譲ったのが惜しくなる。それで結局、平城上皇と嵯峨天皇の間がだんだん悪くなって、結局、最終的には平城上皇の失脚というところまでいくわけです。その後の平城上皇はもとの都であります平城宮で、幽閉に近い状態で余生を送ることになります。平城上皇は亡くなった後には平城宮の近辺に埋葬されまして、その本当の陵もわかっていません。ただ、この人は失脚した天皇ですので、たとえその山陵の構造がわかったとしても、天皇陵の歴史からすると例外的なものになる可能性が高いと思います。

淳和天皇の散骨

さて、その次の嵯峨天皇と淳和天皇です。これが問題でして、この兄弟は彼ら自身の意志によって、非常に特異な葬られ方をしています。淳和上皇は、体を悪くして寝込みまして、もはや自分の死期が迫っているということを悟ります。その時に、自分の皇子であった皇太子の恒貞親王を枕元に呼んで遺言をしました。どういうふうに言ったかというと、自分の葬式は徹底的に費用を削減せよ、すなわち「薄葬《はくそう》」を命じるわけです。薄葬の流れというのは奈良時代以降に見られます。奈良時代の歴代天皇は、できるだけ葬式の費用を節約して民衆の負担を少なくせよと命じるのが普通なのです。これは、天皇の徳をアピールすることにもなるわけです。それだけだと当時の天皇としては珍しくはないのですが、淳和上皇はさらに驚くべき内容を語っています。人間が亡くなったら魂は天に昇るのである。したがって、魂は地上には留まらない。だから地上に大きなお墓を造っても、それは抜け殻にすぎない。さらに、その抜け殻に悪い鬼などがついて禍を及ぼすことがある。したがって、自分が亡くなった後は火葬にして、陵は造らず、自分の骨は山の上からばらまいてしまえ、と命じたのです。

骨を山や川にばらまくことを「散骨《さんこつ》」といいます。現代日本では、ひと昔前ですと散骨は違法行為だということになっていたのですけども、最近では規制が緩くなって、たとえば海が好きな人は海に骨を流してもらったりすることもあるようですね。こうするとお墓がいらなくなる。当時の貴族たちの中にも散骨をやっていた人がありました。ですから、散骨というのは、当時の人々にとっても腰を抜かすようなことではなかったとは思います。ただ、淳和上皇に関しては別でして、この人は前の天皇であるわけです。天皇経験者が自分の骨を山から撒いてくれというふうに遺言をしたわけですから、大騒ぎになったわけです。そして、上皇の周囲の貴族には、何とかそれを思いとどまらせようということを進言した人もいます。しかし、淳和上皇は、これは自分の最後の頼みだから何とかしてくれ、と言って、そのまま亡くなってしまいます。そして、最終的には淳和上皇の遺志が通り、上皇は火葬された後に「大原野西峰」の山の上から散骨されるわけです。

京都市西京区に小塩山《おじおやま》という山がありますが、これが淳和上皇の遺骨が散骨された大原野西峰です。ただ、散骨した正確な場所まではわかりません。こうした事情ですので、淳和天皇陵は造られなかった、ということになります。幕末になって天皇陵の治定と修理事業をやる際に、小塩山の頂上のところに淳和天皇陵を造ってしまいました。でも、これは本来的にはおかしいわけですね。ちなみに、この小塩山に登りますと、平安京と長岡京を真下に見下ろせるという絶景の場所です。さらに、天気のいい日には東山から山科を越えまして滋賀県の近江富士（三上山《みかみやま》）までもが見渡せるそうです。ですから、淳和天皇もここから骨を撒いてもらったら本望ではないかと、私は勝手に思っております。

嵯峨天皇の薄葬

さて、淳和上皇が亡くなった翌年、その兄の嵯峨上皇が亡くなりました。嵯峨上皇は、葬送に関しては弟の淳和上皇とほとんど同じような思想を持っていました。嵯峨上皇もまた、亡くなる直前に遺言をするわけですね。これはものすごく長文でして、天皇の遺言としてはたぶん史上最長ではないかと思います。普通でしたら遺言というと、財産の分与とか後継者に対する戒めであるとかが盛り込まれるような気がしますが、嵯峨上皇はそんなことは一切言っておりません。彼はひたすらに、自分の葬儀はこのようにせよということばかりを書いているんですね。驚くばかりの細かな指示で、よくもまあここまで考えたなと思うほど克明に葬儀の指示をしているわけです。その根本は、淳和上皇と同じように薄葬というところにあります。ただ、嵯峨上皇は、弟の淳和上皇が散骨を遺言して貴族たちに反対されたことを見ているものですから、散骨とまでは要求せず、自らの遺体は山の上に持って行って埋めて、その後は隠してしまえと言っています。おもしろいのは、一年間ぐらいはお詣りにきてもいいけれど、その後はお詣りとか供養とかはするなというんですね。「供養なんかをされたら、自分は浮かばれない」と言うわけです。普通は逆ですよね。死んだ後にちゃんと供養をやってくれなくては俺は浮かばれない、そういう遺言ならよく聞くように思うんですけども、嵯峨上皇は供養なんかされると俺は浮かばれない、絶対そんなことはやってくれるなと言ったんですね。

現在、京都の嵯峨には大覚寺という寺院があります。このお寺は、もともとは嵯峨上皇の離宮であった嵯峨院でありました。大覚寺の東側に、今も大沢池という池がありますけども、あれももとをただすと嵯峨院の庭園でありました。もちろん平安京の中にも庭園はありますが、やはり都の中は制限がありますので、都の郊外の景色の綺麗なところに大きな別荘を造り、そこに広大な庭園を営んで悠々自適の生活をおくるわけです。そして、嵯峨上皇の崩御後、嵯峨院は寺院に改められました。これが現在の大覚寺です。

嵯峨上皇の遺体は、嵯峨院の裏山、つまり現在の大覚寺の裏山に持って行かれまして、そのどこかに埋められたと推定されます。だから、これも正確な場所は分からないんですね。ご本人が自分の埋葬地は隠してしまえと命じているのですから。ただ、大覚寺では、その北側の山の頂上に嵯峨天皇が葬られているということが伝承されてきました。その山の上に大きな岩が露出していたらしいのですが、これが「御陵岩」と呼ばれていたということです。そして、幕末から明治になって、この御陵岩のところが嵯峨天皇の埋葬地だということで、その岩の上に土を盛って古墳のように仕立ててしまった。それが現在の嵯峨天皇陵です。

四　仁明天皇陵と陵寺の成立

仁明天皇陵と陵寺

このように、嵯峨天皇・淳和天皇の二人は、天皇陵の否定という画期的なことをやったということになります。ただしそれはさすがに急進的にすぎたと感じられたようで、特に貴族たちが反発するわけです。貴族としては、やはり歴代の天皇陵は、国家の安泰のためにどうしても必要な施設と感じられたのであり、それを否定するということは困る、ということになります。嵯峨天皇の皇子で淳和天皇の後継者となったのが仁明《にんみょう》天皇ですが、結局、仁明天皇は最終的に、天皇陵はやはり必要だという裁定を下すことになります。

そして、仁明天皇が亡くなった段階で、また天皇陵の歴史というものは大きく変わっていきます。仁明天皇の御陵は、山城国紀伊郡深草、つまり現在の京都市伏見区深草に造られました。京阪電車の藤森駅で降りて、名神高速道路に沿ってずっと東のほうに行きますと、東山の山裾にさしかかるあたりに、宮内庁の治定する仁明天皇陵があります。ただ、この仁明天皇陵は幕末に造ったものでして、あまり信用できないといわざるをえません。その北側に深草瓦町という集落がありますが、そのどこかに本当の仁明天皇陵があったと推定しております。仁明天皇は現職の天皇のまま、平安宮の内裏の清涼殿——天皇の日常の居所となっていた御殿です——で亡くなっております。そうしますと、仁明天皇の息子でありました文徳《もんとく》天皇は、内裏《だいり》の清涼殿で父が亡くなったものですから、そこに住み続けるのは心苦しいと考えました。そして、清涼殿をそのまま深草の仁明天皇陵の脇に移築して、先帝の菩提《ぼだい》を弔う為の寺院を造りました。これが「嘉祥寺《かしょうじ》」です。「嘉祥」というのはその当時の年号です。年号が付けられるというのは、非常に格式の高いお寺であるということを表しているのです。今の深草瓦町に善福寺という小さなお寺があるんですけれども、この境内には古い礎石が置いてありますので、このあたりがもともとの嘉祥寺の跡だと考えられています。

これはどういうことか。仁明天皇陵に嘉祥寺が造られることによって、天皇陵と寺院が合体したわけです。天皇陵を守るために造られた寺院、これを私たちは「陵寺《りょうじ》」といっています。これが天皇陵の歴史に大きな影響を与えました。なぜならば、天皇の葬儀と天皇陵自身は薄葬の流れがありますので、できるだけ簡素なものにしようという方向性ができている。だから、桓武天皇なんかも古墳を造らずに自然の山に葬るということになった。嵯峨天皇と淳和天皇はそれを極限まで推し進めまして、天皇陵自身がいらないんじゃないかというようなことさえ言い出した。もちろんそれに反動があり、御陵自身を否定するという方向性が定着することはなかったのですが、それでもなお薄葬の流れ自体は生きている。現に仁明天皇自身も、自分の葬式は質素におこなえ、と遺詔しているのです。

しかし、その一方では亡き天皇の供養をすることは国家的な要請でもあるわけです。薄葬と永続的な供養、この相矛盾したふたつを調整する回答がここに出たわけです。天皇陵は小さくてもかまわない。その代わり、天皇陵に寺院をくっつけたら良い。日本は仏教国ですから、立派な寺院を造ることは徳を積むことであり、誰をはばかることもない。ですから、天皇陵と陵寺というものが一体となることによって、亡き天皇の供養をやる主体は陵寺の方に移っていくわけであります。これが後の天皇陵の流れを決めてしまうことになります。

天皇陵と寺院

京都市右京区のＪＲ嵯峨野線の保津峡駅からさらに北方の山間部に水尾《みずお》という集落があります。ここに文徳天皇の次の清和天皇の御陵があります。清和天皇は皇位を息子の陽成《ようぜい》天皇に譲った後、頭を丸めて法皇になり、仏道の修行にはいります。清和法皇は各地の寺院を巡拝いたしますが、最終的に水尾の山に来まして、どういうわけかここが非常に気に入ってしまい、ここに水尾山寺《みのおさんじ》というお寺を創建いたしました。そして清和法皇が亡くなりますと、彼の骨は水尾山寺の脇に葬られるわけです。ここでは、天皇経験者が生前から自分のためのお寺を造り、自分の死後の菩提を弔うようにあらかじめ手配をしておくということになるわけです。ここまできますと、実際の天皇陵自身が小さくても、寺院がしっかりしていれば何も問題ないということになるわけですね。

京都の有名寺院の中にも、陵寺として出発しているものがあります。たとえば、ユネスコの世界文化遺産にも指定されている御室《おむろ》の仁和寺《にんなじ》ですね。仁和寺がもともとどういうところから始まったかというと、光孝天皇が自らのための寺を建てようとしたんだけれども、果たせないままに亡くなってしまった。そこで、その息子の宇多《うだ》天皇がその願いを受け継いで、仁和寺を建てたのだ、ということになっています。実はこれが、天皇陵に関係しています。すなわち、光孝天皇が亡くなって現在の御室のあたりに葬られました。そして、息子の宇多天皇は父の陵を護持する寺として仁和寺を建てるわけです。だから仁和寺というのは、もともとは陵寺だったわけです。ただ、その後、宇多法皇自身も仁和寺が非常に気に入ってしまって、ここを御所とします。いわば、法皇が仁和寺の住職になってしまったわけです。こうしたこともあって、その後の仁和寺はどんどんと大きく発展していき、そうそうたる大寺院になってしまいました。ここまで大きいお寺になってしまうと、もともとの性格がわからなくなってしまいましたが、これも本来は光孝天皇の魂を慰めるための陵寺であったわけです。

次に、醍醐《だいご》天皇陵をとりあげます。醍醐寺は京都最古の建造物である平安時代中期の五重塔が残っており、世界文化遺産にも指定されています。その醍醐寺の近所に、醍醐天皇と朱雀《すざく》天皇という二人の天皇の御陵があります。このうち、醍醐天皇というのは、諡名《おくりな》にも「醍醐」という地名が付くというだけあって、醍醐寺に非常にゆかりのある天皇です。そもそも、醍醐天皇の母親である藤原胤子《たねこ》もこのあたりの生まれです。この胤子の母の宮《みや》道列子《じのたまこ》という女性が山科の土地の豪族の娘だったのです。

ちなみにその話をしておくと、藤原高藤という、後に内大臣になる貴族がいるのですが、その人が若い頃に山科に遊びに来るんです。狩をやっていたら、突然大雨が降りまして帰れなくなってしまう。それで、どこか泊まれるところはないかといって探すと、たまたま土地の豪族の宮道弥益《いやます》という人の家があったので訪ねていきました。そうすると、宮道家でも、都の貴族の御曹司が来たということで、手厚くもてなすわけですよ。そうして一泊するわけですけども、宮道弥益は、藤原高藤に対して娘を一夜の伽《とぎ》に差し出すわけです。当時はそういうことがあったわけです。高藤は宮道家で歓待され、楽しく一夜を過ごして、翌日には都に戻っていくわけですね。そしてそんなことは忘れてしまっていたのですが、何年か経ってからまた山科に遊びに行くんですね。すると、どこかで見たような家があり、その前を通ると可愛い女の子が遊んでいるわけです。そしてよく見ると、どこか面差しが自分に似ているんです。そこで記憶が甦りまして驚き、その家に駆け込みますと、確かにあの時の娘が妊娠し、産んだのがこの子でございます、ということになるんですね。それで、藤原高藤は非常に喜ぶわけです。今でしたら大スキャンダルにもなりかねないことですが、当時はそれは喜ぶべきことだったわけです。その女の子が胤子で、高藤はこれを大事に育てた。それが後に、宇多天皇のもとに入りまして皇子を産みました。それが醍醐天皇になるわけです。

そのように、醍醐天皇はこのあたりにお母さんの縁がありますので、かなりの親近感を持っていました。そこに醍醐寺という小さなお寺があったのですが、醍醐天皇はそれを御願寺《ごがんじ》にしまして大々的に発展させるわけですね。そして、醍醐天皇が亡くなりますと醍醐寺の側に陵が造られました。最初は醍醐天皇陵は朝廷が管理をしているんですけども、そのうち、醍醐天皇陵の管理は醍醐寺に任せよう、ということになります。醍醐寺の側からしても、天皇陵の管理を委託されて亡き天皇の菩提を弔うというのは名誉なことですし、お寺自身にも箔が付くことになります。さらには政府からの財政的支援も期待できるということで、醍醐寺はそれを喜んでやるわけですね。醍醐寺自身は醍醐天皇陵を守るために造られたお寺というわけではなく、それ以前から存在するわけですけども、このようにして後で関係ができる。ですから、醍醐寺は醍醐天皇陵の陵寺とはいえないけれども、実質的にはそれに準ずるような存在になっていったわけです。

平安時代の天皇陵の信頼性

表1として、平安京周辺の平安時代の天皇陵を一覧表にしたものを載せておきました。これのミソは右端の「評価」という欄です。これは私が勝手に判断したものなのですが、私の目からみて、この天皇陵は宮内庁の治定通りで信頼できるかどうかを考えてみました。二重丸はその通りで良いだろう、黒丸印は確証を欠いている、×印はダメだろうとか、いろいろ記号を工夫してつけてみたわけです。そもそも、古墳時代の天皇陵はあまり信用できないということは、現在では学界の常識になってきています。だから、ある前方後円墳が宮内庁によって某天皇陵に治定されていても、それが本当かどうかは必ずしも分からないわけです。たとえば、大阪府堺市にあります仁徳天皇陵、私たちは「大山古墳」とか「大仙陵古墳」とか呼んでいます。しかし、この古墳に本当に仁徳天皇が葬られているかどうかというのは分からないんです。また、大阪の茨木市には太田茶臼山古墳《おおだちゃうすやま》という前方後円墳があって、それが継体天皇陵にされています。これについては学界でもほぼ一致して、あれは駄目である、時代が全然別だということになっています。それでは継体天皇の真の陵がどこにあるかといいますと、高槻市にある今城塚古墳《いましろづか》であろうということはほぼ定説となっているのです。

ただ、皆さんの中には、古墳時代などという古い時代のことはわからなくても、平安時代ならば書かれた記録もたくさんありますから、ほぼ信頼できるのではないかと思っておられる方もおられることでしょう。しかし、これを私なりに考えていきました結果としては、やはり疑問があるという天皇陵の方が多いんですね。

ただ、その中でも二重丸を付けて、これは信頼できるだろうと判断したものがあります。そのひとつが醍醐天皇陵です。何故これが言えるのかといいますと、鎌倉時代に描かれた山科の地図が残っているんですね。「山城国宇治郡山科条里図」と通称されています。これは山科盆地の全域を描いた、ものすごく詳しい地図です。そし

表１　平安京周辺の平安時代天皇陵

天皇代数	天皇名	現在の陵名	現陵の所在地	評価
50代	桓武天皇	柏原陵	京都市伏見区	×□
52代	嵯峨天皇	嵯峨山上陵	右京区	※●
53代	淳和天皇	大原野西嶺上陵	西京区	※●
54代	仁明天皇	深草陵	伏見区	×□
55代	文徳天皇	田邑陵	右京区	×▲
56代	清和天皇	水尾山陵	右京区	※●
57代	陽成天皇	神楽岡東陵	左京区	●
58代	光孝天皇	後田邑陵	右京区	×■
59代	宇多天皇	大内山陵	右京区	※●
60代	醍醐天皇	後山科陵	伏見区	◎
61代	朱雀天皇	醍醐陵	伏見区	□
62代	村上天皇	村上陵	右京区	×
63代	冷泉天皇	桜本陵	左京区	●
64代	円融天皇	後村上陵	右京区	※●
65代	花山天皇	紙屋上陵	北　区	●
66代	一条天皇	円融寺北陵	右京区	●
67代	三条天皇	北山陵	北　区	●
68代	後一条天皇	菩提樹院陵	左京区	●
69代	後朱雀天皇	円乗寺陵	右京区	×□▲
70代	後冷泉天皇	円教寺陵	右京区	×□▲
71代	後三条天皇	田宗寺陵	右京区	×□▲
72代	白河天皇	成菩提院陵	伏見区	◎
73代	堀河天皇	後円教寺陵	右京区	●
74代	鳥羽天皇	安楽寿院陵	伏見区	◎
76代	近衛天皇	安楽寿院南陵	伏見区	◎
77代	後白河天皇	法住寺陵	東山区	◎
78代	二条天皇	香隆寺陵	北　区	●
79代	六条天皇	清閑寺陵	東山区	◎
80代	高倉天皇	後清閑寺陵	東山区	◎

評価欄備考：◎　考古学的・文献学的にみて、宮内庁治定の現陵にほとんど疑問がない。
●　現陵またはその付近である可能性は高いけれども、決め手を欠いているためなんともいえない。
×　現陵は史料的・時期的に矛盾があり、別の候補地を求めたほうがよい。
▲　現陵は古墳時代の古墳の可能性が高い。
□　現陵よりも可能性のある場所を限定できる。または、ある程度の範囲のなかで可能性のある場所を指し示すことができる。
■　可能性のある別の候補地が指摘されており、検討の余地がある。
※　薄葬によって葬られたため、真陵の位置を限定できる可能性は低い。

備　　　考：平安時代の天皇で京都以外に陵があるのは、51代平城天皇楊梅陵（奈良県奈良市)、75代崇徳天皇白峰陵（香川県坂出市)、81代安徳天皇阿弥陀寺陵（山口県下関市)。

て、その中に醍醐天皇陵が書き込んであります。この史料を現在の地図にあてはめてみますと、まさに今ある醍醐天皇陵と地図に描かれた醍醐天皇陵が重なるのです。そこで、今の醍醐天皇陵は信頼できるのだということがかなりの確率で言えるのですね。そして、醍醐天皇陵については構造の記録も遺っておりまして、中にどういう副葬品が入れられたかということも判明します。古墳時代のような絢爛豪華な副葬品を入れることはないんですけども、醍醐天皇が生前から愛用していた楽器なんかを醍醐天皇の棺の側に一緒に入れたということが分かっているのです。もしも、将来的に醍醐天皇陵の発掘が許されるといった時代が来たならば、そうした副葬品の痕跡などが出てくる可能性は十分あるでしょうね。そういう点でも醍醐天皇陵は、平安時代の天皇陵を考える場合でも非常に重要な遺跡です。

五　堂塔式陵墓の成立と展開

後一条天皇陵と堂塔式陵墓

以上のように、平安時代には天皇陵と寺院のつながりが密接不可離となっていくのです。そして、それがさらに煮詰まってきますと、寺院の堂や塔それ自体の中に天皇を埋葬するというやりかたがおこなわれるようになります。その最初の事例が、後一条天皇陵です。この天皇陵については詳細な記録が残っており、そこから陵の構造もある程度は理解することができます。後一条天皇が亡くなった時、その遺体は現在の京都大学の東側にある神楽岡《かぐらおか》（吉田山）に運ばれ、そこで火葬されることになりました。火葬所は真ん中に貴所屋という場所を造りまして、ここに天皇の棺を安置します。その周囲には大きな柵を二重に巡らして、そして正面には鳥居を建てます。そして、真ん中の貴所屋で棺を火葬するわけですね。そして、火葬の後は骨を拾い、その骨は壺に納められます。

骨壺は、おそらく中国製の白磁の非常にきれいなものだったと思います。そして、後一条天皇の骨は別のお寺に持って行って安置しておきます。実は当時は、火葬所もお墓に準ずるような聖なる場所としてお祀りされることがありました。そこで、火葬所には盛り土をして塚を造るわけです。こうしたものを火葬塚と言っています。

後一条天皇の骨は、しばらく別のお寺で供養をしておりましたけれども、その後にはこの火葬場のところに再度戻すことになります。そして、そこに「菩提樹院」と名付けた堂を建てて、その床下に天皇の骨壺を納める。堂内には仏像を安置したり、亡き天皇の肖像を飾って、お詣りができるようにするわけです。だからこれは、陵寺からさらに発展しまして、天皇陵が完全に寺院と一体化してしまうんですね。こういうのを私たちは「堂塔式陵墓」と言っています。これは、仏式陵墓といっても良いですし、仏教と天皇陵とのつながりが最も大きいものとなっていくわけです。

鳥羽殿の天皇陵

こういう堂塔式陵墓の実例をご覧になりたいという方がおられましたら、京都市営地下鉄烏丸線の終点に竹田駅があります。駅の周辺は最近は建物が建ち始めておりまして見えにくくなってきたんですけども、竹田駅から西南の方向に小さいけれども美しい多宝塔があります。竹田の集落の真ん中に安楽寿院《あんらくじゅいん》というお寺がありまして、その安楽寿院の南側にあるこの多宝塔が、平安時代末期の天皇である近衛天皇の陵になっているわけです。

竹田駅の西側一帯は、平安時代には鳥羽殿《とばどの》または鳥羽離宮といわれる離宮が広がっていました。これは平安時代後期に、院政の創始者として知られる白河法皇という人が造った別荘なんですね。白河法皇というのは実に五〇年間にわたって独裁政治を続けた人です。この法皇については「天下三不如意《ふにょい》」という話がありまして、天下の内で比叡山の山法師（いわゆる僧兵）、賀茂川の水と双六のサイコロ、この三つは自分の思うままにならないと言ったと伝えられています。ということは、その三つ以外は何でも思うままになったほどの絶対者だったわけです。そうした白河法皇の性格のひとつは、建築マニアだというところですね。とにかく大きな建築物が大好きなのです。そんな法皇ですので、彼の鳥羽殿という離宮も、普通の別荘という規模をはるかに突き抜けており、まさに一つの都市造りであったといってよいと思います。当時の記録にも、鳥羽殿の造営は都移りのようだったというようなことが載っておりますね。そして、その鳥羽殿は白河法皇や鳥羽法皇、さらにはその近親の人々が遊びに行く場となりました。巨大で美しい庭園が広がっていて、そこで詩歌管弦をやったり宴会をやったり、いろんなことができるわけです。

ここで重要なのは、鳥羽殿が単なる別荘ではなく、それに関係する天皇等が葬られる場所にもなるということです。白河法皇も鳥羽法皇も頭を丸めていますので、一応形の上ではお坊さんなんです。ですから、仏教の修行をやるというのが建前となります。ですから彼らは、鳥羽殿の中に仏教の御堂を造っていくわけです。先ほど言いました安楽寿院も、鳥羽法皇が建立した御堂で、法皇はそこに篤い信仰を寄せるわけです。鳥羽法皇は生前から、自分は安楽寿院で死ぬんだということを決めています。だから鳥羽法皇は都で重病となって生命の限界を感じ取ると、すぐに自分を安楽寿院に連れていけというふうに命じます。そして、その安楽寿院で自らの造らせた仏像に見守られながら、法皇は亡くなるわけです。さらに、法皇はその場所に葬られるわけです。鳥羽法皇の御陵は現在、安楽寿院の旧境内にあたる場所に残っております。今の安楽寿院は小さなお寺になっていますけれども、その西隣のところです。今は小さな法華堂が建っていて、それが鳥羽天皇陵になっています。これは平安時代には塔であって「本御塔」と呼ばれていたのですが、それは無くなってしまいました。今ある御堂は幕末に造られたものでありますが、その床下には今も鳥羽法皇の遺体が眠っているはずです。もちろん、私も見たことはないですけれどもね。

この鳥羽殿を造りあげました白河法皇も、生前から鳥羽殿の中に塔を建てていてそれを「成菩提院《じょうぼだいいん》」と名付け、自分が死んだらその塔の床下に埋葬してくれと言っていました。白河法皇は、当初は自分は土葬にしてもらうつもりだったのですが、亡くなる少し前に気が変わりまして、火葬にしてくれということになります。それは、白河法皇自身、自分は思うままの人生を送ってきて何も思い残す事はないけれども、比叡山にはかなり圧迫を加えて敵対関係にあった。だから、自分の遺体が土葬になると、これ幸いと比叡山の衆徒がおしよせてきて掘り返し、自分の遺体に辱めを加えるのではないか、ということを気にしだしたのです。それは困る、ということに思いいたったので、やはり火葬の方が良いという事になったんです。

現在の白河天皇陵は、新しい高速道路が上を走っている新油小路通のすぐ側にあって、こんもりした塚のようになっています。その周囲の発掘調査によりますと、これをぐるっと取り囲む大規模な堀が出てきました。だからもともとの白河天皇陵は、現在の六倍くらいの大きな規模を持っていました。ただし、これは古墳ではありません。これは、堀に取り囲まれた方形の区画があり、その真ん中に塔が建っていたわけです。ですから、現状の塚のようなものは、もともとの塔の基壇の跡であるわけです。

なお、平安時代には土葬と火葬の両方がおこなわれていました。よく、日本の葬制は最初は土葬であり、後になったら火葬に変遷するんだと言われます。これは間違いとはいえないのですが、火葬が普及したからといって土葬が無くなるということはなく、両者は併存していた。そして、その使い分けも、少なくとも平安時代にあってはそんなに厳密なものではなかったようです。たとえば、三条天皇が亡くなった後、藤原道長が葬儀をとりしきり、三条天皇の遺体は火葬にするんです。しかし、葬儀が全部終わった後に、道長が「しまった！」と言いだします。「そう言えば、亡き三条天皇は、自分が死んだら土葬にしてくれと言っていたことを思い出した。しかし、それを忘れていて火葬にしてしまった」というのです。しかし、火葬から土葬にやり直すわけにはいかないので、結局は天皇の遺志に背く事になったがどうしようもなかった、という結末になっています。実は、道長は三条天皇と仲が悪かったので、忘れたと言ってわざと最後のいやがらせをやったんじゃないかという憶測もあるぐらいです。ともあれ、火葬と土葬の使い分けにはそんなに厳密な規則があったわけではないようです。

さて、白河法皇の権力を受け継いで院政をおこなったのが鳥羽法皇です。この鳥羽法皇の息子でありました近衛天皇はもともと身体が弱く、わずか一七歳で死んでしまうんですね。実は、鳥羽法皇は生前から、鳥羽殿の安楽寿院の中にふたつの塔を建てていました。ひとつは、自分が死んだ後に入るためのもので「本御塔」と呼ばれていました。もうひとつは、法皇が一番寵愛していた女性である美福門院藤原得子《ふじわらのなりこ》の陵とするためのもので、「新御塔」と名付けていました。鳥羽殿の安楽寿院の中に隣りあわせに塔を造って、一方は自分が入り、一方は自分の后が入るようにしていたわけですね。ただ、息子の近衛天皇に先立たれてしまった。美福門院とすると、たった一人の男の子が自分より早く亡くなってしまったわけです。そのうちにどういうわけか、美福門院の気が変わってしまった。彼女は、自分が死んだら鳥羽殿でなく、高野山に葬ってくれいう意思を表明するわけです。そうしますと、せっかく美福門院のために造られた鳥羽殿の塔は空家になるわけですね。その際、近衛天皇の火葬骨は他のお寺に仮安置されて正式の埋葬地が決まっていなかったので、それではここに入れよう、ということで、安楽寿院の新御塔が近衛天皇の陵になったのです。

現在の安楽寿院の本尊は、国の重要文化財に指定されているすばらしい阿弥陀如来像です。これは、鳥羽法皇が自分のために造らせて、法皇の陵である本御塔の本尊とされていたものです。それと全く瓜二つといってよい姿の阿弥陀如来（カラー図版1）が、近衛天皇の新御塔には安置されているはずです。つまり、床の下には近衛天皇の遺骨が、そしてその上には彼の菩提を弔うための仏像が安置されているわけです。ただ、残念ながらこの仏様は宮内庁が公開しておりませんので、私も見たことがありません。宮内庁にお願いしたいのは、このような文化財はぜひ一般に公開してほしい。埋葬施設を見せろと言っているわけではないのですから、別に天皇陵の安寧を妨げることにもならないと思いますね。年に一回くらい特別公開して、何でしたら拝観料をとっていただいても結構だと思います。

なお、実は、今の近衛天皇陵の塔は平安時代のものではありません。残念ながら、桃山時代に「慶長の大地震」という大災害が伏見を震源地としておこってしまいました。その時には伏見城も崩壊してしまい、豊臣秀吉自身も九死に一生を得ます。この時、京都の各地が大きな被害を受けるのですが、近衛天皇陵の多宝塔もこれで崩壊してしまいます。その後、秀吉の息子の豊臣秀頼がお金を出して洛中洛外の多数の寺社を再建する事業をおこなうのですが、その時に近衛天皇陵の新御塔も再建されました。それが今の建築です。これもやはりすばらしいものですので、御陵になっていなければ国の重要文化財に指定されてもおかしくないくらいの建造物だと思います（一二五頁上島享コラム図参照）。

法住寺殿と後白河天皇陵

このように、離宮の中の御堂や塔に天皇を葬る、というやりかたは、平安時代末期の後白河法皇の場合にもあてはまります。後白河天皇陵は、三十三間堂（蓮華王院）の東側にあります。現在の三十三間堂を含む付近は、後白河法皇の御所であります法住寺殿《ほうじゅうじどの》でありました。法住寺殿というのは単なる一つの御殿が建っている、というものではなく、広い範囲にいろいろな建物が建っており、それを総合したものです。そして、その法住寺殿の中に設けられました御堂が三十三間堂なんです。そして後白河法皇は、早い段階で三十三間堂の向かい側に、自分が死んだ後に入るための法華堂を造っていたんです。これは後白河法皇自身の意思で場所が定められたのです。

ただ、実は、現在の後白河天皇陵は三十三間堂の真正面ではありません。正確にいうと、三十三間堂の東西の軸線の上ではなくて、少しばかり南にずれてるわけです。それはなぜなのでしょうか。私は東西軸線のところには、後白河法皇の最愛の女性が眠っているんだと推定しています。建春門院《けんしゅんもんいん》平《たいらの》滋子《しげこ》というのがその女性です。彼女は平清盛の義理の妹、つまり清盛の正室の平時子の異母妹でして、後白河法皇のもとに入って、そこで高倉天皇を産むことになります。息子が天皇になったので彼女は皇太后になり、さらには女院号を授けられるという、当時の女性としては最高の栄誉に輝いたのですが、この人が三五歳の若さで死んでしまうんですね。後白河法皇は、まさか自分より先に建春門院が亡くなるとは思っていなかったので、彼女の御陵にするための御堂は未だ建てていなかった。ところが実際には建春門院が先だってしまったので、法皇は自分が亡くなったら入るつもりで建てていた御堂を彼女のために明け渡しているんです。このあたりにも、後白河法皇の建春門院に寄せる熱い想いが現れています。そういう事情ですので、もともと後白河法皇の陵となる計画で建てられ、急遽予定が変更されて建春門院の陵となった法華堂は、三十三間堂の正面にあった可能性が高いだろうと思います。今はここは養源院という別の寺になっていますが、私は、もしその敷石を剝がさせてもらって発掘調査ができるならば、建春門院陵の法華堂の痕跡が出てくるんじゃないかと思っています。

では、後白河法皇自身はどうなったかというと、本来の御堂を明け渡したものですから、自分はその南側に新しい御堂を造って、最終的にはその地下に葬られたわけです。現在残っている後白河天皇陵の堂のある場所がそれです。現在残っている建物は江戸時代の再建ですが、その中には、まさに生きとし生けるような姿の後白河法皇の木像が安置されているはずです。

このように、平安時代の後半になりますと、御堂の中に天皇の遺体や遺骨を葬るということになりまして、これで、天皇陵と仏教との繋がりというのが完成していくということになります。

ちょうど時間になりました。どうもご静聴ありがとうございました。

〔コラム③〕

藤原氏の陵墓――葬法と寺院と――

堀　裕

宇治の木幡《こはた》は、藤原基経によって「一門埋骨之処」と定められたとされる（『政事要略』巻二九）。皇后等の山陵や天皇の外戚・太政大臣の墓等「陵墓」も多数存在するが、〔堅田一九六五〕等が示したように、火葬骨の埋納地であった。この点に注目して、木幡の墓の意義を示したい。

藤原冬嗣（八二六没）の「後宇治墓」（『延喜式』巻二一）は、火葬か否か不明で、木幡にあった明証もない。『延喜式』の中で「宇治」と名の付く藤原氏の墓のうち、冬嗣のみ兆域記載があり、しかも広大なため、〔波多野一九六八〕等は、藤原氏の木幡墓所を含むとする。しかし、『延喜式』の兆域記載は、宇治の墓に限らず陵墓一般について、『貞観式』編纂時の記載方法と『延喜式』編纂時に加わった部分の記載方法との間で変化しているため、兆域記載の有無は、両者の相違による可能性が高く、この点から冬嗣の墓が木幡にあった証拠にはならない。基経が橘広相《ひろみ》から木幡の地を伝領したという伝承（『栄華物語』巻一五勘物）や、道長の木幡浄妙寺建立にあたって、墓所の設置は基経であっても、冬嗣としないことは、木幡には冬嗣の墓、少なくともその墓の中心部がないことを傍証するようだ。

冬嗣の孫である基経（八九一没）は、おそらく「小野墓所」（『西宮記』巻一四裏書）で火葬され、木幡に埋骨されたのであろう。基経の息子時平（九〇九没）の「又宇治墓」（『延喜式』巻二一）が木幡にあるのか明確でないが、醍醐太皇太后穏子（九五四没）や村上皇后安子（九六四没）は、各々火葬後、木幡に埋骨され、そこが山陵となった。これらは、平安期の正式な山陵として、明確な火葬骨埋納墓の最初の例であった。

この後、多数の木幡への埋骨者が確認できる。また、寛弘二年（一〇〇五）に、道長が浄妙寺を建立するまで、木幡の墓所を供養する寺院がなかったと伝えられる点にも注意したい。こうした木幡の墓所の特色について、平安前期における他の藤原氏等の墓と比較したい。

有力者は、墓を造ることを認められていたが、そのような墓の中でも、平安前期には、『延喜式』に記載される天皇や藤原氏、源氏の墓が、親子関係や婚姻関係等を軸に、いくつかの地域的なまとまりがあることが〔田中一九七五、服藤一九八九、橋本一九九九〕等によって指摘されている。一々例示しないが、それらは必ずしも排他的な氏・一門によって構成されていないようだ。また、それぞれの陵墓の近傍には、多く故人と関係ある寺院が建立されている。個々に指摘があるが、一〇世紀前半まででいえば、観音寺―藤原緒嗣（八四三没）カや、安祥寺―藤原順子（八七一没）、極楽寺―藤原温子（九〇七没）・藤原仲平（九四五没）、勧修寺―藤原胤子（八九六没）・藤原高藤（九〇〇没）・宮道列子《みやじのたまこ》（九〇七没）、法性寺―藤原忠平（九四九）等である。少なくとも八世紀からそうであるように、寺と墓との密接な関係をうかがわせる。平安京内には、原則東寺・西寺以外の寺院を建立することができないため、都に住む貴族の寺院は、比較的墓と結びつきやすかったのであろう。これらの墓は、火葬骨埋納地ではなく、多く土葬や火葬所であったと考えられる。

これらの点から、第一に、「一門埋骨之処」木幡に、目立って埋骨が進められた一〇世紀後半から浄妙寺建立までの間を、少なくとも藤原北家主流にとって、火葬骨重視が決定的になる時期と評価することができる。火葬骨埋納地と言えば、村上源氏も、具平親王（一〇〇九没）の墓を中心に、北山に形成される〔角田一九六九〕。天皇の喪葬についても、火葬重視の諸段階を論じる〔大石一九九〇〕等が、父天皇の山陵への埋骨などを指摘するが、共時的現象ともいえる。

第二に、排他的な氏を原理とする一門墓が、火葬骨埋納地として出現していた。原因は今後の課題としたいが、火葬骨の埋骨が、喪葬儀礼の中でも相対的に私的な行為である点が関係するかもしれない。

第三に、〔堀二〇〇八〕でも触れたが、一〇世紀後半から一一世紀前半にかけて、山陵と寺院との関係は分離するケースがいくつかみられた。木幡における穏子・安子等の山陵もその現象の一環といえるが、浄妙寺建立などに結実する、火葬骨重視の過渡的現象と位置づけることが可能かもしれない。

大石雅章「平安期における陵墓の変遷——仏教とのかかわりを中心に——」（平成元年度科学研究費補助金（一般B）研究成果報告書『日本古代葬制の考古学的研究—とくに埋葬姿勢と葬送儀礼との関わり』大阪大学文学部考古学研究、一九九〇年）

堅田修「藤原道長の浄妙寺」（『日本古代寺院史の研究』法藏館、一九九一年、初出一九六五年）

田中久夫「文献にあらわれた墓地——平安時代の京都を中心として——」（『氏神信仰と祖先祭祀』名著出版、一九九一年、初出一九七五年）

角田文衞「村上源氏の塋域」（『角田文衞著作集』第四巻、角川書店、一九八四年、初出一九六九年）

橋本義則「古代貴族の営墓と『家』——『延喜式』巻二一諸寮陵墓条所載『陵墓歴名』の再検討——」（笠谷和比古編『公家と武家II——「家」の比較文明史的考察』思文閣出版、一九九九年）

波多野忠雅「藤原道長浄妙寺墳廟考——『日本紀略』の解釈に対する疑問——」（『古代文化』第二〇巻第六号、一九六八年）

服藤早苗「墓地祭祀と女性——平安前期における貴族層——」（『家成立史の研究——祖先祭祀・女・子ども』校倉書房、一九九一年、初出一九八九年）

堀裕「平安期の御願寺と天皇——九・十世紀を中心に——」（『史林』第九一巻第一号、二〇〇八年）

〔コラム④〕

仏塔に埋葬された上皇

上島　享

天承元年（一一三一）七月九日、白河上皇の遺骨は鳥羽にある三重塔に埋葬された。法皇の遺骨を納めた壺は、金字経・阿弥陀仏・金千両などとともに、心礎近くに設けた石棺に納められた。白河上皇はまさに仏陀のごとく三重塔に葬られたといってよかろう。

仏教徒にとって、礼拝・信仰の対象として特別な意味を持つ仏塔には、釈迦のみならず、高僧の遺骨や経巻が埋納されることもあった。ただ、権力者が自らの墓所として仏塔を建立し、その心礎に葬られたことは、世界の仏教史上でも珍しい事例といえるのではなかろうか。このような例は、一二世紀中葉に数例確認できるに過ぎず、いずれも白河上皇とその関係者であった。白河上皇はどうして仏塔に埋葬されたのか。その思想的背景を明らかにしたい。

白河上皇は、息堀河天皇が亡くなった翌年の天仁二年（一一〇九）八月一八日、鳥羽殿《とばどの》のはずれに自らの墓所として三重塔を建立し、供養を行った。その供養導師を勤めたのが、上皇の近臣僧である範俊《はんしゅん》であり、彼はその日より鳥羽壇所で如法尊勝法を始めている。王権の象徴たる如意宝珠を本尊とする如法尊勝法は、範俊自身が考案したもので、この修法の始行は仏塔の供養と密接に関わると考える。また、仏塔を墓所とすることの思想的裏付を与えたのも、供養導師たる範俊ではなかったかと思われる。

範俊は真言宗小野流の正嫡で、師は後三条天皇の護持僧を勤めた成尊《せいぞん》である。護持僧とは、天皇の寝所である夜御殿に隣接する二間に毎夜詰め、天皇の身体安穏を祈念した密教僧である。王権の奥深くまで入り込んだ彼らは、王権護持のために様々な思索を行い、新たな言説を生み出していった。真言護持僧の思惟世界は勝覚《しょうかく》筆『護持僧作法』（随心院聖教）に詳しい。本書は、勝覚が師の範俊より長治元年（一一〇四）・天仁二年（一一〇九）の二度にわたり伝授された内容を書きとめたもので、そこには成尊・範俊の王権認識が凝縮されている。

『護持僧作法』所収「禁中加持作法」には、国主たる天皇の位置づけと、天皇の国土・人民統治の正当性を説く注目すべき記載がある。金剛界曼荼羅主遍照如来（大日如来）は威光普照日天子（太陽）であり、かつ大日本国本主宮中鎮護霊鏡内侍所（天照大神と同体）でもあって、さらに当代国主金輪聖王（天皇）を意味する。そして、国主（天皇）の心には、すべての根源たる阿字が備わり、それは「威光遍照日輪」（太陽）および「大摩尼宝珠」（如意宝珠）と同じもので、如意宝珠の力をもって国土・人民を治め、すべての希望を叶えることができるという。

密教教主たる大日如来、大日本国主天照大神、当代国主天皇の三者が同体との見解は注目すべきものである。実際、後三条天皇は即位式で、高御座《たかみくら》の置かれた太政官庁へ向うさいに智拳印（金剛界大日如来の結印）を結んでおり、大日如来として天皇位の象徴たる高御座に登った。智拳印は成尊が授けたものといえ、三者同体説には成尊の思索が反映していると考える。一方、天皇が大日如来であるがゆえに、その心には阿字が備わり、阿字と一体である如意宝珠の力によって、天皇が国土・人民を統治することが可能であるとの論理は、如意宝珠を重用した範俊の思惟を具現化したものと考える。

一〇世紀中葉に起こった承平《じょうへい》・天慶《てんぎょう》の乱後、天皇は神祇祭祀の主宰者としての性格を強め、天皇は天照大神との結びつきを深めていく。このような新たな天皇を仏教が取り込むべく、成尊・範俊は思索を重ね、その結果生まれたのが『護持僧作法』であった。そして、ここでの王権理解はやがて知識人に広く共有され、中世王権を支える思想的基盤となる。

唐帝国の滅亡は日本の王権のあり方を問い直すきっかけになり、新たな国王像が模索された。国王（天皇）は仏教の教主大日如来（毘盧舎那仏と同体）で、至高神たる天照大神でもあるとされ、国王は仏教・神祇両世界の頂点に立った。天皇を大日如来（毘盧舎那仏）とみなす理解はこれまでにないもので、天皇は仏教世界で確固たる位置づけを与えられ、仏そのものとされたのである。ここに、中国の天命思想にも匹敵しうる、中世の天皇支配を正当化する新たなロジックが確立した。

仏陀のごとく仏塔に葬られた白河上皇の姿は、まさにこのような国王観の完成を象徴するものといってよかろう。

※本稿の叙述は、拙稿「日本中世の神観念と国土観」（一宮研究会編『中世一宮制の歴史的展開　下　総合研究編』岩田書院、二〇〇四年）を踏まえたものである。

図　近衛天皇陵（安楽寿院新御塔）
保元２年(1157)12月に落慶供養された。当初、鳥羽院の后美福門院の墓所として建立されたが、美福門院は遺言で、高野山への埋葬を希望したため、その子近衛天皇の遺骨がおさめられた。文禄５年(1596)の大地震で倒壊し、豊臣秀頼により再建されたのが現在の多宝塔である。カラー図版１参照。

〔コラム⑤〕

天皇の怨霊とその祭祀

山田雄司

時の為政者によって排除され、都から流されて配流先で亡くなったり、流される途中で亡くなった天皇・上皇・親王・内親王たちは、遺骨が都に戻されることなく配流先で埋葬されて墓がつくられた。そうした人々は、埋葬された時点では罪人としての立場のままだったが、配流を命じた人物やその周辺の人々が病気になったりさらには死亡したりし、その上疫病や災害が相次ぐ事態となると、それは非業の死を遂げた人物の怨霊のなせるわざだと認識されていった。すると、怨霊を鎮撫するためにさまざまな対処がなされた。諸社・諸寺院での祈禱や経の書写・転読、名誉回復、墓の整備、贈官・贈位・贈号、神格化などである。

以下においては、代表的怨霊である崇徳院《すとくいん》（一一一九—六四）をとりあげて、怨霊鎮魂のためにどのような対処がなされたのか述べてみたい。崇徳院は保元元年（一一五六）に起こった保元の乱に敗れ、同母弟である後白河天皇によって讃岐に流された。そして長寛二年（一一六四）八月二六日、讃岐の地で後生菩提《ごしょうぼだい》を祈りながら亡くなっていった。

崇徳院の怨霊は没後すぐに恐れられたのではなく、後白河院の周辺人物が相次いで亡くなった安元二年（一一七六）から意識されるようになり、翌安元三年に比叡山大衆の洛中への乱入や、大極殿《だいごくでん》等が焼失する大火災が都で起こったことにより、崇徳院および藤原頼長の怨霊の存在がより明確なものとなっていった。

以降、怨霊鎮撫のためにさまざまな対応がなされた。崇徳院への対応は早良《さわら》親王（崇道天皇）の例を参考にして名誉の回復が行われたのである。諸社での祈禱が行われたり、安元から治承への改元がなされたほか、それまで讃岐院と呼ばれていた上皇に対して「崇徳院」という院号の贈号が行われたり、崇徳院によって建立された成勝寺《じょうしょうじ》で追善供養としての法華八講が開催されたり、保元の乱が戦われた春日河原に崇徳院廟（粟田宮）が建立されて神として崇められ、官幣に預かるなどの対応がなされた。崇徳院廟のすぐ東には頼長廟も建立され、檜皮葺《ひわだぶき》で鳥居はなく、祭祀は平野流卜部氏がつとめた。そして崇徳院廟が建立されたことは、白河院の成菩提院《じょうぼだいいん》陵、鳥羽院の安楽寿院《あんらくじゅいん》陵、待賢門院の法金剛院陵の三陵に報告された。これは崇徳院の両親らに王権の守護を懇願し、崇徳院の妄執を改めさせ、天下泰平の世に戻って人民が平穏に暮らせ、五穀豊穣を祈願するためであった。

　一方、崇徳院の墓所はどのようにされたのだろうか。荼毘に付された崇徳院は遺詔によって弘法・智証両大師の開基とされる讃岐の白峯寺《しろみねじ》の側に葬られた。葬られた当初は「墓」であったが、怨霊として認識されると「山陵」とされて天皇陵に加えられ、名誉の回復がなされた。そして山陵のまわりには堀が廻らされて汚穢が遠ざけられ、御陵を守るための民煙も設定された。

　さらに、讃岐での崇徳院の居所であった鼓岡の木丸殿を御陵の前に移して廟所とし、頓證寺殿と名付け、荘園も寄進されて菩提が弔われた。そこでは十二時不断の読経三昧や法楽《ほうらく》などが行われ、種々の宝物も奉納された。現在に伝わる石造物としては、弘安元年（一二七八）、元亨《げんこう》四年（一三二四）の銘を有する二基の十三重塔があり貴重である。

　崇徳院をはじめ怨霊となった天皇は、幕末になると再び意識されるようになり、明治国家の手によって京都へ神霊の還遷が行われて神として祀られ、天皇を中心とした国家の守護神として崇められたのである。

〔コラム⑥〕

中世の天皇の死

河内将芳

中世の天皇の死（史料用語としては「崩御《ほうぎょ》」）や葬送、あるいは陵墓に関する研究というのは思いのほか少ない。とりわけ中世後期、室町・戦国時代のようすとなるとわからないことのほうが多いようである。

そこで、ここではひとりの天皇の死にそくして、その具体的なようすをかいまみることにしよう。その天皇の名は後土御門《ごつちみかど》天皇。在位中に応仁・文明の乱がおこり、およそ一〇年にわたり東軍の本陣がおかれた室《むろ》町殿《まちどの》（将軍御所）に父後花園上皇とともに避難生活をおくったことでも知られている。

まさに室町・戦国時代を代表する天皇といえるが、その天皇が亡くなったのは明応九年（一五〇〇）九月二八日の早朝のこと。公家の九条尚経《くじょうひさつね》の日記『後慈《ごじ》眼院殿御記《げんいんどのぎょき》』によれば、「御歳五十九」であった。

その『後慈眼院殿御記』によれば、天皇は「四五ケ年御煩い」とながの患いをかかえていたようだが、亡くなる前々日の二六日に日常の御座所《ござしょ》であった「小御《こご》所《しょ》より黒戸《くろど》（清涼殿の北の細長い部屋）に渡御《とぎょ》」している。

これは、「今夕明旦《みょうたん》さだめて御事《おんこと》あるべし」とあるように、その寿命が今明日と判断されたためで、先々代の「称光院の御例」によるものであったという。

それからおよそ二日後、この「黒戸」で天皇は亡くなる。しかし、ここで大きな問題がおこることになった。というのも、公家の近衛政家がその日記『後法興院記』に「今度の儀、譲位なく崩御、その例あるべからず」と記しているように、天皇は「譲位」せず、在位のまま亡くなってしまったからである。

中世では、天皇は早々に譲位し上皇となるのが一般的であり、そして、その上皇のもので位が譲られてゆくのが慣例となっていた。たとえば、先々代の称光天皇もまた譲位をしないで早世したものの、そのときは父の後小松上皇が健在であったので、つぎの後花園天皇は伏見宮から上皇の猶子《ゆうし》となって位につくことができたようにである。

後土御門天皇の場合、父の後花園上皇がすでに亡くなっていたことも関係しているのかもしれないが、実は、それ以上に天皇が譲位できなかった理由があった。

その理由とは、公家の東坊城《ひがしぼうじょう》和長《かずなが》の日記『和長《かずなが》記《き》』によれば、「武家無道《むどう》の政務につき、国々用途、民の力なきのあいだ、今度御譲位の沙汰におよばず」、つまり幕府の無策によって譲位に関する「用途」（費用）が用意できなかったことにあったという。

南北朝・室町時代以降、朝廷（公家《こうけ》）でのさまざまな公事や行事の「用途」は幕府が出すことになっていたので、その「用途」がなければ、譲位したくてもできないというのが実情だったのだろう。

そして、この「用途」という点では、天皇が亡くなった直後に「吉凶惣用大儀きっと事行きがたきか」（『後法興院記』）と近衛政家が心配したように、「吉」（つぎの天皇の践祚《せんそ》（三種の神器をうけつぐ儀式））と「凶」（後土御門天皇の葬送）に関する「用途」も問題となったようである。

実際、『後法興院記』一一月一一日条に「今夜旧主御葬送」、「禁裏《きんり》より泉涌寺《せんにゅうじ》に遷幸」とみえるように、天皇の棺は一一月になってようやく「禁裏」（皇居）より泉涌寺にうつされたことが確認できるからである。「今日にいたり崩御以後四十三日なり、かくのごとき遅々、さらに先規あるべからざるか」（『後法興院記』）とは、これまた近衛政家の嘆きのことばであるが、天皇の棺は実に四三日間にわたり「黒戸」に安置されつづけたのであった。

『和長記』によれば、泉涌寺にうつされた天皇の棺は、その日のうちに荼毘《だび》にふされ、翌一二日に「御収骨」された後、「深草法華堂《ふかくさほっけどう》」「雲龍院《うんりゅういん》」「般舟院《はんじゅういん》」の三ケ所に分骨されたという。

このうちの「深草法華堂」がいわゆる「深草十二《ふかくさじゅうに》帝陵《ていりょう》」であり、現在ここが後土御門天皇の陵墓とされている。

ちなみに、これに先だって、一〇月二五日につぎの後柏原天皇が践祚しているが（『後法興院記』ほか）、しかし、それでも天皇が亡くなってからおよそ一ケ月にわたって上皇も天皇も不在という空白状態がつづいたことになる。

今回の事態がいかに異例だったのかがあらためて知られよう。

〈参考文献〉

奥野高広『皇室御経済史の研究』後篇、畝傍書房、一九四四年
総本山御寺泉涌寺編『泉涌寺史』本文篇、法藏館、一九八四年

江戸時代の天皇陵——幕末期の陵墓修復と地域社会——

上田長生

はじめに

天皇陵といった場合、古代の大きな古墳はよく知られていますが、江戸時代の天皇陵の様子や、それがどのように今の天皇陵に繋がっているのかはあまり知られていないと思います。今回はそうしたお話をさせていただきます。

まず、そもそも陵墓とは何かということを確認しておきますと、陵墓というのは天皇・皇后・皇太后・太皇太《たいこうたい》后《ごう》の墓を「陵」、それ以外の皇族の墓を「墓」といい、あわせて陵墓といいます。長く都であった京都には、こんもりした塚が柵で囲われている小さな陵墓がたくさんあります。大和・河内・和泉・摂津では大きな古墳が散在しています。これらの陵墓の周辺にも人々が住んでいましたが、そうした民衆と陵墓の関係を検討することで、民衆が天皇・朝廷をどのように見ていたかを知ることができます。ここでは、江戸時代、特に幕末期の陵墓をみることで、現在に続く陵墓がどのように形作られたのか、また、江戸時代の天皇・朝廷と民衆の関係はどのようなものであったのかを考えてみたいと思います。

一　江戸時代の天皇・朝廷

まず、陵墓を考える前提として、江戸時代の天皇・朝廷について確認しておきます。江戸時代の天皇・朝廷は、古代・中世のように政治権力の中心ではなかったため、イメージすることが簡単ではありませんが、表1のように、豊臣秀吉の時期の後陽成《ごようぜい》天皇から、幕末に即位した明治天皇まで一六人の天皇が在位しました。朝廷は、天皇や上皇を頭に、五摂家以下の堂上《とうしょう》公家がいました。また、それらを地下《じげ》官人と呼ばれる下級役人が朝廷を支えていました。

表1　近世に即位した天皇

天皇	在位期間
後陽成	1586年11月7日～1611年3月27日 （天正14）　（慶長16）
後水尾	1611年3月27日～1629年11月8日 （慶長16）　（寛永6）
明　正	1629年11月8日～1643年10月3日 （寛永6）　（寛永20）
後光明	1643年10月3日～1654年9月20日 （寛永20）　（承応3）
後　西	1654年11月28日～1663年1月26日 （承応3）　（寛文3）
霊　元	1663年1月26日～1687年3月21日 （寛文3）　（貞享4）
東　山	1687年3月21日～1709年6月21日 （貞享4）　（宝永6）
中御門	1709年6月21日～1735年3月21日 （宝永6）　（享保20）
桜　町	1735年3月21日～1747年5月2日 （享保20）　（延享4）
桃　園	1747年5月2日～1762年7月12日 （延享4）　（宝暦12）
後桜町	1762年7月27日～1770年11月24日 （宝暦12）　（明和7）
後桃園	1770年11月24日～1779年10月29日 （明和7）　（安永8）
光　格	1779年11月25日～1817年3月22日 （安永8）　（文化14）
仁　孝	1817年3月22日～1846年1月26日 （文化14）　（弘化3）
孝　明	1846年2月13日～1866年12月25日 （弘化3）　（慶応2）
明　治	1867年1月9日～1912年7月30日 （慶応3）　（明治45）

※『皇室事典』（角川学芸出版、2009年）より作成

江戸時代には朝廷は完全に政治権力を失っており、経済的にも幕府の強い支配のもとに置かれていました。幕府は、法的にも禁中并公家中諸法度で朝廷を統制し、幕府の支配に抵触しないよう朝廷を抑え込んでいました。さらに、京都所司代や禁裏付ら幕府の役人が朝廷を監視していました。朝廷内部をみると、朝廷のトップは五摂家から任命された摂政・関白を中心に、左右大臣・内大臣、そして武家伝奏《ぶけてんそう》・議奏《ぎそう》がいました。武家伝奏は、幕府と朝廷を取りつぐ存在で、幕府の意向を朝廷に伝え、幕府の支配を担っていました。

こうした天皇・朝廷の役割は、大きく四つほど挙げられます。まず、将軍や東照宮を権威付けることです。将軍は天皇から征夷大将軍に任じられます。つまり、将軍宣下《せんげ》を受けないと将軍になれないのです。また、徳川家康は死後、東照大権現となりますが、これも朝廷が神に祀ったものです。次に宗教的な機能。国家安全の祈禱を神社に命じたり、天皇自らが祈禱するといったことです。さらに、元号宣下と官位叙任。元号の制定は、古代以来続き、最後まで朝廷に残されていた権限でした。また、従五位とか正一位といった位階、駿河守とか山城守といった官職、これらは名目的に朝廷が大名等に与えることで身分秩序を維持する機能を果たしていました。最後に、宗教者の編成。朝廷や各公家は、仏教の諸宗や修験者・神主の編成も担っていました。諸宗の本山・本寺には親王や公家の子弟が入っていました。こうして見てくると、将軍や東照宮の権威付け、宗教者の統制等、天皇・朝廷の権限は非常に限定されていたことが分かります。

二　江戸時代の天皇家の先祖祭祀

泉涌寺と般舟三昧院

こうした江戸時代の天皇家の先祖祭祀は現在とは全く違う形で行われ、明治維新を境に大きく変わっていきます。

今も京都東山に泉涌寺《せんにゅうじ》がありますが、江戸時代の天皇家の先祖祭祀は、泉涌寺と般舟三昧院《はんじゅうざんまいいん》などの寺院で行われていました。また、御所の中には御黒戸《おくろど》と呼ばれる位牌所があり、神武天皇ではなく、天智天皇以来の位牌が置かれていました。後で触れますが、江戸時代の天皇の先祖として尊ばれたのは天智天皇でした。現在、天皇家の先祖祭祀は神道式ですが、これは明治維新以後にできあがったものです。江戸時代、あるいはそれ以前は、ずっと仏教で祭祀が行われていました。

図1・2が泉涌寺の図です。泉涌寺の元になった寺は、平安時代に弘法大師空海が開いたとされ、鎌倉時代に再興されます。四条天皇が仁治《にんじ》三年（一二四二）に葬られて以降、中世の数人の天皇と江戸時代の天皇と女院《にょいん》たちが葬られました。図1では、泉涌寺の伽藍の奥に塔がたくさん建っている場所があります。これが天皇の墓です。古墳や塚ではなく、庶民と同じ形の完全な仏式の墓になっています。図2はより近くから見た泉涌寺の月輪陵《つきのわのみささぎ》です。江戸幕府は定期的に泉涌寺の修復を行い、天皇家の先祖祭祀が滞りなく行われるよう援助していました。

次に、般舟三昧院は、現在、上京区今出川通千本東入の般舟院前町にあります。これはもともと伏見にあり、豊臣秀吉が伏見城を築城した際に、現在地に移転しました。ここは禁裏内道場といわれ、今も般舟三昧院の前にも「禁裏内道場」という碑が建っています。江戸時代の天皇家では、自分の父親や祖父など非常に身近な人たちを対象に、こうした泉涌寺・般舟三昧院で仏教的な祭祀が行われていました。

江戸時代における陵墓

では、江戸時代に古代の大きな古墳がどのように扱われていたのでしょうか。結論的にいうと、古代・中世の陵墓は所在不明のものが非常に多く、京都周辺や河内・大和でも管理は古墳の所在する村に任されており、幕府や朝廷がこれを管理・整備することはありませんでした。そのため、既に古代・中世の段階でどの天皇がどの陵墓に葬られているのかは不明になりつつありましたが、江戸時代には完全に分からなくなっていました。周辺に住んでいる人々も誰の墓か知らないことが多く、非常に荒廃していました。たとえば、河内や大和の大きな陵墓古墳の墳丘は、下草や果物などをとる生産の場になっていました。また、古墳の周りの濠から水を引いて灌漑用水に利用したり、濠の魚や水草を採って生活の糧にしていました。天皇の墓として崇拝されていたのではなく、

図1　泉涌寺の空中からの写真(『皇室の御寺 泉涌寺展』朝日新聞社文化企画局大阪企画部、1990年)

図2　月輪陵を下からみた写真(同上)

自分たちの生産の場として活用されていたわけです。

そうした状況の中で幕府は、一応どの天皇がどの墓に葬られているのかを把握する必要があるということで、何度か探索や修復を行います。元禄期、享保期、文化期、嘉永・安政期、そして文久期の五回、陵墓の探索・修復が行われました。まず、元禄期には、古墳の頂上部分を垣で囲い、どの天皇の陵かを書いた高札《こうさつ》を建てました。これは京都周辺の陵墓も同じです。京都の場合、それほど大きくない塚ですが、その周辺を垣で囲って、立ち入ることができないようにしました。そうした形で、元禄・享保・文化期には一応天皇陵を把握しようとしましたが、継続的に行われたわけではなく、実際には陵墓のある村に管理が任されていました。しかし、村としては面倒なので、きちんと継続した管理がなされず、やはりまた荒廃してしまいました。

江戸時代の朝廷の陵墓祭祀

次に、朝廷がどのように陵墓を捉え、祭祀を行っていたのかを見ていきます。江戸時代の朝廷の陵墓祭祀としては、たとえば、安永九年（一七八〇）宇多《うだ》天皇の八五〇回忌や、寛政三年（一七九一）後白河院の六〇〇回忌、あるいは文化二年（一八〇五）鳥羽院の六五〇回忌といった形でそれぞれ行われています。これは、宇多天皇が仁和寺《にんなじ》、鳥羽院が安楽寿院《あんらくじゅいん》、後白河院が蓮華王院《れんげおういん》をそれぞれ建立したという各寺に非常に関わりの深い天皇の節目の回忌法要に、朝廷から天皇の使いである勅使、上皇の使いである院使が遣わされ、白銀などが供えられたというものです。このように一部の天皇陵、しかも一〇〇回、五〇回忌という形で、宇多天皇・鳥羽院・後白河院など、ある程度名前の知られた天皇の回忌法要が行われる際に朝廷から使いが出されたことが分かります。

もう一つ、興味深いのは桓武天皇の祭祀です。これは京都にとって非常に象徴的なことですが、天明八年（一七八八）と文化二年（一八〇五）の二度、桓武天皇の祭祀が行われています。さきほど、江戸時代の天皇家の先祖は天智天皇であると認識されていたと述べましたが、やはり天皇陵についても、朝廷内では天智天皇・桓武天皇の陵が重視されていました。これは、明治維新以降の認識とは全く異なります。

古代の壬申の乱で、それまでの天智天皇系の皇統が天武天皇系に代わります。兄弟ではありますが皇統が代わって、奈良時代は天武天皇系になります。その後、奈良時代の政争の末に天智天皇の孫の光仁《こうにん》天皇が即位し、天武天皇系から再び天智天皇系に皇統が代わります。この光仁天皇の息子が桓武天皇です。桓武天皇が古い奈良時代の平城京を捨てて、長岡京、さらに平安京という新しい都を造りました。そのため、桓武天皇は平安京を造った始祖として江戸時代でも非常に重要視されていました。その桓武天皇の陵に朝廷から使いを出し、お供えもしています。まず、天明八年ですが、この年一月末の「天明の大火」で京都の町がかなり広範に焼けてしまい、御所も焼け、天皇たちも東山の方に避難しました。この時、恭礼門院《きょうらいもんいん》（後桃園天皇母）という女院が桓武天皇陵に使いを送り、「桓武天皇御陵」と彫られた石標を建てさせます。この背景は、はっきりしませんが、おそらく平安京を造った桓武天皇に対して、平安京の守護を願って使いを送ったのではないかと考えられます。

次に、文化二年の桓武天皇一〇〇〇年忌です。桓武天皇は八〇五年に没したため、ちょうど桓武天皇の一〇〇〇年忌にあたります。この時、朝廷から再び使いが送られ、光格天皇や後桜町上皇から供え物がなされています。このように江戸時代の朝廷では、平安京を造った桓武天皇が非常に重視されていました。

陵墓認識の転換――天保期の水戸徳川斉昭の修陵建議――

ここまで見てきたように、江戸時代の天皇家では仏教的な祭祀が行われ、桓武天皇や天智天皇が重視されていました。これが、なぜ近代のように神武天皇が神道式で祀られる形に変わっていくのか。次に陵墓認識が転換していくのは天保期で、尾張・紀伊・水戸の御三家のうち、水戸藩主の徳川斉昭《なりあき》が天保五年（一八三四）に幕府の老中に対して神武天皇陵の修復を建議しました。しかし、幕府はこれを却下します。幕府としては、わざわざお金を出して神武天皇陵を手厚く祀らなくとも、現状のままで朝幕関係は維持できることから却下しました。その後、天保一二年（一八四一）泉涌寺が火事で焼けてしまった機会を捉えて、徳川斉昭は再び意見書を出します。今回は、泉涌寺が焼けたのならば、もう修復せずにおいておき、天皇家の先祖祭祀は仏式ではなく神道式で行うべきだとします。江戸時代のそれまでのあり方や常識とは違う意見が出されたわけです。こうした二回の建議を結局幕府は取り上げなかったのですが、なぜこの段階でこうした意見がでてきたのかを考えると、近世後期には西洋の外国船が日本周辺に多く現れ始め、全国各地で百姓一揆や飢饉が起こり、非常に不安定な内憂外患《ないゆうがいかん》の社会情勢でした。その中でなんとか幕藩体制を立て直すためにこうした意見が出てきたわけです。

斉昭の考えは、国を立て直すためには民衆を強力に統合しなければならない、外国がやって来ても負けないように国がまとまらなければならない、そのために天皇・朝廷、特に祭祀・儀礼を中心に日本がまとまって対抗していくべきだというものでした。斉昭は、国を守るために色々な意見を出して改革を目指します。その一つとして天皇、特に神武天皇に注目し、その祭祀や山陵修復を行うことで、国をまとめていこうと考えたわけです。ただし、斉昭は現状に対して強い危機感をもっていたのですが、幕府とは温度差がありました。実際に幕政を担当していると、そうした急激なことはできないので、この段階では受け入れられませんでした。

ここまででまとめると、江戸時代の天皇家の先祖祭祀は京都を中心とした寺院で行われており、幕府もこれを継続的に援助していました。古代の天皇陵、山陵はもう所在が不明となり、どの天皇がどの墓に葬られているのか分からなくなっており、古墳自体が非常に荒廃していました。こうした中で、天保期に徳川斉昭が陵墓修復の意見を出します。斉昭等が打ち立てた学問・思想を後期水戸学といいますが、朝廷の祭祀等によって民衆を一致団結させる必要があると考え、その構想の一環として神武天皇陵の修復と祭祀を建議したわけです。江戸時代の常識的な考えとは異なる意見が出され、最も早く陵墓に政治的な意味付けをしたといえます。しかし、これはいまだ幕府の政策や朝廷の問題になっていく段階ではありませんでした。

三　文久の修陵

戸田忠至と文久の修陵

では次に、幕末期にどのように天皇陵が整備されていったのかを確認していきます。幕末の文久期には将軍徳川家茂《いえもち》が上洛し、京都が政治の中心になりますが、このとき天皇陵も大規模な修復が行われます。なぜこの時期に陵墓の修復が行われたのでしょうか。修復を担ったのは宇都宮藩戸田家の家老の戸田忠至《ただゆき》という人物でした（図3）。幕末期には開国論・公武合体論・尊王攘夷論など様々な意見が叫ばれましたが、宇都宮藩内でも水戸藩の尊王攘夷派との繋がりがあったため、宇都宮藩に対する幕府の締め付けが強くなってきました。宇都宮藩自体の存立が危ぶまれたため、状況を打開する策を作る必要がありました。そうした中で、この時期、幕府の求めもあり、諸大名が幕府に意見を出しましたが、宇都宮藩は陵墓に着目したわけです。幕府が陵墓を修復することで、当時

図3　戸田忠至（福井市立郷土歴史博物館蔵）

の朝廷と幕府が対立している局面を打開し、関係を修復できるのではないか。そして、宇都宮藩も積極的に幕府を支えていくことで、自藩への嫌疑を晴らしたいと考えたのです。

宇都宮藩は、文久二年（一八六二）閏八月幕府に意見書を出します。幕府は天保期には徳川斉昭の意見を却下しましたが、幕末には既に政治状況が全く変わっていたため、これを許可しました。実際の山陵の修復は、文久二年（一八六二）から慶応元年（一八六五）までおよそ三年間で、畿内の山城・大和・河内・和泉などの一〇〇ヶ所以上の天皇陵で行われました。当時、所在不明の天皇陵もあったため、まず、どの天皇がどの墓に葬られているかを考証して、治定《じじょう》しながら修復を進めました。それでも、この段階では決められない天皇陵が多くあり、明治以降にも治定が行われます。これが現在、宮内庁で管理している天皇陵の指定の根拠になっています。

文久の修陵と朝廷・幕府

では、実際にはどのように普請が行われたのでしょうか。普請費用は幕府が出しましたが、普請の詳細な点は朝廷が指示し、それに基いて古墳が修復され、あるいは新たに造り直されました。表向き、修陵事業は幕府の事業を宇都宮藩が代行しているという位置づけでした。しかし、陵墓のある畿内と江戸の幕府は遠く離れており、畿内の朝廷やそれと結びつきの強くなった京都守護職松平容保《かたもり》、京都所司代松平定敬《さだあき》、一橋慶喜《よしのぶ》など幕末の京都政局の中心人物と結びつきながら修復が行われました。したがって、江戸の幕府とは対立する部分も出てきます。幕府の事業でありながら、朝廷の意見を聞きつつ進めなければならないために問題が生じますが、幕末の朝廷は強硬になっており、幕府を押しきって事業が進められました。

慶応元年（一八六五）五月頃にはおおよその事業が修了します。朝廷の念願であった天皇陵の修復が実現し、孝明天皇なども喜びます。そして、幕府に対して、将軍家茂の位階を上げて従一位にする、あるいは、二代将軍秀忠・三代将軍家光も家康と同じように神に祀るといった褒賞を朝廷から贈ろうとします。こうして修陵は、朝廷と幕府の関係を表向きは取り繕い、公武合体・公武一和を象徴する事業になっていきました。合わせて、修陵を実際に指揮した戸田忠至も、孝明天皇から信頼されるようになり、後には一万石の大名にまで昇進します。

この時、江戸時代の天皇家の菩提寺《ぼだいじ》であった泉涌寺もやはり修復されます。そして、「諸寺の上席」、諸寺院の中でも格別の寺であると朝廷から達《たつし》があり、泉涌寺も厚遇されることになりました。

文久三年の国家祭祀の再編

さらに、天皇陵の修復と合わせて、文久三年（一八六三）には国家祭祀の整備・再編も行われます。たとえば、大和の神武天皇陵に朝廷が使いを出したり、完成した各地の天皇陵に使いを出して神道式の祭祀が行われるようになります。ただし、この時の祭祀の目的は、天保期の徳川斉昭が民衆を統一するために天皇陵の修復をしようとしたのとは異りました。幕末期には政治状況が刻々と変わり、諸大名もそれぞれ意見が対立している状況なので、陵墓の祭祀を通して、そうした諸大名を結集することが目指されました。当該期の状況によって政策目的が変わっていたのです。

具体的な修陵による変遷を神武天皇陵で見てみましょう（図4・5）。図4の小さい塚が後に神武天皇陵とされていく場所です。現在は橿原神宮《かしはらじんぐう》や神武天皇陵が非常に整備されていますが、江戸時代には田畑の中に二つの塚があるだけの状況でした。図5は文久～慶応期に修復された神武天皇陵で、中央の二つの塚の周囲を囲い、塚の前には鳥居も建てられ、大規模な祭祀の場に変えられたことが分かります。ここに朝廷から使いが遣わされ、祭祀が行われるようになりました。

　文久三年は政治状況が大きく揺れ動いた時期で、八月一八日の政変で長州藩と朝廷内の尊王攘夷派が追い落とされますが、ここに神武天皇陵も関わっています。尊王攘夷派は、攘夷を実現するために天皇が直接神武天皇陵に参拝し、その後伊勢神宮などにも参拝することで、外国に立ち向かっていく姿を示すべきだと考えていました。実際にその布告も出されますが、実現直前に八月一八日の政変が起こり、尊攘派が追い落とされることになります。しかし、政変後も神武天皇陵をはじめとした天皇陵は重視されます。孝明天皇が神武天皇陵やその祭祀を非常に大切にしようとしたため、幕府としても引き続き天皇陵を大切にしなければならなかったのです。従って、

図４　神武帝　畝傍山東北陵　「荒蕪」図
(『御陵画帖』国立公文書館蔵)

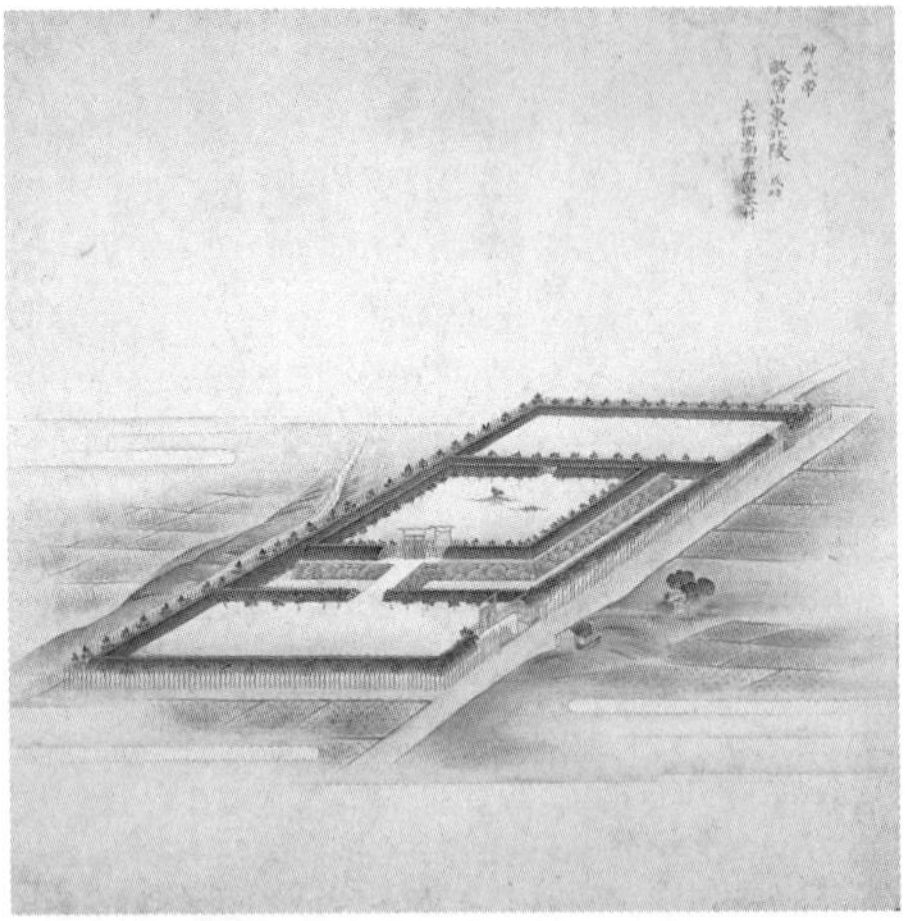

図５　神武帝　畝傍山東北陵　「成功」図(同上)

その後も陵墓の修復は続けられ、事業は拡大していくことになりました。

ここまでまとめますと、文久期には元禄・享保期とは異なり、当該期の政治状況の中で天皇陵も政治戦略に組み込まれ、歴代天皇の祭祀が始められました。大規模な普請で修復が行われ、朝廷から勅使が遣わされて祭祀が行われることで陵墓の性格が転換していきます。それまでとは異なり、政治的な意味が与えられた場所になったわけです。ただし、天保期の民衆を統合するための修復・祭祀という徳川斉昭の理論とは違い、幕末期には公武一和や諸大名の結集のために行われた事業が、幕末政局の展開の中で拡大していったと理解できます。さらに、注意したいのは、幕末期になると、江戸時代の天皇家・朝廷で先祖とされていた天智・桓武ではなく、神武天皇が始祖であるということがより強く認識されるようになります。これが、近代以降、現在の天皇家の祭祀や、神武天皇以来の万世一系《ばんせいいっけい》であるという神話の端緒となっていきます。

陵墓修復・管理と民衆

では、次に民衆との関わりについて見ていきたいと思います。これまで述べたように天皇陵の修復が行われると、その周辺に住んでいた人々、村の人々にも影響が出てきます。慶応元年（一八六五）頃におおよその修復が終わると、次に継続的管理が問題になりました。つまり、日常的にその天皇陵を掃除し、崩れたり、誰かが忍び込んだりしないように監視するといった管理者が必要になりました。これを周辺の民衆が担っていきます。

その発端は文久三年（一八六三）一一月という早い段階で、まず神武天皇陵が完成した際に管理者の設置が問題になります。この時、朝廷や山陵奉行戸田忠至は、管理者を設置するためのお金を出すように幕府に求めます。これに対して幕府は、確かに朝廷や陵墓を軽んずるわけにはいかず仕方がないので、できるだけ簡単にするよう

に と断った上で、渋々ですが管理者の設置を認めます。こうして、文久三年一一月、周辺の村の庄屋・年寄などの村役人が、神武天皇陵の管理者、陵戸《りょうこ》に任命されました。その後、慶応元年五月～一二月頃、神武陵以外の河内・和泉・大和・山城でも次第に修復が終わると、それぞれに管理者が任命されていきました。この段階で管理者は長《おさ》・守戸《しゅこ》と呼ばれるようになります。長は、一番トップの人で、あと守戸と呼ばれる人が五～六名任命されます。一つの陵墓を五～七名が管理しました。

このように慶応元年一二月に管理者が任命されると、その周辺の村・町から管理者への任命を願う人がたくさん現れました。彼らは、山陵奉行に多額の献金をすることで任命されました。そうした任命願いなども踏まえて、一年後の慶応二年（一八六六）一二月に正式に長・守戸が決定されます。この時は、河内・和泉・大和の人もみな、京都御所近くの寺町通丸太町上るにあった山陵奉行所に呼び出され、任命されました。朝廷から呼び出し、任命する側もこれは天皇が任命するのだと強調し、長・守戸たちも朝廷からの任命であると考えました。長・守戸は百姓・町人身分ですが、任命されると苗字帯刀が許され、一年間に長が銀七枚、守戸が銀五枚の俸給をもらいました。

では、どういった人々が長・守戸として管理を行ったのでしょうか。まず、大和・河内・和泉の場合、多くは陵墓周辺の村々の村役人が務めました。あるいは、豪農・豪商がこれを務めています。これに対して、京都を含む山城の場合は全く異なっていました。非常に特徴的なことですが、山城・丹波では寺院や公家・門跡の家来が管理を行いました。大覚寺《だいかくじ》・仁和寺・聖護院《しょうごいん》などの門跡や柳原家・野宮家《ののみや》といった公家の家来から管理者が選ばれました。彼らが長として統括者になり、守戸にはやはり各陵墓周辺の町・村の役人が任命されています。

では具体的に、長・守戸への任命を願った例をみていきたいと思います。たとえば、竹田（京都市伏見区）の安楽寿院には鳥羽天皇・近衛天皇・白河天皇の陵があります。その管理者になりたいと願ったのは安楽寿院の守衛人、寺侍でした。守衛人と安楽寿院の間には利害対立があったようで、守衛人たちは、寺で仏式の管理をしていてはいけない、我々が神道式で管理すると言っています。管理者に任命されることで、守衛人が自らの立場を高めようとした動きだと考えられます。

次に、龍安寺《りょうあんじ》の例です。龍安寺にも円融天皇の火葬所と、一条・後朱雀・後冷泉・後三条などの天皇陵があります。龍安寺は、その管理者にしてほしいと願っています。自分の寺の境内にあるのだから、他の人が管理するのではなく、なんとか自分たちで管理したいと願ったわけです。

図6　天智帝　山科陵　「荒蕪」図(『御陵画帖』)

また、和泉・河内・大和では村の人々が積極的に管理者にしてほしいと願いましたが、京都で特徴的なことは、そうした動きがあまりみられないということです。寺院が願っている事例は前述のようにいくつかみられますが、村からの願いは一例しか確認できません。それが、天智陵のあった山科の御陵《みささぎ》村です（図6）。山陵村の村役人は、慶応二年正月に山陵奉行に対して、天智陵の管理者を山陵村の有力者から選んでほしいと願います。これは、山陵村では中世から江戸時代にかけて、天智天皇陵を管理するのは村の有力者ということが決まっていました。従って、今回新たに幕府や朝廷による任命がなされた後も、同じように村の有力者が管理を行い、村の秩序を守るために願い出たわけです。

他にも、寺が中心になっていますが、葛野《かどの》郡水尾《みずお》村の円覚寺も願い出ています。この円覚寺の事例は興味深いのですが、元治二年（一八六五）円覚寺にあった清和天皇陵の修復が行われた際に、天皇陵を修復するのであれば、あわせて寺も修復してほしいと願っています。これは、したたかに修陵事業に便乗する動きといえます。天皇陵の修復が行われることで、幕府や朝廷などの政治権力が在地社会に介入してくるともいえるのですが、反対に利益を引き出す可能性も生まれたわけです。

これらの願いの背景としては、陵墓が山陵奉行、さらにはその背後の幕府や朝廷とつながるルートになったということが考えられます。山城の場合、朝廷と程近いので、こうした傾向はそれほど強くありませんが、大和・河内・和泉の場合は、朝廷と離れているので、そうしたルートを作る機会として村役人にとってはメリットがあったのです。政治権力と様々な関係を結んでおくことで、村役人がその村を運営する上で、あるいは何か問題が起こったときのためにメリットがありました。あるいは、長・守戸に任命されると下付された菊の紋付提灯や苗字帯刀などの特権が意味を持ったと考えられます。ただの庄屋・年寄ではなくて、苗字帯刀を許されて朝廷の役を務めているということで、村の中でより強い立場を確保できたわけです。

また、京都の場合、陵墓自体が小さな塚であるため、普請などは比較的簡単です。しかし、河内・和泉・大和の場合、非常に巨大な古墳の修復をすることは、大規模な事業、土木工事になります。そうすると、やはり、普請を請け負わせてほしいと願ってくる土木業者が現れます。これらの人々は、今後も継続的に陵墓の修復をしたいと願っている場合もあります。こうした形で利益を引き出す対象として陵墓が幕末期に浮上してきました。

このように、長・守戸など民衆の側にも、権力との関係を結んでおくメリットや、土木工事を望むような動きがありました。山陵奉行や朝廷は、陵墓が再び荒廃しないようにするために、そうした民衆の動きに応えて、村・地域の有力者に管理させておく必要がありました。そして、こうした動きをとらえることで、陵墓が地域で永続的に存立していく基盤が作られたのだと理解できます。ただ、きちんと陵墓を管理をし、祭祀を行っていこうとする朝廷・山陵奉行の意図と、長・守戸などの民衆の側の希望はずれていました。このずれが、明治維新後問題になっていきます。

四　幕末期の泉涌寺

では、江戸時代に天皇家の先祖祭祀の場であった泉涌寺は、幕末維新期にどうなっていくのでしょうか。一つの大きな画期になるのが孝明天皇陵の造営です。孝明天皇は、慶応二年（一八六六）一二月二五日、幕末の押し詰まった段階で亡くなります。孝明天皇が亡くなると、天皇の新しい山陵を造る必要がでてきます。ここまでは陵墓の修復でしたが、新しい天皇の墓を造らないといけなくなったわけです。次に、それをどのように造るのかが問題になり、ここでもまた山陵奉行戸田忠至が中心になります。この時戸田は、最初から仏式は完全に排除し、神武天皇陵などで行われている神道式の山陵祭祀を行おうとします。

それまで江戸時代の天皇は一応仏式で葬られていて、形式的にですが火葬をしていました。江戸時代初めに後《ご》光明《こうみょう》天皇が亡くなった時、実際に火葬することはやめ、茶毘《だび》儀という形式的な儀式だけを行うようになりました。一応それでも茶毘には付したことになっていました。しかし、これも廃止してしまったのです。昭和天皇が亡くなった際も火葬にはせず土葬しましたが、それはこの段階で初めて行われたことなのです。そして、孝明天皇は泉涌寺に隣接した後月輪東山陵《のちのつきのわのひがしやまのみささぎ》に葬られました。孝明陵は泉涌寺の近くにあるにもかかわらず、泉涌寺を完全に排除して山陵を造り、そこに埋葬されました。

ただし、完全に仏教色を排除することはできませんでした。どうしても京都に仏教勢力が存在し、まだ公家の中では仏教に対する尊崇がありました。そのため、完全に排除するには至らず、御所の中での葬儀では、やはり泉涌寺から長老が呼ばれて仏事を行いました。これは神道式と仏式の二元的な状況といえます。二元的な状況のまま維新を迎えることになりました。孝明天皇陵が完成すると、それまで諸寺の上席として厚遇されていた泉涌寺よりも孝明天皇陵が、国家祭祀の場として政治的に重要な場に転換していきました。

五　維新後の動向

最後に、維新後の動向をみていきたいと思います。維新直後、慶応四年（明治元年・一八六八）閏四月七日、朝廷で「山陵御穢《おんけがれ》の審議」が行われました。これは、陵墓を今後どのように扱っていくかという重要な審議でした。朝廷内では依然として、天皇陵といっても墓なのだから穢れがあるという認識が根強く残っていました。これに対して、幕末の修陵を学問的な面で主導した考証家の谷森善臣《たにもりよしおみ》（その背後には山陵奉行の戸田忠至がいると思われます）はやはり天皇陵は今後神式で祭祀を行い、聖なる場として崇敬する必要があると考えていました。そこで、谷森はこの審議において、陵墓は神社に等しい清浄な場であると主張します。この審議の結果、谷森の意見が採用され、天皇陵には穢れは無く、聖なる場で神社に等しいということになります。維新を迎えてすぐの段階で、このような決定が行われました。これが、陵墓は天皇家の祭祀を神式で行う聖なる場だから立ち入りはできないという現在の認識の起点になります。

その後、維新期には様々な改革が行われますが、祭祀や宗教制度についても例外ではありませんでした。よく知られているように、神仏分離が行われ、維新前まで神社と寺院、神道と仏教が混合していた状況が分離されていきます。この時廃止になった寺院や社もたくさんありますが、そうした神仏分離・廃仏毀釈の動きの中で宗教的なもの、国家祭祀も改革が進められました。かなり色々な動きがありますが、全体としては神道式の祭祀を確立し整備していく方向がとられます。明治元年～四年までの間に宮中での祭祀は仏式のものが廃止されます。この間、天皇は京都から東京へ移り、首都は東京になりますが、東京の宮中に皇霊殿を設け、そこで天皇の先祖、「皇霊」の祭祀が新たに作り出され、整備されていきます。先祖を神式で祀るという、江戸時代までのあり方とは全く異なる形になっていきます。現在、宮中には賢所・皇霊殿・神殿という三つの宮中三殿がありますが、これが最終的に整備をされて、宮中で神事が行われることになります。

おわりに

最後にまとめておきます。明治初年は教化を前面に押し出した宗教政策、祭祀整備、神仏分離が進められ、新たに神道による祭祀が次々と作り出され、神道を通じた民衆教化も目指されます。実際には、神道を中心にしようとする動きは挫折していきますが、維新までの仏教・神道のあり方は大きく変えられていきます。そうした動きの中で、皇霊祭祀や陵墓祭祀も神道式で新たに整備されていきました。

このようにみてきて、天保期の徳川斉昭の構想、幕末の文久期の構想と比較してみたいと思います。まず、天保期の徳川斉昭は民衆に直接働きかけて民衆を教化し、民衆を統一することで国を強くしようと考えていました。幕末になると、変動する政治状況の中で、主として諸大名の結集を図るために天皇陵の整備が行われました。ところが、維新後は、幕末の政策を引き継ぎながらも、神仏分離、神道祭祀の整備の中でより直接的に民衆教化を行い、民衆に働きかけて国を統一していこうという流れの中で、陵墓や皇霊の祭祀も展開していきます。従って、どちらかといえば思想的には徳川斉昭の系譜に近い流れに位置付けられるのではないかと考えられます。

では、最後に陵墓を実際に管理していた長・守戸がどうなっていくのかをみておきたいと思います。長・守戸は維新後も引き続き、陵墓の管理を任され、当初は政府、後には府県から給料をもらっています。しかし、明治七年（一八七四）八月三日、長・守戸は廃止され、新たに陵墓掌丁という府県官吏が置かれます。この背景には、いくつかの要因が考えられます。

一つ目は、幕末期以来、寺院の関係者も管理者に組み込まざるを得ず、仏教的な要素が入っていました。これを、最終的に神仏分離し、完全に陵墓から仏教的な要素を排除する必要がありました。そのため、陵墓掌丁には寺院関係者は含まれておらず、完全に寺院との関係が断ち切られました。

二つ目として、諸皇族墓の問題が挙げられます。幕末期には天皇陵だけが問題とされますが、維新後は皇族墓も治定・管理の対象になります。天皇陵だけであれば、百数十ヶ所ですが、皇后・皇妃・皇子・皇女といった皇族にまで広げると大変な数になってしまいます。京都周辺でも、あまり馴染みのない皇族の墓があちこちにありますが、こうした皇族墓もきちんと整備して、管理することになりました。そうすると、多くの皇族墓全てにそれぞれ五～七人の長・守戸を置くことは大変です。そのため、明治七年の改革で、一つの陵墓に多くの管理者を置くのではなく、いくつかの陵墓を一・二人が管理をする形にスリム化されます。これによって、諸皇族墓の管理をスムーズに行うことが可能になったわけです。

しかし、こうした改革に対して、泉涌寺などは抵抗します。それまで長く天皇が葬られ、葬儀や祭祀を担っていた泉涌寺は、なんとかその関係を維持したいと考え、引き続き関係を持たせてほしいと何度も願います。ところが、明治政府はこれを全て却下してしまいます。完全な神仏分離を実施したためです。一方、河内・和泉・大和の村々の庄屋・年寄が務めていた長・守戸たちは廃止を受けて、あっさり辞めてしまいます。これは、維新後、庶民に苗字を名乗ることが許され、脱刀令によって刀を持つ意味がなくなったために、長・守戸になることで得られた苗字帯刀許可のメリットがなくなってしまったからです。さらに、東京奠都《てんと》で天皇・朝廷が東京に移ってしまい、京都の朝廷との繋がりが次第に弱まっていきました。実際には、陵墓を管理していても、具体的なメリットは期待したほどにはなかったのです。民衆は非常にしたたかですので、幕末期に長・守戸になることでメリットがあると考えた時には積極的に任命を願うのですが、メリットがなくなってしまうと、対照的にみなあっさり辞めていったわけです。

このように江戸時代の天皇陵をみてくると、陵墓の持つ意味が大きく変わってきたことが分かります。天皇家の先祖祭祀で重視される天皇も天智・桓武から神武に変わり、祭祀が必要とされる根拠も変化します。天保期の徳川斉昭は民衆教化に主眼がありましたが、幕末期には諸大名の結集が前面に出てきます。さらに、維新後にはまた民衆教化が強調され、天皇家の万世一系を象徴する場所として陵墓が重視されます。こうした転換に伴って泉涌寺の位置づけも大きく変わります。一方で、周辺の民衆は、幕末期の激動の中で、ただ受動的な存在であったわけではなく、非常にしたたかな動きを見せました。自分たちの利益を誘導したり、その有効性が少なくなると、あっさりとその関係に見切りをつけてしまいます。幕末維新期以降、天皇制国家の形成の中でもしたたかに政治の変動を見つめる民衆の姿がうかがわれるのではないかと思います。

〔コラム⑦〕

綏靖天皇陵前東側所在の石燈籠について

福尾正彦

はじめに

陵墓地内の石造工作物としては、陵（墓）前拝所内にある鳥居、燈籠および石標がよく知られている。

それらのうち、もっともなじみの深い鳥居については、平安時代の公卿の日記に天智・桓武・仁明《にんみょう》・村上天皇等の陵に鳥居があったことが記されている。(1) ただし、現在のような景観を示すに至ったのは、いわゆる「文久の修陵」や「幕末の修陵」ともよばれる江戸時代末の修陵以降のことである。その際の鳥居は木造であった。現在のように一部の陵墓を除いて石造となり、陵は九尺、墓は六尺の規格品となったのは、平成五年（一九九三）以降のことである。

一方、燈籠についても、今のように拝所内鳥居の前面に一対を配置するのは、幕末の修陵以降のことである。(2) その際に燈籠の竿部には、例えば神武天皇陵であれば、前面に「畝傍山東北陵前」、背面に「文久三癸亥年十一月」と刻すことが通例であった。

陵（墓）名石標は玉垣の前面に樹立される高さ一メートルを超える角柱で、前面に神武天皇陵の場合には、「神武天皇畝傍山東北陵」と刻されている。なかには、聖徳太子墓などのように、富岡鉄斎がその墓名を揮毫したものもある。

今回はこれらの構築物のうち、綏靖《すいぜい》天皇陵の陵前東側にある燈籠を取り上げたい。陵前の燈籠は、そのほとんどが幕末の修陵時に設けられたものであるが、一部にはこの修陵以前の状況を示すものもある。綏靖天皇陵の燈籠もそれらの一つであり、陵墓治定の沿革を知るうえでも貴重なものである。ここでは、その紹介を兼ねつつ、関連する若干の問題について言及することとしたい。

一　燈籠などの現状、現位置に樹立の時期

綏靖天皇陵には、陵前の通常の位置、つまり鳥居の前方位置にある一対の燈籠以外に、向かって右側（東側）に、さらに二基所在している。また、その南側には「石標」一基が建っている（以下、「燈籠類」と称する）（第1図・第2図b）。これらに刻されている銘文は以下のとおりである。

・燈籠A（南側のもの）
（正面）「奉献上」
（向かって右側）「文化五戊辰年十月」　＊一八〇八年
（向かって左側）「願主　畑村源太郎」

・燈籠B（北側のもの）
（正面）「奉献上」
（向かって右側）「文政八乙酉年」　＊一八二五年
（向かって左側）「大阪　十市藤三序壽」

・石標
（正面）「石垣願主　大阪三上大助英時」
（向かって右側）「文政八乙酉年」　＊一八二五年
（向かって左側）「世話人　大阪　十市藤三序壽」

燈籠A・Bはいわゆる神前型とよばれるもので、ほぼ同形同大であり、高さ約二メートルを計る。また、石標は約二三センチ角で高さは約一・二メートルである。

これらの燈籠類は、大正八年測量（同一三年補測・昭和二年製図）の陵墓地形図には、表記されていない（第2図a）。前項で記した第2図bには記されているが、この図は第2図aを原図として、昭和六一年に修正したものである。つまり、燈籠類が当位置に樹立されたのは、大正一三年以降であることが知られる。このことを別の側面から検討してみたい。

これらの燈籠類についてまとまった記述をしているのは、上野竹次郎『山陵』(3)である。「綏靖天皇桃花鳥田丘上陵」の項には、次のように記されている。

聖蹟図志〇津久井清影著、清影後平塚氏ヲ称シ瓢斎ト号ス書ク所、田間ノ一小墳、野径丘下ニ通ジ、上ニ松並ニ桜樹生ズ。南面ニ石燈二基ヲ建テ、石柵ヲ以テ墳頂ヲ囲ム。石燈石柵、是レ何ノ時ニ設ケタル

第1図　綏靖天皇陵前東の燈籠類

第2図　綏靖天皇陵前東の燈籠類の位置（a 大正13年、b 昭和61年）（縮尺1/1500）

モノカ。今陵墓八稜形ニ古キ石柵アルモノ是レナリ。享保年間山陵誌、書ク所、石燈一基ノミ。追註ニ文化五年建ツル所ト。未ダ石柵ナシ。文久三年神武天皇陵、現今ノ地ニ決シ、大ニ修治セラル。而シテ綏靖天皇陵所在未ダ決セズ。明治十一年二月ニ至リ、終ニ冢根山ヲ以テ其ノ所ト定メ、周地ヲ収メテ修理ヲ加フ。現陵是レナリ。

著者の上野竹次郎は臨時帝室編修官にも任ぜられ、陵墓の現地の状況にも通暁している人物である。しかし、現地にこれらの燈籠類があることについて、まったく言及してはいない。したがって、『山陵』が印刷・刊行された大正一四年七月の段階では、現位置に燈籠類はなかったと考えることができよう。

その後、間もない時期の同年九月一五日に、「御山内ニアリシ燈籠二基及石標一基御拝所右側ニ移転(4)」されたとの記載があり、現位置に設置された時期は、こ

第３図　『廟陵記』にみえる現綏靖天皇陵

第４図　『聖蹟図志』にみえる現綏靖天皇陵

こに確定しても間違いはないように思われるのである。

二　燈籠から見た綏靖天皇陵の沿革―まとめにかえて―

塚根山、もしくは塚山ともよばれる現在の綏靖天皇陵は、元禄一一年（一六九八）の江戸幕府による皇陵探索の際には、神武天皇陵として修補され、竹垣がめぐらされている。

文化山陵図と称される『山陵図』の写本に説明を書き込み、さらに絵図を補充したものとして、『廟陵記』(5)がある。本書には、奥書にある二条家家司西村長門守の按文の附箋が、所々に貼り込まれている。ここに記載されている神武天皇陵は、元禄期の修陵を受け、「大和国高市郡四條村畑地ノ中」に所在する塚根山のことである。図中には燈籠の表記があり、「此石燈篭／文化五辰年ニ建」の注記が認められる（第3図）。また、すでに『山陵』で指摘されているように、嘉永七年（安政元・一八五四）頃に刊行された『聖蹟図志』(6)に、墳丘裾をめぐる石柵と燈籠二基が描かれている（第4図）。『文久山陵図』(7)にも「綏靖帝　桃花鳥田丘上陵　荒蕪」として、同様の表現がある（第5図a）。

注目したいのは、同じ『文久山陵図』の「綏靖帝　桃花鳥田丘上陵　成功」である（第5図b）。ここでは、石柵の外側に新たに四囲をめぐる木柵が設けられ、その前面には扉付神明鳥居が認められる。しかし、「荒蕪図」に描かれた石柵と燈籠二基は位置を変えることなく、そのまま残されている。つまり、綏靖天皇陵がその（仮）修陵を終えるのは元治元年（一八六四）一二月であるから、その段階では今回問題と

a　b

第5図　『文久山陵図』にみえる現綏靖天皇陵（a 荒蕪図、b 成功図）

している燈籠は、塚根山の墳丘の前面（南側）にあったことになろう。

　若干の補足を加えるならば、幕末の修陵では、塚根山が綏靖天皇陵として修補されてはいるが、これは崇峻天皇陵などと同様に、仮に定めて修補したもので、現在の位置に正式に決定されるのは、明治一一年のことである。その直後の明治一二年に作成された『御陵図』(8)に描かれている燈籠（第6図）は、『文久山陵図』に描かれているものと同様の表現であり、文化文政年間には神武天皇陵とされていた塚根山に献上された燈籠が、引き続き使用されたものと考えられる。

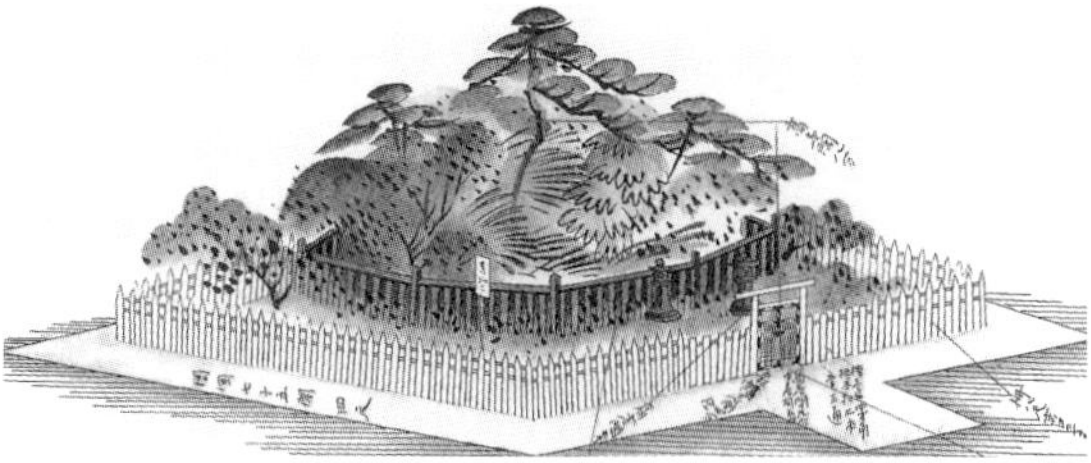

第6図　『御陵図』にみえる現綏靖天皇陵

　その後、明治二〇年になり、綏靖天皇陵前には官（宮内省）で製作された燈籠が建てられた。銘として「桃花鳥田丘上陵前」・「明治二十年三月」と刻されている。このことに伴い、燈籠AとBは撤去・別置されたと考えられる。

　その撤去・別置先については、大正一三年補測の陵墓地形図によれば、墳塋《ふんえい》部を取り囲む小土堤の東側にある掃除口を入ってすぐ南側に置かれたようである（第2図a）。ただし、燈籠二基は確認できるものの、石標については図示されていない。おそらくは現地に建立されたのではなく、横に置かれた（寝かせた）ために、地形図には表現されなかったものと推察される。その後は前述したように、大正一四年九月に現位置に置かれ、現在に至っていると考えられる。

　いずれにしても、燈籠AとBは塚根山を神武天皇陵と見なしていた文化文政年間に献上されたものであり、綏靖天皇陵に対して献上されたものではないことを強調しておきたい。(9)

　燈籠Bと同時期の銘を有する石標に記された内容、さらには燈籠類に刻された人物名等については、関係するデータは知られていない。今後の課題としたい。(10)

(1) 天智天皇陵は、『愚昧記』仁安三年（一一六八）四月三〇日条、桓武天皇陵は『中右記』保安元年（一一二〇）一二月二五日条、仁明天皇陵は『中右記』寛治七年（一〇九三）一二月二八日条ならびに同永久二年（一一一四）一二月二一日条、村上天皇陵は『小右記』永観二年（九八四）一〇月二七日条を参照

(2) 幕末の修陵の成功時には、堂塔式陵墓を除けば、燈籠が一基のみの例（履中天皇陵など）や樹立されない例（文武天皇陵［現在の天武・持統天皇合葬陵］など）もある。

(3) 上野竹次郎『山陵』（大正一四年、山陵崇敬會）、上野竹次郎『山陵（新訂版）』（平成元年、名著出版）

(4) 『畝傍部・掖上部　陵墓沿革傳説調書』、宮内庁書陵部陵墓課保管（九八〇／C一）

(5) ここでは、末永雅雄編著『皇陵古図集成』第8巻（昭和五七年、青潮社）を参照した。

(6) ここでは、遠藤鎮雄訳編『史料　天皇陵』（昭和四九年、新人物往来社）所収のものを参照した。

(7) ここでは、外池昇・西田孝司・山田邦和『文久山陵図』（平成一七年、新人物往来社）を参照した。

(8) 『御陵図』、宮内庁書陵部陵墓課保管（帖一七）。なお、本図は「奈良県庁本」を模写したものである。

(9) 以下の文献も併せて参考にされたい。
中村一郎「桃花鳥田丘上陵」『国史大辞典』第八巻（昭和六二年、吉川弘文館）

(10) 川路聖謨「寧府紀事」嘉永元年（一八四八）三月一六日の条（自筆本は宮内庁書陵部所蔵。『川路聖謨文書』第四、昭和九年、日本史籍協會に所収）には、この日、神武天皇陵や懿徳天皇陵を訪れ、次のような感慨を述べている。

　神武の御陵に玉垣ありしを土地の領主よりすることかとおもひしに、大坂の町人の奉納せし也といふ也。その町人の名はしらねと、こゝろあるること也。町人にさへかくもこゝろあるもの、ある也。この　御神は千万世の御祖にましませは、伊勢春日と同しかるへき御事なるに、町人等之奉納せし玉垣にて済といふこと、いかなることにや

（句読点は筆者）

また、安政二年（一八五五）四月の奈良奉行所与力の中條良蔵ほかによる「神武天皇御陵儀御沙汰之場所奉見伺候書付」（宮内庁書陵部保管［柳九七七］）によれば、① 文化五年（一八〇八）に、高市郡畑村の人源三郎《ママ》は石燈籠（高さ六尺六寸、台石四方共壱尺七寸宛）一基を寄付したこと、② その後、文政八年（一八二五）には、大坂堂島北浜の医業三

上大助とその弟子十市藤三郎が、石柵垣（高さ四尺、石柱百七十四本を寄付して陵廻り二十八間貳尺五寸を八角に囲み、あわせて石燈籠一基を寄付していること、③これらのことは、「京都御役所」へ届け済みのうえ、取り建てていること、④陵前に「大助藤三郎名前を記候建石」は恐れ多いことから近年取り払ったこと、が記されている。

本「伺書」にある「石燈籠一對」が今回報告した燈籠AとBであることは、その銘文や大きさからみて、間違いのないところである。一方、本文で採り上げた石標については、より具体的な記事は認められない。ここでは、「伺書」に見える「石柵垣」は「高サ四尺」とあることから、石標と同じ高さであったことだけを指摘しておきたい。

なお、引用文献の一部に常用漢字に改めたものがあることを明記しておきたい。

〔挿図の出典〕
第1図　筆者撮影
第2図　宮内庁書陵部保管（平成二二年六月二九日付宮内書発五三八号で許可済み）
第3図　註5文献より転載
第4図　註6文献より転載
第5図　『御陵画帖』（国立公文書館蔵）
第6図　註8文献より転載（平成二二年七月二八日付宮内書発六一三号で許可済み）

〔コラム⑧〕

江戸時代の大仙陵（伝仁徳天皇陵）と周辺住民

鍛治宏介

現在一番有名な天皇陵といえば、それは、神武天皇の陵墓とされている畝傍山東北陵《うねびやまのうしとらのすみのみささぎ》（ミサンザイ古墳、奈良県橿原市）でも、昭和天皇の武蔵野陵《むさしののみささぎ》（東京都八王子市）でもなく、恐らく、大阪府堺市にある伝仁徳天皇陵（以下、江戸時代の通称である大仙陵）であろう。堺郊外に位置する巨大古墳大仙《だいせん》陵の江戸時代におけるありようを、中井正弘『仁徳陵――この巨大な謎――』（創元社、一九九二年）を参考にしながら、特に陵墓周辺住民との関係に注目してみていきたい。

江戸時代の大仙陵の管理には周辺住民があたっており、墳丘部分の松の伐採や植付を御番所御用として行っていた。これらの役務は堺の農人町に住居する彼らが町役銀を免除される理由の一つとなっている。しかし周辺住民、特に農民の生活とより深い関わりを持っていたのは、その巨大な墳丘部分よりも、墳丘《ふんきゅう》の周りにはり巡された周濠《しゅうごう》に溜まっていた水であった。Googleマップでも航空写真を簡単に確認できるように、現在、大仙陵周辺は公園や建物が密集した住宅街となっているが、江戸時代は水田と畑が広がる農村地帯であった。

森杉夫『近世徴租法と農民生活』（柏書房、一九九三年）によると、大仙陵周辺村落の田畑灌漑用水の五〇%以上が大仙陵周濠の水に依存していたという。周辺村落には、大仙陵周濠の水利用をめぐって周辺村落間で争った際に作られた訴訟文書が数多く残されており、江戸時代を通して水争いが頻発していたことがわかる。

京都の公家土御門《つちみかど》家に伝来した「家秘要録《かひようろく》」（東京大学史料編纂所謄写本）という史料の紙背文書のなかに、「大仙陵池用水」をめぐって塩穴《しあな》入道という人物の横暴を訴える、室町時代のものとおぼしき訴訟文書が残っている。周辺村落の大仙陵周濠の灌漑利用及び水争いの歴史は、江戸時代以前に遡るのである。

資源利用は周濠用水の灌漑利用にとどまらず、周濠の堤は元禄四年（一六九一）に開墾され、四四名の農民が堤の上に畑を所有していた（大阪大谷大学博物館所蔵高野家文書）。その豊かな自然は周囲に恩恵を与えるだけでなく、大仙陵の墳丘に住みついた鳥類が田畑作毛を荒すという事態も生じており、周辺農村から領主にだされていた威《おど》し鉄砲使用を願う願書では「御陵」に鳥が多数住みついて困っていることを訴えている（堺市立中央図書館所蔵百済村文書）。

以上のように、大仙陵は、その広大な敷地と豊かな自然が周辺農村の農業経営に深い影響を与えていたが、周辺住民にとってもう一つ重要なのが、遊山《ゆさん》の場所としての位置づけである。元禄二年（一六八九）二月に堺奉行佐久間宇右衛門が発布した「大仙陵遊山之事」に関するお触では、周濠を船でわたって大仙陵にでかけた際の「大酒之上喧嘩」や魚肉入り弁当を禁止している（『堺市史続編』五巻所収覚王寺文書）。ここから、当時大仙陵では大宴会が繰り広げられることがしばしばあり奉行所はそれを問題にしたこと、物見遊山にでかけること自体は禁止されていないことがわかる。実際、例えば、大仙陵の上にて堺奉行所の役人自身が周辺村民から酒や肴を振る舞われ接待をうけた記録も残っている（『堺研究』二二号所収「公儀御用触留帳」元文三年（一七三八）八月四日条）。

このように周辺住民にとって大仙陵は、灌漑用水の供給源としてだけではなく、気軽にピクニックに出かけることができる遊山の地として（時には大宴会のドンチャン騒ぎを行う場所として）存在していたことがわかる。しかし、そのあり方は幕末期に異なる様相をみせはじめる。松葉好太郎『陵墓誌』によると、嘉永六年（一八五三）、時の堺奉行川村修就《ながたか》が大仙陵の整備を行い、一般人の立入りを禁止したという。この頃を境に、大仙陵は周辺住民の生活に密接した自然豊かな空間という位置づけから、天皇陵としての性格を強めていくことになる。文久二年（一八六二）には、当時所在が認定されていた全ての天皇陵に対して大がかりな整備事業が実施された。大仙陵でも、植樹や拝所・参道の整備が行われ、一層その傾向が強まることになる。

それでも周濠の灌漑用水利用は継続していた。周辺農民は一連の陵墓整備事業によって周濠溜水の使用が困難になることを恐れて、元治元年（一八六四）八月に、これまで通りの灌漑利用を願った願書を提出している（堺市立中央図書館所蔵「堺市史史料」五一冊）。農民はその願書のなかで、自分たちは前々より大仙陵を氏神と崇め奉っていた、仁徳天皇は特に民の苦難をお救いになられた「仁恵之大君」であるので、この度の我々の願いも是非聞き入れていただきたい、という主張を展開している。江戸時代を通して何度も行われた大仙陵周濠をめぐる用水争論のなかで、そのような主張がなされたことは一度もなく、大仙陵が氏神として崇敬をうけていたことを記すような史料も、現在までのところ全くみいだせていない。恐らく周辺農民は、大がかりな天皇陵整備事業を発端として、朝廷権威の浮上を感じとり、自分たちの主張を実現するためにその利用を図って、このような論理を持ち出したと想定される。

この願書には、仁徳天皇の治世六七年目の一〇月に陵墓が築かれた際に、山陵と共にその周囲に溜池も作られたという由緒が記されている。『日本書紀』には、仁徳天皇治世六七年目に築陵工事が始まったという記事が載っているが、そこには溜池の造築に関する記述は全く載っていない。恐らく農民たちが周濠用水利用の正当性を主張するために創作したものと推測される。当然、ここでは江戸時代の史料にみられる遊山の地としての大仙陵の歴史は消し去られている。ここに政治情勢の変化に敏感に対応しながら、自らの権利を保持しようとする農民たちのしたたかな姿をかいまみることができよう。

天皇陵の近代

高木博志

はじめに

神功皇后陵への立ち入り

天皇陵の近代というテーマでお話をさせていただきます。

古代からの天皇陵の歴史の変遷を考えてみますと、大仙陵《だいせん》古墳（仁徳天皇陵）、誉田山《こんだやま》古墳（応神天皇陵）とか、それから多摩の大正天皇や昭和天皇の御陵といった巨大な天皇陵は、古代と近現代だけです。その間は、山田邦和さんや上田長生《ひさお》さんの講演であったように、仏教との関わりで天皇陵が小規模な時代が実は長かったことが明らかになり、びっくりします。泉涌寺《せんにゅうじ》の後水尾《ごみずのお》天皇以下江戸時代の天皇、その前の四条天皇などの石造九重塔や東福門院など皇族の宝篋院塔《ほうきょういんとう》など質素なものです（カラー図版3）。様式も皇室のあり方とともに変遷しているのだということが、連続講演の中でわかってきました。

最初に、二〇〇八年二月二二日に五社神《ごさし》古墳（神功《じんぐう》皇后陵）への学会での限定公開、立ち入りをとりあげます。

これは歴史的なことでした。

当日の『朝日新聞』には、「陵墓　初の立ち入り。神功皇后陵、学会、外周を調査」と見出しが出て、考古・歴史学一六学会の墳丘の「立ち入り調査」を伝えました。五社神古墳の場所は図1にありますように、京都駅から近鉄電車に乗り、大和西大寺《さいだいじ》駅の手前の平城《へいじょう》駅のすぐ北にあります。「墳丘の最下段から現状を見る」見学と、宮内庁は位置づけたものですが、最下段であれ墳丘に登ることができたのは画期的なことでした。なぜなら「御霊の安寧と静謐《せいひつ》」を守るという宮内庁の従来の見解を相対化して、陵墓を文化財として位置づけることになるからです。

私がこの五社神古墳（現神功皇后陵、四世紀後半頃、全長二七〇メートル）の話を最初に取り上げるのは、江戸時代と近現代において、どのように天皇陵が変わってきたのかを、わかりやすい形で示すからです。

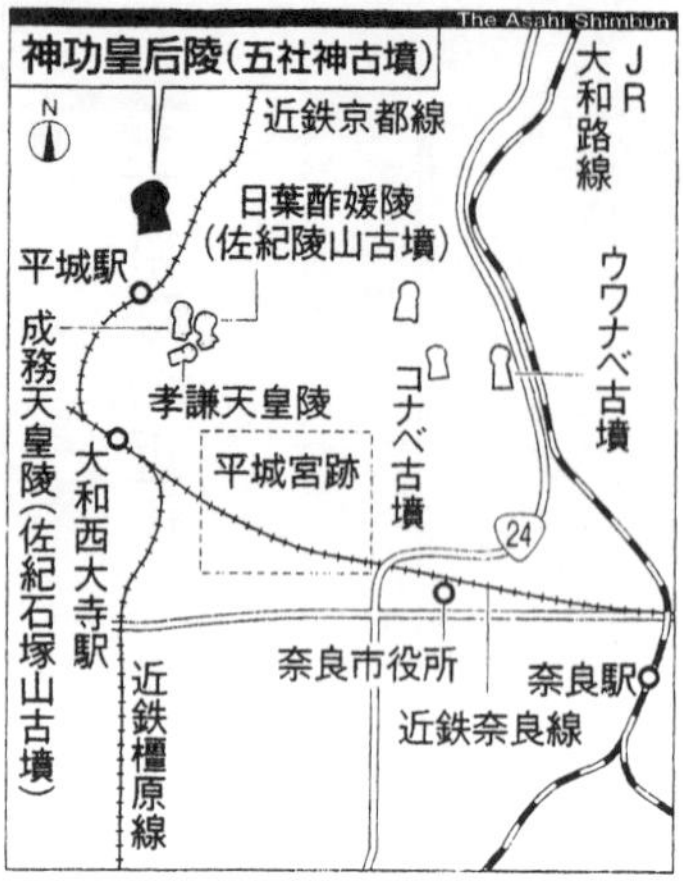

図1　神功皇后陵付近の地図（『朝日新聞』2008年2月22日）

そもそも神功皇后は伝説上の人物で、仲哀天皇の皇后で戦前の教科書にも三韓征伐、新羅征討という形ででてきます。神功皇后と社会のかかわりにおいては様々な側面があります。たとえば祇園祭のとき、京都の四条烏丸の南西、船鉾の祭神が神功皇后です。江戸時代の神功皇后は安産の神様として庶民信仰の側面が強いです。神功皇后は、腹帯をし、妊娠をしたままで戦闘に行ったとされました。現在の神功皇后陵は、幕末の文久三年（一八六三）に現在の場所になりました。平城宮跡の北西の佐紀陵山《さきみささぎやま》古墳（現・日葉酢媛《ひばすひめ》陵）、これが一八六〇年代までは神功皇后陵でした。それが文久三年、幕末の文久修陵のときに治定《じじょう》替えになるわけです。佐紀陵山古墳（日葉酢媛陵）は、佐紀古墳群の西支群ですけれども、今の神功皇后陵より南側です。この佐紀陵山古墳が文久三年以前に神功皇后の陵とされていたとき、安産の神様として、人々の信仰の対象でした。佐紀陵山古墳の墳丘の上に神社があり、巫女もいたらしい（カラー図版2および図2）。大和郡山では佐紀陵山古墳の墳丘から小石をもらって安産の「護符」とする民間信仰がありました。

今回の立ち入りでは、考古学のほうばかりが報道されますが、近世・近代においても興味深い史実がわかりました。現在の五社神古墳の拝所や鳥居は幕末にできあがりますが、その拝所西側に八基の燈籠があります。燈籠が南北に八つ並んでいます。宮内庁書陵部の福尾正彦さんのご教示、および上野竹次郎編『山陵（新訂版）』（名著出版、一九八九年、初版一九二五年）の記述によると、その八基の燈籠は、実は江戸時代に神功皇后陵であった佐紀陵山古墳から、文久の修陵時に持ってきたと思われます。佐紀陵山古墳の墳丘に神社があったときの燈籠を移動させて、八基を現在の五社神古墳に安置してお祀りしているわけです。だからかつての江戸時代の神功皇后陵（佐紀陵山古墳）は、今の五社神古墳とは違って、人々が自由に墳丘にのぼって安産を祈願していました。かつての神功皇后陵と人々のあり方というのが、その燈籠から浮かび上がってきます。燈籠の一基には、「宝暦丙子（六）年八月吉日、柳里恭書」との銘文があります。一八世紀初頭の爛熟した江戸文化で南画を描き漢詩

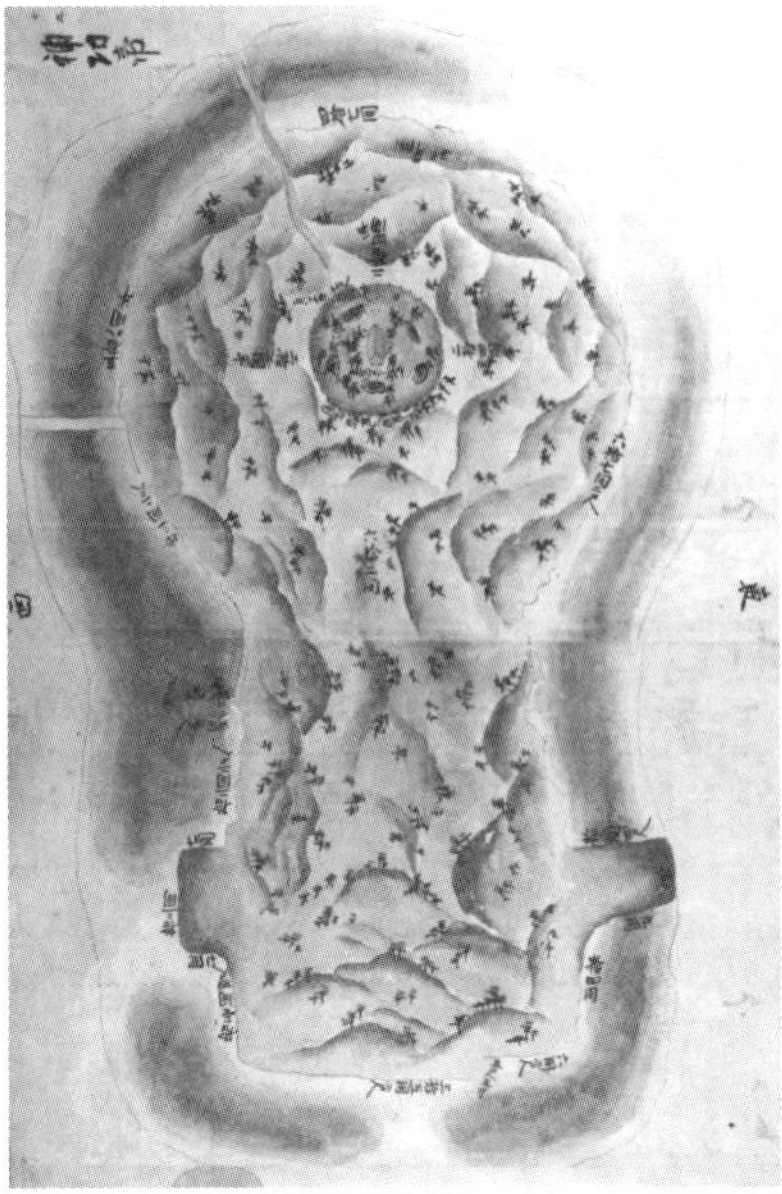

図2　神功皇后陵（『大和国山陵図』、山田邦和蔵）

文をつくった大和郡山藩士・柳里恭《りゅうりきょう》（柳沢淇園《やなぎさわきえん》）という文人が寄進した燈籠です。郡山における安産信仰とのかかわりも推測されます。

五社神古墳（神功皇后陵）の立ち入りですが、あくまで宮内庁の側は立ち入り見学という立場でした。私は近現代史を専攻するので、燈籠の裏面の碑文をのぞき込む程度でしたが、今尾文昭さんや岸本直文さんら専門の考古学者は、この五社神古墳の東側で四基の円筒埴輪列を発見しました。東側の周濠、灌漑池がちょうど冬場で、池の水を抜いていたのです。その池の底から四基の円筒埴輪が、先が折れて並んで立っていました。岸本さんのご教示によると、前方部と後円部のくびれの墳丘が削れてなくなって、祭祀として重要な造りだし部分が、池に張り出していたことになります。宮内庁としては「立ち入り」の見学という建前でしたが、その意図を乗り越えて、「立ち入り」が自己運動して、新たな知見を加える「調査」となったわけです。池の渇水期という僥倖《ぎょうこう》もありましたが、専門家が「立ち入る」ことで、新たな学問的発見があったわけです。「遺物の採集や発掘」など、新たな調査をしてはいけない、との宮内庁の姿勢でしたが、考古学者が「立ち入る」だけでも大きな学問的収穫があったわけです。だからやはり陵墓を文化財とみなす側面が大きくなったことにも関わると思います。

天皇陵の宮内省管理

ということで、導入で一番最近のホットな話題をしました。それでは、前回の上田長生さんの話を踏まえて、江戸時代の人々が自由に入っていた天皇陵が、どのように人々が入れなくなり、宮内省の管理、皇室財産として閉じた聖域になっていくのか、その過程を考えたいと思います。

二〇〇三年現在、天皇・皇后・皇太后などの陵が一八八基、皇子など皇族の墓が五五二基、分骨所・火葬所・

灰塚の準陵が四二基などを含め、陵墓は八九六基（四五八か所）あります。その中でも天皇陵は、昭和天皇は長慶天皇を入れて一二四代目ということです。これらを宮内庁が管理しています。

近現代史の立場から申しますと、天皇陵は大枠では戦前の皇室財産、天皇家の私的な財産でした。陵墓は普通御料として把握されましたが、「宗教的精神的建営物」のため皇室財産令ではなく皇室陵墓令に規定されました。これは天皇陵以外にもいろいろありまして、たとえば京都御苑の場合、仙洞《せんとう》御所と禁裏御所は今も宮内庁の管轄ですが、戦前は今の環境省が管轄している周りの御苑（国民公園）の部分も皇室財産でした。それから二条城、桂離宮、修学院もそうですし、畝傍山《うねびやま》・耳成山《みみなしやま》・天香具山《あまのかぐやま》の大和三山は、江戸時代には近くの村々の入会山《いりあいやま》でして、一八八〇年代に村々から取り上げて皇室財産になっていくわけです。江戸時代にははげ山であったのが、常緑樹が植えられ万葉の景観を形づくってゆくことになります。

正倉院も基本的に江戸期には東大寺の所有であったわけです。その内務省移管が一八七五年（明治八）です。京都御苑から正倉院まで、一八八〇年代に帝国憲法発布に向けて、様々なものが皇室財産になってゆく。北海道の新冠《にいかっぷ》の御料牧場《ごりようぼくじよう》や木曾の旧徳川家の御料林なども同じですが、それらが群として皇室財産になってゆく、その一環として陵墓も皇室財産になっていったわけです。別の言い方をすれば、陵墓だけではなくて、天皇家を権威づけ、ヨーロッパの君主制に並び立つものとして、立憲制形成期の天皇制において、皇室財産のなかの文化的な「財」も形成されていくことになるわけです。

天皇陵の治定

それからもう一つお話ししたい問題意識があります。私などもかつて力説したことへの反省ですが、歴史学者・考古学者が天皇陵は明治維新を通じて、創りだされ、捏造されたと主張します。仁徳天皇が葬られていない大仙陵古墳（仁徳天皇陵）とか、北康宏さんはちょっと説が違うようですけれども、継体天皇が葬られていない太田茶臼山古墳《おおだちゃうすやま》（継体天皇陵）といったぐあいに。森浩一さんがいわれるには、飛鳥の天武・持統陵と山科の天智陵を除いてはほとんどの古代の古墳は治定が怪しいことになります。それは今の考古学とか歴史学の水準で見ますので、幕末に捏造したかのように思えるのです。実は当時の資料をみますと、わざと間違った天皇陵を創り出したわけではない。一九世紀の明治維新から帝国憲法発布の一八八九年までにすべての天皇陵（長慶天皇陵を除く）が決まるわけですが、そのすべての天皇陵を決めるときに、当時の学問の水準で大まじめに決めたのです。当時の「一九世紀の学知」を動員して決めた。その一九世紀の方法論とは、史料批判がないとはいえ、『日本書紀』や『古事記』や『延喜式』などで文献考証をすること。それからもう一つが重要ですが、古墳の現場に行って、どういう伝説や由緒を地元の人たちが語っているか、を採取します。「口碑流伝《こうひるでん》」の集積が「事実」になり、考証の力になるわけです。それが江戸時代以来続いた学問の最高水準ですね。古代の文献資料と「口碑流伝」、それらを拾い集めて宮内省の役人や国学者たちが、大まじめに決めました。

さて、森浩一さんがいわれるように天武・持統陵と天智天皇陵が、なぜ古代の埋葬時から誤っていないかです。天武・持統陵は、あとで申しますけれども、一八八一年（明治一四）に高山寺《こうざんじ》で鎌倉時代の盗掘の記録が発見され、真の陵へと治定替えになります。鎌倉時代に現在の野口王墓（現・天武・持統陵）を盗掘したときの記録、『阿不幾乃山陵記《あおきの》』が高山寺で発見され書き写されたので、間違いありません。では天智陵の真正性はというと、平安京の桓武天皇というのは、天武系ではなくて天智系の天皇だということで、古代に平安京ができて以来、室町・江戸時代を通じて、天智天皇は始祖としても特別な人でした。平安時代には荷前使《のさきのつかい》という朝廷からの使いも山科にずっと派遣され続けますし、室町時代も山科郷の特定の人々がずっとお守りしていて、江戸時代も変わらない、ということです。治定されたときから間違いがなく、ずっと天智陵は、保護され続けているのです。

もう一度繰り返しますが、森浩一さんがおっしゃるように、天武・持統陵と天智陵は確実だけれど、古代の陵墓の多くが間違っていると考古学者は言うわけです。なぜそのようなことがおきたのでしょうか。明治維新から一八八九年（明治二二）までに、当時の学問的な方法論で大まじめに決めた。ところが一八八九年に天皇陵を決めてからは一切変更がありません。いわば「凍結」されたわけです。現地に行って村人に古墳にまつわる聞きとりをしたり、『日本書紀』や『古事記』に書かれていることをそのまま信じて考証することを、当時、大まじめに取り組んで治定しました。しかしそれは現代まで「凍結」されたままのいわば「一九世紀の陵墓体系」でした。ところが大正期になりますと、『日本書紀』や『古事記』というのは、せいぜい五世紀から七世紀までの政治思想を反映したものにすぎないとの、津田左右吉《そうきち》の史料批判が出てきます。一方でヨーロッパのイギリスなどに留学した京都帝国大学の浜田耕作（青陵《せいりょう》）は考古学の新しい方法論を導入します。実際には陵墓の治定とは年代が間違っていることがわかっていて、大っぴらには言いませんが、報告書では何世紀の古墳ということをはっきり論じます。西都原《さいとばる》古墳群を畿内の応神天皇陵や仁徳天皇陵の築造年代に比し、天孫降臨の神話時代であることを否定するわけです。

そういう形で、いわば一旦、一八八九年に決められた天皇陵は凍結されたままになっているわけです。ところが考古学や歴史学の進歩で、その凍結された「一九世紀の陵墓体系」と現実の学問とのずれが生じるわけです。それが現在の陵墓問題の本質なのです。ということが、森浩一さんがいわれるように、実際の天皇陵と葬られている人物の多くが一致していない古墳時代の天皇陵群の治定にいたるプロセスです。平安時代の陵墓でも研究が少ないのですが、治定は怪しい、というふうに山田邦和さんがいわれたと思います。

たとえば神武天皇陵でいいますと、文献で言えば、『日本書紀』には「明年の秋九月の乙卯の朔丙寅に、畝傍山東北陵に葬りまつる」。『古事記』には「御陵は畝火山の北の方の白檮尾《かしのを》の上《へ》に在り」。これだけの記述でしかないわけです。文献の根拠はこれだけで「一九世紀の陵墓体系」が形づくられるわけです。ということで、本題に入っていきたいと思います。

一　近世陵墓の諸相――物語・由緒・信仰のなかにある――

近世天皇陵のあり様

まず江戸時代の天皇陵の諸相を概観します。江戸時代の天皇陵は、様々な物語や伝説や由緒の中にありましたし、名所でもあったわけです。大仙陵（仁徳天皇陵）などもそうですけども、周辺の人々がワラビや柴を墳丘で採ることもあり、堺奉行所の役人や町人が桜の花見をし、大阪湾から二上山・生駒・金剛山系までを見渡せる「国見丘」としての名所でもありました。

今は大仙陵の南側に堺市博物館があり、隣接した前方部の拝所に鳥居がたっています。江戸時代は仁徳天皇陵に入るのは北側からです。北側の後円部から墳丘部へ奉行所の役人が出入りしたり祭祀も行いました。

私が強調したいのは、江戸時代にあった人々の信仰や天皇陵との関係、あるいは天皇をめぐる物語といったものが、明治維新でぶつっと切れてしまったわけでなくて、伝説や由緒の力というのは近代を通じて最近まで威力を持ってきたということです。

たとえば天皇陵ではないですが、飛鳥に有名な猿石があります。現在は吉備姫檜隈墓《きびひめひのくま》（奈良県高市郡坂合村）

にありますが、今尾文昭さんによると、これはもともと梅山古墳（現・欽明天皇陵）にあったものが一八七五年以前に動かされたものだそうです。さて近代に吉備姫檜隈墓へ移された猿石は、昭和二〇年代まで地域の信仰の対象でした。猿石も安産の神様だったのです。里人が毎年お祀りしていて、これは明治期も大正期もずっと同じですが、御陵の中に入って、猿石にいろんな供物を捧げて、厄除け・安産を祈願します。ところが敗戦時に諸陵寮がGHQをおもんぱかって、俗信はだめだということで、猿石を土の中に埋めてしまうのです。そうすると、その村で様々な禍が出たわけです。このことが記述されている『陵墓沿革伝説書類』は宮内庁で最近公開された資料ですが、昭和二〇年代においても、こうした陵墓をめぐる習俗や伝説を集めています。なぜこうしたことを調べるかというと、伝説が昭和二〇年代になっても宮内省の陵墓を決める上で、非常に大切だからです。陵墓の監区の管理者が戦後においても聞きとりをしているわけです。それは一九世紀の学問が現代においても生きている証明で、「口碑流伝」の根強い考証の力です。

それからもう一つ京都の身近な事例です。この資料を最初に見たときに、ものすごくおもしろく思いました。山田邦和さんは、後白河天皇の法住寺陵に言及されました。京都国立博物館の南側で三十三間堂の東側にあります。三十三間堂の縁起を見ますと、後白河法皇は頭痛持ちです。なぜ頭痛持ちかというと、三〇回以上、後白河法皇は熊野詣をしていますが、後白河法皇の前世は熊野修験の蓮華坊という人でした。その熊野修験が亡くなったあとに、熊野古道の、白浜の近くですけれども、岩田川の川底に彼の髑髏があり、髑髏を貫いて柳の木が生えて、風に揺れたらカタカタ鳴って、頭痛はそれが原因であるとされました。その髑髏を三十三間堂の千手観音像に安置したら、頭痛が治ったという縁起です（『都名所図会』安永九年）。

江戸時代を通じて、三十三間堂の東側に、後白河法皇の命日にはお墓に庶民が詣るわけです。頭痛治しで庶民の信仰を集めていたわけです。しかし明治維新で、後白河陵詣が宮内省から禁じられたわけではありません。一八八八年四月の諸陵寮京都出張所の照会に対して、五月三日は後白河天皇七百年忌で、近世と同じく天皇陵を庶民に開放することを、宮内省は決めます。明治二〇年代においても、天皇陵の門扉の中が開放されて、三十三間堂の後白河天皇の縁起譚と一体となった信仰世界が近世以来継続しています。

身近な天皇陵

次は陵墓の景観の例ですが、山辺の道の長岳寺から三輪山に向かうところに柳本行燈山《あんどんやま》古墳（崇神《すじん》天皇陵）がありますす。ここは文久の修陵時に柳本藩が植えた桜の名所でした。文久の修陵時に桜を植えること自体が、修陵事業そのものが近世の古墳を名所と見なす世界観の中にあります。桜の季節には御陵の周りに茶屋がたてられ、どんちゃん騒ぎをする、今では考えられない光景です。これが明治二〇年代まで続きます。

『読売新聞』の一八九二年（明治二五）三月二六日付の記事ですが、奈良県の崇神陵の堤防には多くの桜樹があって、桜の満開時には堤で酔っぱらいや喧嘩をする者があり、「不敬」のおそれから通行止めになるとの噂もあるが、本年は例年通りに掛茶屋がでると報じられます。この時点で陵墓をめぐる価値観に変化が見えますが、一八九二年までは陵墓をめぐる世界は現代とは異質だった。明治維新で、バタッと庶民から隔絶した崇高な場になってくるわけではありません。

同じように神武天皇陵は文久三年（一八六三）に現在地に決まり、築造されます。紀元前七世紀、縄文時代後期に統治したとされる、伝説上の初代天皇です。明治一〇年代には、まだ橿原《かしはら》神宮はありません。橿原神宮ができたのは一八九〇年（明治二三）で、帝国憲法発布をうけてです。元治元年（一八六四）から一八八九年までは、畝傍山の麓に神武陵しかありません。神武陵のみのときには、今のように威厳のある場所ではなく、四月三日の神武天皇祭のときに、神武陵の前で競馬をします。それから伏見から花火師がきて、花火をポンポン、ポンポンあげます。何万という人々が神武天皇陵の前に集まってくる祭典の場です。二月一一日の紀元節ではなく、豊作を祈る四月三日の神武祭にこそに意味があったし、今とは全然違う場でした。

皇室も同じです。現在の東京の皇居の中には清掃奉仕など特別の許可がないと入れないわけですが、江戸時代京都の最高の観光スポットは御所です。現在でも、外国人には皇室外交あるいは文化戦略上、拝観は随時開放的ですが、日本の国民には京都御所は今も春と秋にそれぞれ五日間ずつ限定的な一般公開をするだけです。一般公開の現在の入り口の公卿門（宜秋門《ぎしゅうもん》）で荷物検査をします。あそこが近世の最高の観光スポットですね。庶民にとっては異形の公家が供を連れて、いろいろな家格の公家が、装束も多様に参内するわけです。天皇のあり方も近世と近代で大きく変化します。節分のときは天皇に詣って賽銭をして豆をもらったり、お金を払って即位式を見物することが天皇の禁裏御所の中で行われていました。天皇や天皇陵のあり方とその変化は、構造的にパラレルに進みます。

閉じた天皇陵へ

ところが一八九九年（明治三二）七月八日付の『大阪朝日新聞』に「大阪府下の御陵拡張」という記事が載り、従来は陵墓には梅桜などの花樹が植え付けられていたが、開花のころ遊客群集して冒瀆するおそれがあるとして、花樹はすべてこれを取り払い、常緑の常磐木《ときわぎ》を植え付けると、報じられます。二〇世紀への世紀転換期に、天皇陵に桜が植わっていてはまずいとの価値観が一般化してくるわけです。

世紀転換期の社会では、橿原神宮もでき、神武陵の前でも競馬をしたり、花火を上げることもなくなってくるわけです。京都でも同じように、天皇陵もこのころから、後白河天皇陵へ人々は入れなくなります。それから天皇陵ではないのですが、京都御苑《ぎょえん》でも、一八八〇年代までは、動物園や画学校（京都市立芸術大学の発祥）、気象台もあり、博覧会では気球も上がりました。そうした祝祭やイベントの場としての京都御苑の機能は、一八九五年の平安遷都千百年紀念祭を画期として鴨東の岡崎地域へと移動してゆくことになります。そして京都御所・御苑は皇室財産であり、基本的には大正・昭和大礼の場になってゆきます。

天皇陵が一九世紀までと二〇世紀で大きく転換していくのと、パラレルに皇室のあり方もあわせて転換していく、変わっていくということです。靖国神社なども明治二〇年代までは、サーカスが行われたり、ガス灯の下に洋装の貴婦人がいたりと、「文明開化」の場でした。樋口一葉の日記にもでてきますけども、靖国の花火が本郷あたりからも眺められました。昭和期の天皇制や天皇陵のあり方をもって、明治期を見てはいけないということです。

二　陵墓の近代――整備と「聖域化」――

陵墓の変容

ここでまとめて、近世と近代の陵墓の変容を、外池昇さん編集の『文久山陵図』（新人物往来社、二〇〇五年）で見ておきたいと思います。この図を所蔵する竹橋の国立公文書館の内閣文庫は旧幕府の史料を引き継いでおり、柳田国男も内閣書記官時代に図書の管理をしました。

図3は神武陵です。幕末の文久三年（一八六三）に竣功します。工事が行われる前は、ミサンザイという塚で、

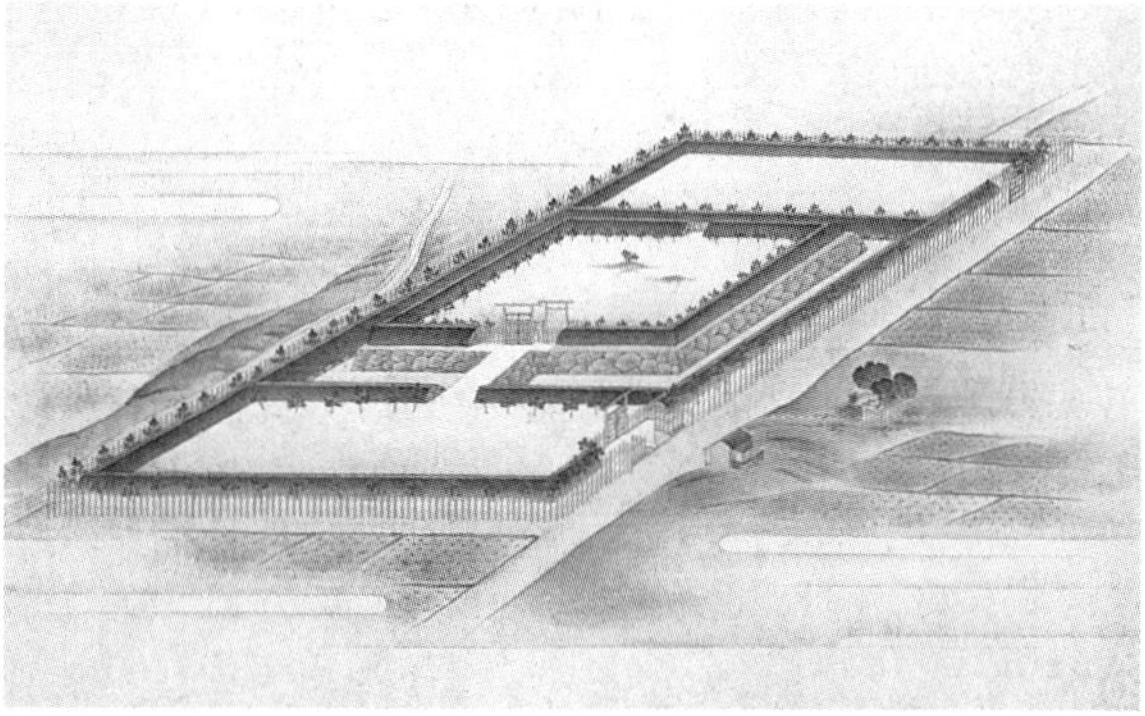

図３　神武天皇陵「成功」図（『御陵画帖』国立公文書館蔵）

中世の寺院、国源寺というお寺の跡であったようです。一万両あまりの費用をかけて、拝所と鳥居を設け、長方形の兆域を柵で囲んで整備します。実は律令制の起点となる七世紀後半には神武陵が実際にあったというのが考古学の現在の説です。西暦紀元前六六〇年ではなくて、七世紀の話です。といいますのは、壬申の乱（六七二年）に神武天皇陵に武器を捧げる記事がでています。だから『古事記』や『日本書紀』が編纂される時期に、始祖として神武陵がつくられるのです。その一つの候補として、山田邦和さんがミサンザイをあげたのです。

もう一つの説は今尾文昭さんの塚山（現・綏靖《すいぜい》天皇陵）です。したがって天皇制が強大になる古代律令制の形成期と、近代天皇制が胎動する文久の修陵時の二度、神武陵は創り出されたことになります。今はこんもりとした常緑樹が墳丘を覆いますが、幕末はつくりたて、新造の盛り土です。一四〇年間あまりで非常に荘厳になります。道路も当初、今井町からまっすぐ南に綏靖陵の西側を通って神武陵のすぐ横を橿原神宮に向けて、畝傍の集落を突き抜けて通っています。特に紀元二千六百年（一九四〇年）に向けて、道路や鉄道はつけ替えられて、畝傍山山麓の神苑の空間が形成されてゆきます（図４）。

それから次は、崇神天皇陵。山辺《やまのべ》の道の天理と桜井の中間にあるところですね。先ほど述べましたように文久の修陵のときに、はじめて柳本藩が桜を植えました。当時考えられたあらましき姿です。桜を植えることも修

図４　1908年（明治41）特別大演習地図
（奈良県立図書情報館蔵）

図５　崇神天皇陵「成功」図（部分／『御陵画帖』）

陵事業の中で、別に問題はなかったわけです（図５）。灌漑池として周濠を利用して、桜を植えていくことになります。これが明治二〇年代の時期までですね。だから一八六〇年代から四〇年間余り、桜の名所であったと言えます。

次は、今、古市《ふるいち》古墳群が世界遺産の候補に入って話題となっている誉田山古墳（応神天皇陵）です。江戸時代に墳丘の外側の誉田八幡宮と後円部頂上の奥の院の六角の仏堂とは、一体となった信仰の場でした（図６）。しかし幕末以来、神社と陵墓は切り離されていくことになります。

その次は堺の仁徳天皇陵（大仙陵古墳）です。これは文久の修陵でできた鳥居と拝所が描かれています。そして燈籠もたてられた。本書に福尾正彦さんの綏靖天皇陵の燈籠の銘文のコラムがありますが（一五二頁）、燈籠の裏を見ることにより、近世や幕末の修陵事業のプロセスや信仰のありようがわかるわけです。金石文の情報公開により、これから豊かな世界が提示されるでしょう。

図7は山科の天智天皇陵です。墳丘の上が円形で、下が方形と大正期まで解釈されました。しかし最近の考古学の成果では、上が八角形で下が方形とされています。これが明治・大正・昭和と現代の天皇陵のモデルになります。多摩の御陵のモデルです。すでに述べたように、天智陵は被葬者も間違いなく、きれいな陵形を保存し、古代から現代に至りました。だから大正天皇・昭和天皇の多摩陵のモデルになったことになります。

図6　誉田山古墳（応神天皇陵）「荒蕪」図（部分／『御陵画帖』）

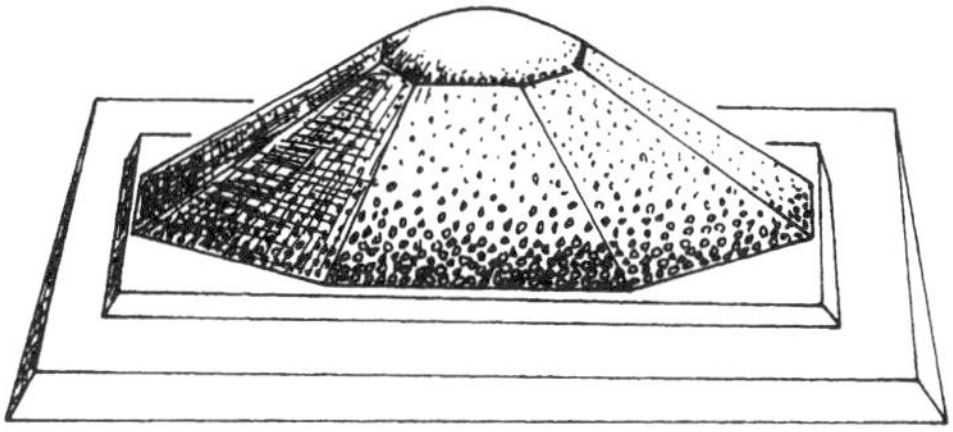

図7　天智天皇陵（丸山竜平「検証　天智天皇陵」『歴史検証　天皇陵』新人物往来社、2001年）

図8　近衛天皇陵「成功」図（部分／『御陵画帖』）

最後は、安楽寿院《あんらくじゅいん》、京都市営地下鉄竹田駅の西側です。治定前後で一見すると、変わらないようですが、境界の柵ができて多宝塔と寺域が区切られるようになります（図8）。文久以前は多宝塔は安楽寿院の寺の建物です。そこに柵ができて、宮内省の管理へと、寺から切り離されていくことになります。この多宝塔の近衛天皇陵の中には重要文化財クラスの阿弥陀如来像（カラー図版1）が安置されています。

陵墓の捉え方

ここから本題の陵墓の近代に入ります。

文久二年に、公武合体運動の中で、宇都宮藩の建議で、天皇陵が山城・大和であわせて一〇九か所修陵されます。すでにお話ししましたように、白砂敷きの方形拝所ができます。それから正面に鳥居と一対の燈籠が置かれます。墳丘に入れなくなるのは、これ以降のことです。明治維新から明治期を通じて徐々に変化してゆき、政治に巻き込まれてゆきます。

私はなるべく歴史学全体の中で天皇陵の問題を考えるべきと思います。天皇陵のことだけ追求しても駄目だと思っています。ですので、歴史の全体像に開いて考えていかなければいけない。たとえば天皇陵だけが皇室の私的な財産であったわけではありません。正倉院御物《ぎょぶつ》も同じで、東大寺から一八七五年（明治八）に内務省をへて宮内省に移管されるのが一八八四年（明治一七）。かつて内務省移管直後の奈良の大仏殿や京都御所で博覧会を開催しているときには、正倉院御物を展観するときは身近に触れるような状況で御物が陳列されました。陳列棚に御物が目の前に並んでいます。甲冑などの古器物と横並びです。それが庶民から隔絶した御物になってゆくのが、一八八〇年代以降です。戦前は基本的に御物を見ることができないわけですが、紀元二千六百年の紀念祭のときだけは特別に拝観できました。現在も秋の正倉院展での一七日間の限定的な公開です。そのことと天皇陵の秘匿化の道筋も平行しているのです。

かつて近世には、天皇陵に様々なあり方があり、一つひとつの天皇陵に物語があって、村の鎮守もあれば、裏山で草を刈る天皇陵もあったり、それから誉田八幡宮のように神仏渾然とした宗教施設が墳丘の上下を隔てず一体となったものもありました。そういった様々なあり方が、近代に画一化してゆき、鳥居や拝所が造られます。神社景観でも同じです。たとえば賀茂別雷《かもわけいかづち》神社（上賀茂神社）や賀茂御祖《かもみおや》神社（下鴨神社）も、幕末までは神仏習合で、上賀茂社の境内に仏塔や仏堂があり、社家町にも寺院がありました。石清水八幡宮《いわしみずはちまんぐう》でも、今は純然たる神社ですけど、むしろ江戸時代は石清水放生会《ほうじょうえ》の「放生」の理念に現れるようにお寺だったのです。仏教的な要素を排除して、神社の境内を「神苑」としてワンパターンに内務省が整備して、アプローチに白砂を敷いて、威厳のある常緑樹を神社の後ろの方に植えてゆきます。同様に、天皇陵にどのような木を植えるかが検討されるのも同じ時期です。

日本中で皇室にかかわる様々な神聖な空間が、近代の造園学を学んだ内務省や宮内省の技師たちによって造られてゆきます。天皇陵なども、天皇制の聖なる空間の連鎖の中で見えてくるものがあるはずです。ますます近代像全体へと「開いて」陵墓を考えていく必要があると思っております。

明治維新と神武天皇像

さて文久三年のミサンザイへの神武陵の治定に、話は戻ります。実は神武陵は元禄の治定では、神武陵より北側の現在の綏靖陵、すなわち四条塚山に決まっていました。現在の綏靖陵に文久以前の神武陵時代の燈籠が残るのです（福尾正彦さんのコラム）。それが文久に治定替えされます。神武天皇自身のイメージでは明治維新で変化します。髷を結ったやさしげな天皇が江戸時代の神武天皇像で豊作の神様です。金鵄《きんし》に導かれて長髄彦《ながすねひこ》を討つのが、近代の神武天皇のイメージです（図9・10）。

最初に申しましたように、神功皇后が安産の神様であったものから三韓征伐、戦う神功皇后というふうに、近世から近代に大きくイメージが変わるわけです（図11）。神武天皇も豊作の神様から神武東征の物語へと変化します。日向から瀬戸内海を東征し、生駒で撃退されて、迂回して熊野まで行って、大台ヶ原《おおだいがはら》を北上して、最後に大和の橿原宮で紀元前六六〇年、現在の暦で二月一一日の紀元節に即位します。明治維新の理念が「神武創業」で新政府のスローガンです。初代の天皇像を可視的に、イメージで訴え、新造の墓とリンクさせてゆく。架空で

図９　神武天皇御神像（1881年）（『橿原神宮史』別巻、1982年）

図10　神武天皇討夷之図（1888年）（同書）

あれ、神話の中の存在であったとしても、それを実在のものとして神武天皇の墓を造ることが重要でして、一八六三年に一万両以上のお金をかけて造営していくのです。

天智天皇から神武天皇へ

もう一つは明治維新で、始祖陵が天智天皇陵から神武天皇陵へと代わっていきます。江戸時代は平安京の始祖は、天智天皇でしたが、これが神武天皇へとかわっていきます。江戸時代は仏教徒としての天皇ですので、泉涌寺に墓がありましたが、宮中にはお黒戸《くろど》という真言宗の仏壇がありました。この宮中の真言宗の仏壇は、明治期に泉涌寺に移されるわけですが、現在の位牌の最初は天智天皇から始まります。平安京の天皇の系譜、天智・光仁・桓武、それから歴代の平安京に住んだ天皇。基本的に江戸時代の仏教徒であったときの天皇は、この世もあの世も京都盆地の平安京の中で完結していました。だいたい天皇の領地も三万石しかないわけで、加賀百万石の足元にも及ばない。公家領などあわせても朝廷全体で一〇万石といわれています。だいたい京都盆地の周辺に領地があるわけです。江戸時代は貧乏ですので、だいたい山城国の京都盆地か山科郷や丹波国山国郷から必要な物は賄っている。それが近代になって、京都に加えて奈良が浮上するわけです。

図11　神功皇后と武内宿禰
(『女学雑誌』1号、1885年)

神武天皇から始まる奈良の古代の天皇たちの繋がり、「万世一系《ばんせいいっけい》」という観念が明治維新後に創り出されました。その中で、奈良や大阪の天皇陵群が重要になってきます。「万世一系」という言葉も今日の意味で使われるようになるのは井上毅《こわし》の明治一〇年代の定義からです。「皇祖皇宗」、神代の祖先から神武天皇以降の人代の天皇たちへと一直線に続く系譜。天照大神の孫のニニギノミコトが、日向の高千穂《たかちほ》に天孫降臨して、斎庭《ゆにわ》の稲穂を持って降りてくる。一人一人の天皇がご先祖様の「皇祖皇宗」を棒のように背負ったものとして、明治天皇とその家族の近代が始まります。したがって、そのすべての天皇陵を、切れ目なくつくりあげ視覚化する必要が出てくるわけです。一基でも欠けてはまずい。欧米のフランスやイギリスなどに対して、日本という国はこのように古い歴史を持っていることをアピールするために、天皇陵をすべて決める必要があることが重要です。

皇室の神仏分離

慶応四年（一八六八）閏四月七日の山陵御穢《おんけがれ》の審議で、制度事務局への谷森《たにもり》諸陵助（善臣《よしおみ》）は、「山陵ハ万代不易ノ幽宮ニ被為在候《あらせられ》ヘハ、世人ノ穢処ト心得申サ、ル様」とし、今日の宮内庁見解である山陵は「御霊が宿る聖域」ゆえに、非公開とされてゆきます。また同年一二月二五日の孝明天皇の三回忌では、「追孝の叡旨《えいし》」によりはじめて紫宸殿において神祭の追悼の儀式がなされます。明治四年（一八七一）夏には皇室の神仏分離、一八七三年までには歴代山陵と宮中における命日と式年の皇霊祭祀は完成します。宮中のお黒戸の仏壇に代わって皇霊殿に先祖を祀ります。

この皇室の神仏分離は、慶応四年の神仏判然令から三年遅れて、明治四年の春から夏にかけて、泉涌寺改革を中心として、宮中から仏教的な要素を一掃していくわけです。平田派の影響を受けた国学者や神職が日吉社や石清水八幡宮で、寺院を破壊するのは慶応四年ですが、その三年後に皇室の神仏分離です。門跡《もんぜき》寺院も東寺の後七《ごしち》日御修法《にちのみしほ》、比叡山の大元帥法《たいげんほう》などが廃絶します。現在は神道式で葬儀を行いますが、それ以前は、天皇は仏教徒ですし、葬儀も仏式で行われていました。

天皇や皇族は、葬儀は仏式以外は許されませんでした。一八九八年に山階宮晃親王《やましなのみやあきら》（幕府方で幕末に活躍した久邇宮《くにのみや》朝彦親王の兄）が、神式では成仏できないということでしょう、仏式で葬儀をするようにと遺言します。これは『明治天皇紀』でみるかぎり、枢密院で否定され、遺志を無視した「伝統」とされた神式の葬儀が強制されます。「伝統」であるといっても孝明天皇の三回忌の神祭（慶応四年）以来、三〇年あまりの伝統です。これが表むき公の歴史です。

しかし二〇〇七年七月に出版された『母宮貞明皇后とその時代――三笠宮両殿下が語る思い出――』（中央公論社）では、大正天皇の皇后・貞明皇后が亡くなったときに、「御舟入」に際し、「南無阿弥陀仏」などの紙片を棺に入れたとの記載があり、公は神仏分離後の神式ですけども、やはり私的な世界では、仏教の信仰をそう簡単に切れないことが、明らかになりました。

実際、晃親王の伝記、『山階宮三代』を読みますと、一八九八年の葬儀においても、表向き公式の葬儀は神式ですが、私的な世界では泉涌寺で、仏式の入棺・埋棺作法が執り行われます。村上重良《むらかみしげよし》さん以来のイメージである、皇室の神仏分離によって明治四年にバシッと神式一本でゆくようには、簡単にいかないことがわかってきます。

陵墓の治定

さて一応、建前としては、慶応四年の春から夏にかけて皇室の神仏分離が行われます。一八七四年（明治七）から八三年（明治一六）までに、まだ決まっていない陵墓の治定作業が行われます。『広辞苑』には「治定」＝

「じじょう」と記載されますが、宮内庁の方では「ちてい」とよびます。そして外池昇さんが『幕末・明治期の陵墓』で指摘したように、明治四年（一八七一）二月一四日太政官布告で「古文書古器款識《かんし》（金石に刻んだ文字）」、ならびに「古老ノ遺説」の取り調べがはじまります。続いて未治定の陵墓が一八七四年五月に「口碑流伝」の場所や古墳である可能性のある場所はみだりに発掘せず、発見があれば絵図面を副えて教部省に伺い出るようにと達せられます。一八七四年においても「口碑流伝」、地元でどのような伝説があるのかが、天皇陵を決める根拠になっているのです。同じ年の八月三日には、従来の衛士《えじ》・守戸《しゅこ》などを廃して、地方官の管轄下に陵《りょう》掌《しょう》・墓掌《ぼしょう》・陵丁《りょうてい》・墓丁《ぼてい》が設置されます。

一八七四年七月一〇日、神代三陵（彦火火出見尊《ひこほほでみのみこと》・瓊瓊杵尊《ににぎのみこと》・鸕鶿草不合尊《うがやふきあえずのみこと》）が薩摩国に治定されます。天孫降臨したニニギノミコトから神武天皇の父親までの三代が薩摩国に治定されます。これも政治史の課題ですが、古代は大隅国と日向国は分かれていなかった。今の鹿児島県と宮崎県をあわせて日向国。だから天孫降臨した場所は正確にはわからず、恣意的に決められるわけです。神代三陵が鹿児島だということは、霧島の高千穂峰に天孫降臨したイメージです。宮崎県北部のもう一つの高千穂への天孫降臨はあり得ないですね。では無理矢理、神代三陵を宮崎県でなくて、なぜ鹿児島県に決めたのか。これは薩摩の藩閥の政治力です。したがって、宮崎県北部の高千穂の神話の地に行かれた方もおられると思いますが、宮崎県は紀元二千六百年まで鹿児島県に対してずっと怨念を持ち続けていました。そのリベンジで紀元二千六百年（一九四〇）のときに、神話の天孫降臨の地を鹿児島県から宮崎県に移動させるイメージづくり、イベントを沢山開き宮崎神宮をつくるわけです。明治の初めには鹿児島県に国の起源の場が、全部誘致されてしまうわけで、一旦神代三陵がそこに決まると、動きません。

一八七六年崇峻《すしゅん》天皇陵、一八七七年綏靖天皇陵、一八八〇年桓武天皇陵などが治定され、一八八一年には最後の天皇陵の考証にもとづく治定替えがなされます。それが天武・持統天皇陵で、一八八一年以前には橿原神宮前から吉野へ行く近鉄の東側の見瀬《みせ》丸山《まるやま》古墳でした。これを図12で見ますと、南北に走る国道がその前方部を削っています。欽明天皇陵というのはもっと東側です。この見瀬丸山古墳に一九九二年に子供と会社員の父親が巨大石室に入って、その後テレビカメラが石室を放映し、大スクープとなります。石棺が二つありましたので、欽明天皇とその后の真の陵だと、今はいわれます。しかし一八八一年までは、この見瀬丸山古墳は天武天皇陵とされていました。

ところが一八八一年（明治一四）に高山寺で『阿不幾乃山陵記』（鎌倉期の盗掘記録）が発見されます。これにより天武・持統陵は高市郡五条野村（見瀬丸山古墳）から野口村（野口王墓古墳）へと治定替えされます。一八八〇年一二月二五日に、太政大臣三条実美《さねとみ》に宛てて宮内卿徳大寺実則《さねつね》から出された上申には、宮内省官吏の大沢清《すが》臣《おみ》・大橋長憙《ながよし》の考証があります。そのなかには、「御陵の大御霊に、ねぎまつりつる御ちはひ（幸ひ）といふべきものか」とある。御陵に祀られているこの天武天皇の御霊の「御ちはひ（幸ひ）」とは、天皇霊が持つ力です。間違ったところに埋められていた天武天皇の力、霊の力が真の野口王墓を指し示したのだと、宮内庁の官吏たちが解釈するわけです。ところが現在の宮内庁の見解は、たとえ治定が誤っていても、「皇室がお祭りをされることによって、

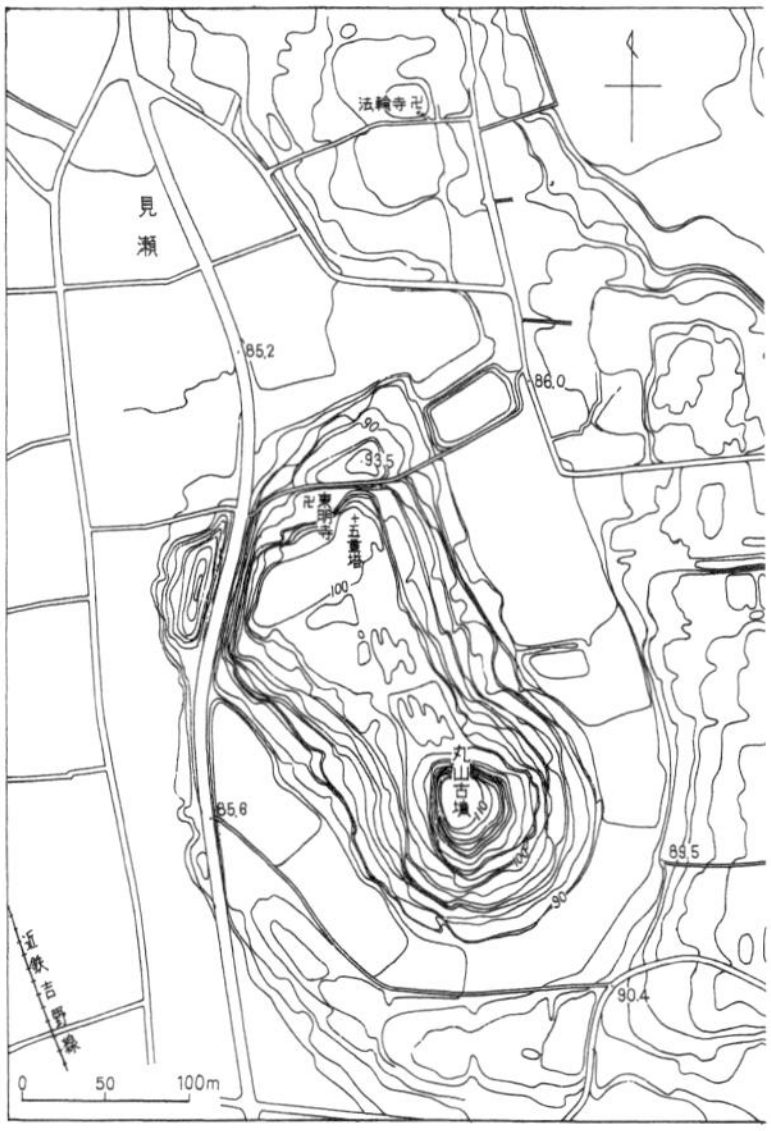

図12　見瀬丸山古墳（末永雅雄『古墳の航空大観』学生社、1975年）

その方の霊がそこへお移りにな」るとのことです。高槻市の今城塚《いましろづか》が真の継体天皇陵でしょうけれども、御霊は間違った治定の太田茶臼山古墳に移っているから構わないということになります。どちらの見解が、継体天皇の霊の立場からは安らかなのか?

さて一八七八年（明治一一）に陵墓の管轄は、内務省から宮内省へと代わります。そして一八八二年段階で、顕宗《けんぞう》天皇陵以下一三陵、および多数の皇后陵が未治定の状態でした。

国際社会と天皇陵

ここでは『明治天皇紀』にでてくる一八八九年（明治二二）六月九日条、伊藤博文の演説の意味が重要です。

是より先、条約改正の議起るに際し、伯爵伊藤博文以為《おもえ》らく、万世一系の皇統を奉戴する帝国にして、歴代山陵の所在の未だ明かならざるものあるが如きは、外交上信を列国に失ふの甚しきものなれば、速かに之れを検覈《けんかく》し、以て国体の精華を中外《ちゅうがい》に発揚せざるべからず

さてこれは、私がよく引用する史料ですが、ポイントは大日本帝国憲法発布のときに、当時の孝明天皇で一二〇代（長慶天皇を含まず）になる天皇陵をなぜ決めるかです。「万世一系」という、連綿とした天皇の系譜を持っていることが、国際社会に対して日本の独自の歴史や伝統をアピールすることになるとされます。条約改正を達成するために、伊藤博文が全ての天皇陵を決めるべきと論じます。関税自主権の回復や治外法権を撤廃するためにすべての天皇陵を決めるとは、一見矛盾するように思いますが、実はイギリスやフランスでも古くさい儀式や独自の歴史を持ってアピールしている。単に洋服を着て洋食を食べているだけではバカにされますが、日本も固有の歴史を持っていることのアピールが、世界の「一等国」になっていくのに必要とされたわけです。

一八八九年六月一日に、すべての天皇陵を治定するために出張していた足立正声《まさな》諸陵助より川田剛諸陵頭へ参考意見が出されています。二条天皇陵は「此ハ色々探索候へ共、古墳らしきものも無之《これなく》候へハ、無拠《よんどころなく》松原村ノ人家寄ニ高燥らしき茶畑ノ一画ヲナセル処ヲ見立置《みたておき》候」と。

京都市北区の平野神社の西に二条天皇陵がありますが、だいたい中世の火葬墓はわかりにくく、山田邦和さんも指摘されましたが、最後までわからずに困るわけです。でも大日本帝国憲法発布にあわせて決めねばならず、茶畑の一画を見立てたというわけです。そして一八九一年には天皇陵群の治定を前提として、皇統譜、すなわち皇室の戸籍ができあがっていくことになります。

明治天皇から大正天皇への代替わりにともない、上円下方墳の明治天皇陵が一九一二年に築造されます（カラー図版4）。古代・中世・近世とずっと護られてきた、平安京の始祖としての天智天皇陵が明治天皇陵のモデルになります。この天智陵をモデルにして明治・大正・昭和の天皇陵というものが造られていきます。

皇室陵墓令

陵墓が法令として制度化されるのは、一九二六年の皇室陵墓令です。皇室陵墓令は、一八九九年の帝室制度調査局の設置以来、皇室祭祀令（一九〇八年）・登極令（一九〇九年）などの皇室令のなかの一つの法令として、一九二六年一〇月二一日、皇室喪儀礼・皇室陵墓令がセットで公布されます。そして同年一二月二五日に大正天皇がなくなるわけです。皇室陵墓令には、第一条「天皇太皇太后皇太后皇后ノ墳塋ヲ陵」、第二条「皇太子皇太子妃皇太孫皇太孫妃親王親王妃内親王王王妃女王ノ墳塋ヲ墓」、第五条「陵形ハ上円下方又ハ円丘」、第二一条「将来ノ陵墓ヲ営建スヘキ地域ハ東京府及之ニ隣接スル県ニ在ル御料地内ニ就キ」とあります。第一条で天皇以下の

図13　昭和天皇陵

陵、第二条で皇太子以下の墓が規定され、あわせて陵墓です。陵形は上円下方か円丘だとされます。次の第二一条が重要で、陵墓は東京府及びこれに隣接する県に造ると決まるわけです（図13）。これは日本の歴史上、古代以来、近畿地方につくられてきた天皇陵が、大正・昭和以降、未来の天皇陵は延々と東京とその周辺に造られることが、法律で決められたわけです。伏見桃山陵（明治天皇陵）を最後にして、帝都東京に対して、奈良や京都が古都として定置され歴史上の都、ノスタルジーの場になってゆくのです。

その皇室陵墓令制定に決定的な役割を果したのは、増田于信《ゆきのぶ》という従来あまり知られていない人物です。「カナリヤ」などの童謡の作曲者、本居長世《もとおりながよ》の実の父親です。嫡流の本居家に一度養子に入りますが、その後奥さんが死んで離縁されています。一九〇七年以降、宮内省御用掛、陵墓調査に従事し、一九一四年には陵墓の考証課長と責任者になってゆきます。陵墓の近代史を考える上で重要な人物です。

臨時陵墓調査委員会

天皇陵自体は第九八代の皇位、長慶天皇陵が一九四四年に嵯峨東陵に決定し、完結します。

もう一度、今日のポイントを申しますと、森浩一さんがいわれるように、天武・持統天皇陵、天智天皇陵以外の古代の天皇陵は間違っているものが多いのはなぜかというと、一八八九年の大日本帝国憲法発布に向けて、す

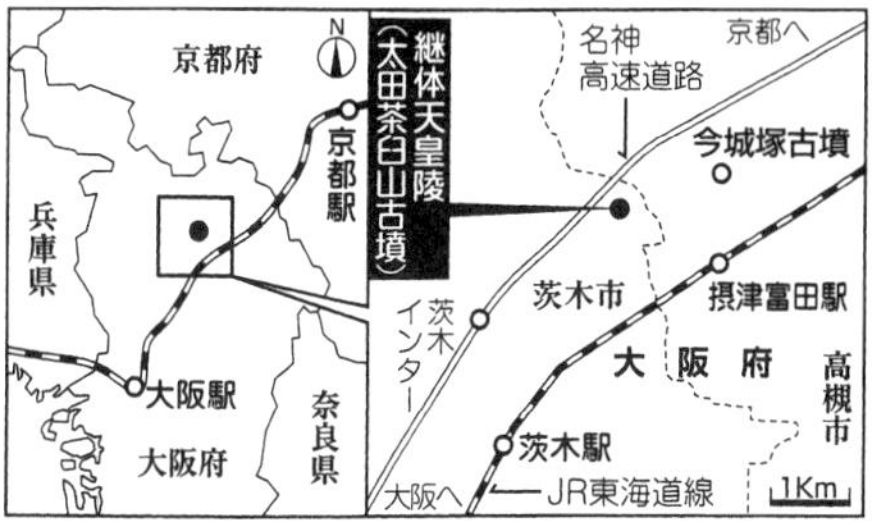

図14　北摂の地図
（『朝日新聞』2003年1月31日）

図15　児玉泰「古代を想う」
（高槻市立しろあと歴史館『発掘された埴輪群と今城塚古墳』2004年）

べての天皇陵を決めなければいけないので、大急ぎで決めます。国際社会に、日本が歴史を持っていることをアピールし、「万世一系」の天皇陵を決めていくわけです。それは難しい作業でしたが、当時の宮内省の役人は大まじめに取り組んだわけです。当時の学問、『日本書紀』や『古事記』や、一〇世紀の『延喜式』を参照する、それから現場に行って村人から「口碑流伝」を採集する、そういう江戸時代以来の最高水準の学問で、天皇陵を決めました。ところが、そこで決めた天皇陵の体系を「凍結」するわけです。大正期以降になりますと、先ほど述べましたが津田左右吉の文献史料批判や、浜田耕作の考古学がでてくると、現実に紀元前七世紀の神武東征などはありえないことがわかってくるわけです。

このような状況で、たとえば一九三六年に宮内省の臨時陵墓調査委員会における議論があるわけです。この委員会は、長慶天皇陵の治定が主目的でしたが、浜田耕作、黒板勝美《くろいたかつみ》、荻野仲三郎《おぎのなかさぶろう》が、今城塚（大阪府三島郡高槻町）を陵墓参考地に編入すべき意見もだしています。

現在の太田茶臼山古墳（継体天皇陵）は茨木市にあります。この地図（図14）を見てもらうとわかります。継体天皇は六世紀前半に亡くなります。ところが太田茶臼山古墳はその約一世紀前に築造された古墳です。高槻側にある今城塚は、現在発掘されて、テレビでも報道され、二〇世紀最大の発見といわれます。図15のように、巨大な神殿、巫女たち、力士たちなどの埴輪が整然と並んでいます。これらの埴輪群が今城塚の東側内堤に並んでいるわけです。

そして一九三〇年代の臨時陵墓調査委員会においても、真の継体天皇陵は今城塚であると結論づけられていました。それが宮内省というコップの中で議論されていたわけです。その根拠は、一九二六年五月に茨木中学校地歴科教師天坊幸彦《てんぼうさちひこ》が、島上・島下郡の境界の不変を論じた「摂津国総持寺々領散在田畠目録（一三五二年）」（『歴史地理』第四七巻第五号）の論文です。天坊幸彦は今の大阪府立茨木高校の地歴科の教員でしたが、のちに浪速高等学校の教授になります。継体天皇陵は、島上郡にあり続けたので、島下郡にある太田茶臼山ではなくて、島上郡の今城塚が真の継体天皇陵であると大正期に在野で主張したわけです。そうした最新の成果を重んじて、宮内省の諸陵寮考証官の和田軍一《わだぐんいち》は一九二九年に「今城塚を以て継体天皇の陵と定めることハ最も当を穫たものと信ず」（「三島藍野陵真偽弁」宮内庁書陵部陵墓課）と論じ、それが一九三〇年代の臨時陵墓調査委員会の議論につながるわけです。

三　戦後の天皇陵——皇室財産から国有財産（皇室用財産）へ——

国有財産としての天皇陵

戦後の天皇陵の問題です。戦前は今の京都御苑の範囲全体が天皇家の私的な財産でした。天皇陵も私的な財産です。北海道・新冠《にいかっぷ》の御料牧場も天皇家の私的な財産ですね。そこで軍馬を作っていたノウハウが、戦後の日高のサラブレッド生産につながります。だから皇室の御料牧場が、競馬につながります。余談ですが。

戦後の天皇陵は、実は国有財産です。国有財産法を審議する、一九四六年一二月二一日の皇室経済法案特別委員会で、金森徳次郎《かなもりとくじろう》国務大臣は、「(正倉院御物について) それから是が純粋の私有財産でありますと、将来租税制度の色々な関係からして、租税の客体になると云ふことも考へられます」と発言しています。

正倉院御物も実は国有財産です。国有財産の中の皇室用財産というカテゴリーです。今も三種神器とか、唐本《とうほん》御影《みえい》(聖徳太子画像) などが皇室の私的な御由緒物や御物で、これらはレガリア中のレガリア、宝物中の宝物ですので、国有財産に移りません。もし天皇陵や京都御所などが私的な皇室財産のままですと、天皇の代替わりごとに戦後ですと相続税がかかります。だから目減りしていくわけです。たとえば仁徳天皇陵の半分が目減りしていく事態になるわけです。だから、唐獅子図屛風《からじしずびようぶ》(狩野永徳《かのうえいとく》) や蒙古襲来絵詞《もうこしゆうらいえことば》や動植綵絵《どうしよくさいえ》(伊藤若冲《じやくちゆう》) などの御物が、平成から昭和の代替わりで国有財産になり、創設された三の丸尚蔵館に収蔵されることとなりました。だから天皇陵も目減りしない管理をしなければならないので、国有財産の中の皇室用財産というカテゴリーを生み出し、管理は戦前と同じだけれども、代替わりにおいても国有財産であるから相続税はかからないトリックを戦後改革のときに生み出すわけです。かくして一九四八年六月に制定された、国有財産法第三条に、皇居・離宮・京都皇宮・正倉院などと並んで陵墓が「皇室用財産」というカテゴリーで括られます。

陵墓の限定公開

一九七八年には、「歴代天皇陵の決定について」という宮内庁の公式見解がだされ、「古記録に記載された陵の所在地を考定時における現存地名・字名と比較し、また、古記録に示された陵附近の目標物と現存遺跡との位置関係等によって所在地名の範囲を考定し、その区域内の地形・古墳墓の現状等を現地調査して陵の決定」に至ったとされます。

二〇〇八年で二九回におよぶ陵墓の限定公開は、一九七九年からです。「考古学等の史学を専門とする研究者を対象として、古代高塚式陵墓（陵墓参考地を含む）の堤防その他の外周部について、管理上支障のない範囲において」立入り見学が許可されてきました。

歴史学や考古学などを専門とする研究者を対象とした限定公開です。「古代高塚式陵墓」とは、宮内省諸陵寮をへて戦後は正倉院事務所長となった和田軍一が戦前に命名したカテゴリーで、円墳とか前方後円墳です。その外周部に支障のない限りは立ち入り見学を許すのです。

ここから少しわかりにくい話ですが、要するに日本の文化財には二つの体系があります。一つは文化財保護法（一九五〇年）の対象となる博物館の国宝とか史蹟名勝といった国民に開かれた文化財。もう一つは、戦前の皇室財産に由来し、正倉院御物や天皇陵や京都御所や桂離宮といった秘匿された「財」です。この二つの体系を有することが日本の特質です。同じ古墳でも真の継体天皇陵とされる今城塚は、文化財保護法の対象です。ところが、誤って治定された継体天皇陵（太田茶臼山古墳）は皇室財産系の文化財です。ここには人々が入れないわけです。そういう二つの体系が明治以来できあがっていたわけです。

世界遺産と天皇陵

ところがこの皇室財産系のものは世界遺産に登録できません。京都御所や桂離宮は世界遺産ではありません。なぜなら世界遺産は、国内法である文化財保護法の中の最高位のものが、国宝とか特別史蹟とかが指定の対象となるからです。だから京都御所が、もし世界遺産になるには、皇室用財産というカテゴリー以外に文化財保護法の特別史跡とか、建物を国宝に指定しなければならないわけです。実際に、一九九四年に古都京都が世界遺産に登録されたときに、ユネスコからクレームがつきました。なぜ文久期の賀茂別雷神社の社殿や清水寺、東寺が世界遺産で、京都御所が世界遺産でないのか。

こうした批判を入れて一九九八年の古都奈良の世界遺産登録の時に、正倉院正倉の皇室用財産の建物について、文化財保護法の国宝を急遽プラスした二重指定するわけです。それで古都奈良は、東は春日山原始林の自然遺産から西は文化遺産の平城京まで、面として全部が世界遺産（複合遺産）になることができました。

ところが古市・百舌鳥《もず》古墳群（仁徳天皇陵や応神天皇陵など）を世界遺産にしようという動きがあり、二〇〇八年九月に、大阪府や堺市や文化庁は、文化財保護法の史蹟指定をしないで、皇室用財産のまま世界遺産登録しようとする方針を打ちだしました。あくまで陵墓が「埋蔵物の包蔵地」という文化財保護法の対象になりうるという論理であり、実態として文化財保護法で保護されているわけではありません。この方針が、どう陵墓の文化財としての公開や活用につながるかは、これから試されることですし、今井邦彦さんが本書のコラムで言われるように（二〇九頁）、アジアやユネスコから最終的に認められるかは、微妙なところです。要するに中国や朝鮮の王陵は「歴史化した王権の文化遺産」ですが、陵墓は「生きている象徴天皇制の聖域」であることにより、あいまいな方針を生み出しているといえるでしょう。

21世紀の天皇陵

さて陵墓公開について、二〇〇七年一月一日に宮内庁より新しい方針がだされます。①「堤防その他の外周部から墳丘の最下段上面のテラスの巡回路まで」が対象となり、②「動植物の研究者などにも拡大」、③「古代高塚式陵墓」の以外に「堂塔式陵墓ほか」も公開されることとなりました。この方針に基づき、冒頭で述べた二〇〇八年の五社神古墳の公開に至るわけですが、実は墳丘の上に上がるということは、「御霊の宿る」ところという従来の意味づけからの大転換になったわけです。陵墓の上に上がるという、三段ある中の一段目に上がるか上がらないかは大きなことでして、一段目であっても上がるということは陵墓を文化財としてみる要素がどうしても入ってくることになりました。それから今までの人文系だけでなく動植物学や地震学などの研究者にも対象が拡大してきます。また古代高塚式だけではなくて、京都市伏見区の安楽寿院南陵（近衛天皇陵）のように堂塔式も立ち入りが可能になってくるわけです。

結論に向かいます。文化財保護法第四条には、「文化財の所有者その他の関係者は、文化財が貴重な国民的財産であることを自覚し、これを公共のために大切に保存するとともに、できるだけこれを公開する等その文化的活用に努めなければならない」とされます。現在、宮内庁も文化庁も陵墓の「文化財」としての性格を認めつつあるわけで、あとはどのような「保存」「公開」「活用」がふさわしいか、を共同で議論すべきと思います。

実はあまり知られていないことですが、すでに述べてきたように天皇陵は戦前は天皇家の私的な財産だったけれども、戦後は国有財産です。国有財産の中の皇室用財産というカテゴリーです。したがって国有財産である陵墓はどうあるべきかという議論をしてもいいと思います。私は、大いに議論すればいいとおもいますが、陵墓や京都御所といった国有財産としての皇室用財産のよりよいあり方、「公開」や「活用」のあり方を「国民」的レベルで考えればよいと思います。

宮内庁陵墓課は、今、情報公開に熱心ですし、墳丘の第一段目に上がることも認めました。陵墓課の方は私たちと同じように考古学や歴史学を学んでいる方々ですので、理解があるわけです。今後は、どういう形で二一世紀にふさわしい、国有財産（皇室用財産）としての陵墓の「保存」「公開」「活用」を考えていくのか。これは様々な意見があると思いますので、みなさんと一緒に考えてゆきたいと思います。

〔コラム⑨〕

小中村清矩文書・門脇重綾文書の皇霊祭祀関係資料

武田秀章

筆者は、幕末の山陵復興を承けた、維新期の皇霊祭祀形成に関わる研究を手がけてきた（拙著『維新期天皇祭祀の研究』大明堂、平成八年）。ここでは、拙著刊行前後に見出し得たいくつかの関連資料を紹介し、いささか前著を補足したい。

まず明治二年（一八六九）十一月、太政官制度取調局で作成された『年中祭儀節会大略』について触れる。本資料は、神祇官幹部の福羽美静《ふくばよししず》（制度局御用掛兼勤）らが、既に二年段階で、神祇官祭祀から宮中祭祀への転換を予定していたことを示す資料である。これによれば、（1）宮中に天皇親祭のための大斎場を設けるべきこと（「宮中ノ地ヲ択ヒ新ニ大斎場ヲ設ケタマヒ神嘉殿ヲ正殿トシテ新嘗ノ大祀ハサラナリ……従前神祇官ニテ行ヒ来シ神事モ総テ宮中ニテ御親祭アラハ祭政唯一ノ基本正ク立ヘシ」）、（2）神祇官祭祀は宮中神殿竣工までの暫定的なものであること（「但シ未タ大斎場御取立ニ相成サル間ハ仮ニ神祇官ニテ行ハルヘキナリ」）等の明確な構想が示されている。

拙著では、明治三年六月に谷森善臣《たにもりよしおみ》が諸陵寮で書写したものを引用した（宮内庁書陵部所蔵）。しかし先年、東京大学総合図書館で、小中村清矩《こなかむらきよのり》文書中にも、同資料を見い出すことができた（『陽春蘆《やすむろ》蒐集録』三）。小中村文書の資料は、（二年）十一月の奥付けを有し、おそらくは作成当初のものと推測される。前著では、本資料が、福羽の構想を承け、制度有職に通じた小中村（制度局兼勤）らが起草した可能性について言及したが、その観測があらためて裏付けられたとも言えようか。尚、本資料に関しては拙稿「四時祭典定則成立過程の一考察」（『神道学』一三六号、昭和六三年二月）を、小中村に関しては藤田大誠『近代国学の研究』

（弘文堂、平成一九年）を参照されたい。

次に明治四年七月の（1）「賢所体裁改革アラン事ヲ乞ノ議」、（2）「御歴代皇霊ヲ奉遷シ神器同殿ニ祀ラン事ヲ乞フノ議」について触れる。これらは、（1）宮中改革に伴い賢所改革をも実施すべきこと（「方今……神器ノ体裁ヲ正サスンハ有ルヘカラス」）、（2）賢所に皇霊を遷座し天皇親祭の「大廟」たらしめること（「神祇官ニ所祭ノ皇霊、更ニ神器ト同床ニ安シ大廟ニ奉遷」）を求めたものである。この建白が、直後の賢《かしこ》所《どころ》改革・皇霊遷座を促し、近代宮中祭祀形成の前提となったことは、既に多くの研究者が指摘してきた。

本建白は、従前、神宮文庫の浦《うら》田《た》長《なが》民《たみ》文書中のもののみが知られていた。しかし前著刊行前後、筆者は、本資料を、鳥取県境港市の門脇文衛子氏（門《かど》脇《わき》重《しげ》綾《あや》の直孫）所蔵資料の中に見出すことができた。浦田資料と門脇資料では、その表題体裁等に少々の異同がある。浦田資料では（1）（2）が別々の建白であったものの、門脇資料では（1）（2）が一連のものとなり、これに伴い全体の表題が「賢所体裁ヲ改革シ御歴代皇霊ヲ同殿ニ奉祀セントスルノ議」となっている。また「冥助（浦田）、「冥賛（門脇）」等々、字句の違いも間々見られる。

明治四年の宮中祭祀形成については、かねて福羽と浦田の関与が指摘されてきたが、門脇もまた、当時の神祇官の担当者として、その立案に従事したことが推測されよう。本建白は、重綾の建白草稿類を合綴した簿冊『奏議献言意見書稿本』の中に収められている。門脇家には、他にも、維新期政治史・宗教史に関わる貴重な資料が大切に保管されており、その一端は、拙稿「明治神祇官政策の一前提」（『神道宗教』一九九・二〇〇号、平成一七年一〇月）、「門脇重綾の『神国考』について」（『明治聖徳学会紀要』復刊第四〇号、平成一六年一二月）等で若干の紹介を試みた。

そもそも皇霊祭祀は、「皇祖皇宗」（近世流にいえば「神宮始御代々」）を精神的機軸とする近代の天皇統治の、いわば「奥の院」にも当るものではないだろうか。そうした大きな問題の一端に分け入るためにも、ささやかな資料探索を続けていきたいものと願っている。

〔コラム⑩〕

近代古墳保存行政と陵墓

尾谷雅比古

　現在、古墳は誰でも見ることのできる考古資料としてだけでなく、行政的には文化財という国民の財産として文化財保護法や地方自治体条例により保存措置が講じられている。また、一方で一部の古墳は、古代天皇の陵墓ということから皇室の祭祀すべき祖先の墓として宮内庁の管轄下に保存管理が行われている。

　これらの古墳に対して行われる保存行政による施策の元をたどれば、明治時代における前代から続く陵墓の治定作業に端を発するものであった。古墳保存の行政は、明治維新後の近代天皇制国家体制確立の根本に関わる歴代陵墓の調査、治定と整備、祭祀などを行う陵墓行政の中で行われた。

　近代の陵墓行政上、古墳は陵墓に治定された陵墓古墳（陵墓参考地を含める）とそれ以外の古墳に分類することができる。さらに、陵墓古墳以外の古墳は二つに分類できる。一つは、宮内省から「陵墓ノ徴証ヲ認メス（ズ）」と陵墓の可能性を否定する行政判断が示された古墳（非陵墓古墳）である。もう一つは、陵墓か否かの行政判断が示されていない古墳（未選別古墳）であり、これが古墳の大部分を占める。そして、未確定の陵墓の治定作業が終了するまで、陵墓の可否の行政判断が示されていない古墳を保存しようとして、行政措置がとられたのである。その根拠となった最初の法令が、府県に対し布達された一八七四年（明治七）五月二日の太政官達第五九号「古墳発見ノ節届出方」である。これは各地方官に対し命じたもので「未確定の陵墓を調査中であるため、管轄内での開墾等により古墳及び伝承地を妄りに発掘することを禁じ、事前の届出を行うよう」にと明文化された。続いて、一八七九年（明治一二）から陵墓行政を担当した宮内省が一八八〇年（明治一三）一一月一五日に宮内省達乙第三号「人民私有地内古墳等発見ノ節届出方」を布達した。先の太政官達第五九号が主に官有地内の古墳等を対象としたのに対し、対象を民有地にまでひろげ不時発見等の届出も明文化している。この二つの法令が、近代の古墳保存の基本法令であった。

その後、一八九七年（明治三〇）第一〇回帝国議会に「功臣元勲碩学鴻儒等ノ古墳墓保護」の建議が、一八九九年（明治三二）第一三回帝国議会では天皇陵古墳以外の皇后皇子皇孫墓の可能性のある古墳を保護すべく「古墳墓保護」の建議がそれぞれなされた。この建議に対応するかのように一九〇一年（明治三四）以降、太政官達第五九号や宮内省達乙第三号による届出等手続きを励行するように、その都度内務省の訓令や通牒が出されるに至った。

一九一一年（明治四四）第二七回帝国議会に「史蹟名勝天然紀念物保存ニ関スル建議案」が可決されると、古墳に対する保存行政に史蹟という新たな捉えかたが加わった。そして、一九一九年（大正八）に史蹟名勝天然紀念物保存法が制定されると、非陵墓古墳や未選別古墳の中で古代天皇と関係する人物の伝承をもつ大型の古墳がまず史蹟指定され保存された。これ以後、宮内省が主管した陵墓行政としての古墳保存と内務省が主管した史蹟行政による古墳保存との二面行政が実施されるに至った。しかし、史蹟指定における古墳の選定、古墳の発掘、遺物の収蔵等における行政システム上の宮内省主導は歴然としていた。

つまり、近代天皇制国家において古墳が果たす役割は、陵墓行政においては「万世一系の天皇」を頂く国家体制を強力に補完するものであり、史蹟行政においては「国民性ヲ愈《いよいよ》涵養《かんよう》シ之ニ由テ国光ヲ益《ますます》発揚セム」として国民教化の媒体として重要な位置を占めるというものであった。このような背景により、近代の古墳保存行政は行なわれたのである。

〔コラム⑪〕

宮内庁による陵墓管理の根拠

外池　昇

国内有数の巨大古墳の多くが陵墓として宮内庁によって独占的に管理されている。その実態については繰り返さない。ここで取り上げたいのは、その宮内庁による独占的な管理にはどのような根拠があるのか、という点である。ここでこの問題をめぐる明治期以降の動向について詳しく述べることはできないが、大正十五年十月二十一日「皇室陵墓令」は改めてここで注目しておきたい。この「皇室陵墓令」は、戦前期における陵墓管理の法的根拠としては唯一のものである。ちなみに、明治二十二年二月十一日「皇室典範」には陵墓に関する条文はない。

では終戦後においてはどうか。宮内庁も国の行政機関であるから、法に基づかないことはできない。つまり、巨大古墳の独占的管理も法に基づく行政行為なのである。すなわち、「皇室典範」（昭和二十二年一月十六日）第二十七条に「天皇、皇后、太皇太后及び皇太后を葬る所を陵、その他の皇族を葬る所を墓とし、陵及び墓に関する事項は、これを陵籍及び墓籍に登録する」と、同附則第三項に「現在の陵及び墓は、これを第二十七条の陵及び墓とする」とあり、「宮内庁法」（昭和二十二年四月十八日）第二条に定める宮内庁の所掌事務に「十二陵墓に関すること」とあり、さらに「宮内庁組織令」（昭和二十七年八月三十日）第八条が定める書陵部の事務に「二陵墓に関すること」と、同第二十二条が定める陵墓課の事務に「一陵墓の管理に関すること。二陵墓の調査及び考証に関すること」とある通りである。これらを根拠に、宮内庁書陵部陵墓課は、陵墓の管理、そして調査・考証ができるのである。

一方、「文化財保護法」（昭和二十五年五月三十日）

第二条は「文化財」の定義を定めるが、その第四項で「貝づか、古墳、都城跡、城跡、旧宅その他の遺跡で我が国にとつて歴史上又は学術上価値の高いもの」が「文化財」であることを述べる。そうしてみれば、巨大古墳が陵墓として宮内庁によって独占的に管理されている実態は明らかに「文化財保護法」の主旨と矛盾する。これが陵墓をめぐる問題の核心である。さてこの明らかに相反するふたつの法体系のいずれに理があり、いずれに理がないのであろうか。

「文化財保護法」は第一条で「この法律は、文化財を保存し、且つ、その活用を図り、もつて国民の文化的向上に資するとともに、世界文化の進歩に貢献することを目的とする」と、「文化財」を保存・活用することの目的を明確に示す。これに対して、「皇室典範」も、「宮内庁法」も、陵墓が何のために存し、なぜ宮内庁がその事務を所掌するのかということは全く述べていない。もちろん「日本国憲法」(昭和二十一年十一月三日公布、昭和二十二年五月三日施行)は第一章で天皇について定める。しかしだからといって、国内有数の巨大古墳を宮内庁が独占的に管理する目的を法が示さなくてよいことにはならない。

そこにこそ、事あるごとに宮内庁の官僚が国会等で説明を執拗に繰り返すことの真意がある。曰く、天皇の先祖の御霊の静謐のため。曰く、実際には良好な管理がなされている。なかでも天皇による祭祀の対象であるから「文化財」であることとはなじまないという説明は、いかにも説得力があるように思われがちである。しかし、祭祀の、信仰の対象が「文化財」である例はまさに枚挙に暇がない。全く理由にはならないのである。それならば、「文化財保護法」による「文化財」の保存・活用を推進するべき立場の文化庁は、宮内庁に抗議するなり、そうでなくても協議を申し入れるなりするのが筋合いである。ところがそれがなぜか放置されたまま永い年月が経過してしまっているというのが、陵墓の問題をめぐる構図である。

と思っていたら、平成二十年(二〇〇八)十一月二十日の参議院内閣委員会における百舌鳥《もず》・古市《ふるいち》古墳群の世界文化遺産登録申請への動向についての山谷えり子委員（自由民主党）の質問に対する鈴木武宮内庁書陵部長の答弁は、陵墓とされている古墳は「文化財保護法による文化財の指定の必要がないことは文化庁とも共通認識となっております」というものであった。高杉重夫文化庁文化財部長もこの委員会には出席し、同様の主旨の答弁を繰り返している。やんぬるかな。法とこの答弁との間にいったいどのような整合的な解釈があり得るというのであろうか。全く不可解と言わざるを得ない。近年の陵墓をめぐる動向は、このような、宮内庁と文化庁の「共通認識」とやらによって裏付けられたものであることは、決して忘れられてはならない。

〈参考文献〉
外池昇「大正十五年『皇室陵墓令』成立の経緯」（歴史学会『史潮』新六十三号、二〇〇八年五月）

〔コラム⑫〕

終戦直後の天皇陵問題――発掘是非の議論と日本考古学協会による立ち入り――

外池　昇

さまざまな史料を繙いてみると、終戦直後には、今日からみても注目に価する陵墓に関する動向が存したことがわかる。これについては、これまでまとまった形で論じられたことがない。ここでその一端をみることにしよう。

『ニッポンタイムス』は国内で発行された英字紙である。その昭和二十四年三月三十一日付「天皇陵は発掘されるであろう」との記事は、E・O・ライシャワー博士が高松宮と天皇陵発掘について意見を交換したことを報じたものである。これを受けたのが『読売新聞』四月二十七日付「仁徳陵を発掘の提案／世界最大古墳に国際的の援助」との記事である。以後『読売新聞』は関連記事を展開するが、特徴的なことは紙上で天皇陵発掘の是非が議論されたことである。ここでその詳細を述べるゆとりはないが、考古学者の側にむしろ反対論があることと、編集部によるコラム（「編集手帖」四月二十九日付）や読者による投書（「気流」五月四日付）に賛成論が目立つ等、『読売新聞』としては全体に発掘賛成の論調であることは指摘しておきたい。

これに嚙み付いたのが『神社新報』である。五月九日付「陵墓の神聖を護らむ／一部新聞の暴論／異常な憤激を呼ぶ／各方面の駁論を聞く」との記事を中心に、堂々と天皇陵発掘反対の論陣を張る。

とはいうものの個々の議論を仔細にみると、意外にも天皇陵の発掘を無条件で全否定する議論はまことに少ない。多くの議論は、例えば、宗教上の理由ならよい、被葬者を顕彰するというのならよい、子孫が許可すればよいとか、また、海外の資力を頼るのはよくない、祭祀がなされているからいけない、といったように何らかの条件・理由がつくのである。ということは、個別の内容についてみれば議論の蓄積も可能と考えられるし、そもそも天皇陵発掘の是非についての議論は成り立つということなのである。

しかしこの後間もなく、『読売新聞』と『神社新報』、また他のメディアにおけるものも含めて、天皇陵発掘の是非をめぐる議論は終熄してしまう。日本考古学協会が早速五月二日の委員会で早速仁徳天皇陵を発掘しないことを決めてしまっては（『読売新聞』五月三日付「仁徳陵発掘はしない」）、それも当然であろう。その後日本考古学協会は科学研究費による「上代古墳の綜合的研究」で天皇陵を含む古墳を研究の対象にすることにし、八月三十日には宮内府（後の宮内庁）の同研究による天皇陵への立ち入りを一切現状に変化を及ぼさないとの条件付で許可し、実際に仁徳天皇陵・応神天皇陵への立ち入りがなされたのである。この立ち入りの成果は何と宮内庁書陵部による『書陵部紀要』第五号（昭和三十年三月）に梅原末治著「応神・仁徳・履中三天皇陵の規模と営造」として発表された。

この経過は、少なくとも私の眼には問題の本質の矮小化の経過としか映らない。もちろんこの間には表面には現れない様々な動向があったであろうことは想像に難くないのではあるが、社会一般における天皇陵発掘の是非についての議論の可能性は、見事に研究者による天皇陵立ち入りの実現に置き換えられてしまったのである。噫。

私は、未だに天皇陵発掘についての本格的な議論がなされているとは思わない。天皇陵に立ち入ることなどよりも、天皇陵発掘についての議論の方が余程大切と思うのであるが、さて、この考え方は間違っているのであろうか。

〈参考文献〉

外池昇「終戦直後における陵墓をめぐる動向」（成城大学文芸学部『成城文芸』第二〇九号、二〇〇九年十二月）
外池昇「『神社新報』にみる陵墓をめぐる論調――仁徳天皇陵発掘計画と高松塚古墳発掘――」（成城大学大学院文学研究科『日本常民文化紀要』第二十八輯、平成二十二年三月）

〔コラム⑬〕

世界遺産と君主制・王領

桜井絢子

一般的に、日本の天皇家は英語表記でImperial Family又はRoyal Family、陵墓・皇居・京都御所などの皇室用財産（宮内庁が管理する国有財産）はImperial House Use Propertyという表現が用いられることが多い。

ところで現在UNESCOの世界遺産リストに登録されている全八七八物件[1]のうち、物件名に“Royal”という言葉が冠されている物件は一一件存在する[2]。その中には、例えばイタリアの「サヴォイア王家の王宮群」のように、既に君主制は廃止されているが過去に存在した王家の遺産や以降が物件名として登録されているものも含まれている。この一一物件のうち、現行の君主制国家である国の登録物件、つまり現行の王立財産“Royal Property”として登録がなされているものは五件である[3]。そのうち、本稿ではイギリスの王立植物園キュー・ガーデンとスウェーデンのドロットニングホルムの王領地の事例を挙げ、日本における皇室用財産及び天皇陵を世界遺産登録しようとする際の海外の参考事例の紹介をしたい。

イギリスの王立植物園キュー・ガーデン（Royal Botanic Gardens, Kew）は、一六世紀にヘンリー七世がリッチモンドに建造した夏の王宮と周辺地区を起源に持つ、世界有数の植物園である。特に一八〜一九世紀における多種多様の植物の採集と保存、研究が行われ、自然科学・園芸学における貢献と歴史的価値が認められ二〇〇三年に世界遺産登録された。“Royal”という言葉がついてはいるが、実際のマネジメントは国家とは独立した二つの管理団体に委託されている。一つは英国環境食糧農林省（DEFRA）系列の外郭団体であるロイヤル・ボタニックガーデンズ・キュー

（キュー・ガーデン理事会）[4]、もう一つは英国文化・メディア・スポーツ省（ＤＣＭＳ）系列の外郭団体、ヒストリック・ロイヤルパレセズ（Historic Royal Paleces）である。[5]

イギリスにおける王室財産の管理は財務省の管轄ではない。これは、イギリスの場合、代々王家に伝わる王室財産とは別に、国王家の私有財産というカテゴリーが存在することに関係すると考えられる。そして、王室の所有ではあるが実質的には政府が管理責任を負っている土地として、クラウン・ランド（Crown Lands）がある。クラウン・ランドとは土地制度上のカテゴリーの一つで、その指定を受けた土地にかかる税金を国庫や議会がクラウン（Crown：ここでは王冠をかぶる者の意）保持のための費用に当てている。[6]

言葉の持つ意味というのは各国の文化・歴史的背景と深い関係があり、同じ単語が必ずしも同じ対象・概念を意味するとは限らない。例えば、イギリスにおいて"Royal"という言葉がつくものは全て王室所有・王立を意味するわけではない。むしろ、王室が国王・女王の名において国やその他の団体に管理を委託した、という意味合いが強い。前述のクラウン・ランドの中にも"Royal"という言葉がつく物件が多く見られることが好例であろう。また、イギリス国内では一般的に"Royal Botanic Garden"というよりも単に"Kew Garden"という呼称の方が広く浸透していると言い、やはり"Royal"という言葉に対する概念が違うのであろう。

もう一つの事例、ドロットニングホルムの王領地は、スウェーデンの首都ストックホルムの西郊、バルト海にあるローベン島の水辺にあり、ここには現在もスウェーデン国王一家が居住している宮殿が建っている。このドロットニングホルムの王領地が世界遺産登録されたのは一九九一年のことである。所有や売却の歴史的変遷を経て、現在の所管は、財務省に属する国有財産管理局（ＳＦＶ）となっている。ＳＦＶはスウェーデン国内における全ての王室の宮殿・城及び敷地のマネジメントを請け負っており、管理者としてそれらの文化・歴史の保護と共に建物の「近代的使用」の採択

についての検討を行っていると公式ホームページで明言している。(7)

この物件に関して注目する部分は、現在も国王一家の生活空間となっている場所が文化財登録され、世界遺産登録されているという点、そして一部ではあるが一般公開されているという点の二点である。多少の無理を承知で例えるならば、日本の天皇家が居住する皇居の敷地一帯が、吹上御苑《ふきあげぎょえん》も含めて文化財登録され、さらに吹上御苑の一部が一般公開されているようなものである。

皇室の敷地の一般公開に関しては、二〇〇八年三月三一日付で那須御用邸用地の一部所管換が行われた。これにより、日光国立公園区域に含まれる那須御用邸用地の一部を宮内庁管轄から環境省管轄に所管換することで、それまで行政財産の中の皇室用財産とされていた部分が行政財産の中の公共用財産という位置づけになった。(8)

一例に過ぎないが、皇室用財産が一般公開されていく兆しがここに見られる。実際、世界遺産登録の過程には、申請書提出後に専門機関(9)による現地立ち入り調査が組み込まれており、この調査報告書に基づいて最終的に登録が議論される。すなわち、今後皇室用財産に区分される物件の世界遺産登録を目指すのならば、立ち入り調査さらには一般公開が必要不可欠になるのである。

(1) UNESCOのウェブサイトによると、種類別世界遺産リスト登録件数は、二〇〇八年七月現在、文化遺産六七九件、自然遺産一七四件、複合遺産二五件の合計八七八件にのぼる（アクセス日時：二〇〇九・三・二）。

(2) 一方、"Imperial" という言葉が冠されている物件は四物件存在し、全て中国の文化遺産である。「頤和園、北京の皇帝の庭園（Summer Palace, an Imperial Garden in Beijing）、1998」、「天壇：北京の皇帝の廟壇（Temple of Heaven: an Imperial Sacrificial Altar in Beijing）、1998」、「北京と瀋陽の明・清朝の皇宮群（Imperial Palaces of the Ming and Qing Dynasties in Beijing and Shenyang）、1987・2004」、「明・清朝の皇帝陵墓群（Imperial Tombs of the Ming and Qing

Dynasties)、2000・2003・2004」。

（3）「ファウンテインズ修道院遺跡群を含むスタッドリー王立公園（Stadley Royal Park including the Ruins of Fountains Abbey)、イギリス、1986」、「ドロットニングホルムの王領地（Royal Domain of Drottningholm)、スウェーデン、1991」、「サンタ・マリア・デ・グアダルーペ王立修道院（Royal Monastery of Santa Maria de Guadalupe)、スペイン、1993」、「キュー王立植物園（Royal Botanic Gardens, Kew)、イギリス、2003」、「王立展示館とカールトン庭園（Royal Building and Carlton Gardens)、オーストラリア、2004」の五物件（登録物件名、国、文化遺産登録年）。

（4）イギリスが世界遺産条約を締約したのは一九八四年である。その前年一九八三年に国家文化遺産法（the National Heritage Act 1983）という法律が制定され、これによってキューガーデン理事会が設立された。

（5）ヒストリック・ロイヤルパレセズは、キューガーデンの他にもタワー・オブ・ロンドンやケンジントン・パレス等の“Royal Palace”の運営・管理をしている団体である。はじめ一九八九年環境省所属の政府機関として設立されたが、一九九五年ナショナル・ヘリテイジ（現ＤＣＭＳ）の管轄下におかれ、さらに一九九八年に政府からも王室からも資金提供を受けない形の独立慈善団体となった。しかし、管理する物件は全て女王の所有でもあるので、団体の理事にはロイヤルコレクション責任者や国王手許金管理者も名を連ねている。

（6）Crown Landsについては一八五一年のThe Crown Lands Act（クラウン・ランド法）によって成文化された。

（7）この「近代的使用（modern usage)」とは、現状から考察すると世界遺産登録に代表される文化財物件の一般公開とそれに伴う諸整備を示すと考えるのが妥当であろう（アクセス日時：二〇〇九・二・二五）。

（8）この所管換の理由については、宮内庁と環境省によると、那須御用邸用地の豊かで多様な自然環境を保護管理していくと共に、「国民が自然に直接ふれあえる場として活用」させるべく、今後自然観察や自然体験活動などの有効利用計画の策定・実施を意図しての決定であるという。

（9）文化遺産についてはＩＣＯＭＯＳ（国際記念物遺跡会議)、自然遺産についてはＩＵＣＮ（国際自然保護連合）が現地調査の実施を委託されている。

〔コラム⑭〕

百舌鳥・古市古墳群、世界遺産暫定リスト記載決定

今井邦彦

二〇一〇年六月、文化庁は大阪府と三市が国連教育科学文化機関（ユネスコ）世界遺産への登録を提案していた百舌鳥《もず》古墳群（堺市）と古市《ふるいち》古墳群（羽曳野《はびきの》市、藤井寺市）を、世界遺産委員会への推薦に向けて国内の「暫定リスト」に記載することを決めた。日本では〇七年までに一一件の文化遺産が世界遺産に登録されている。構成する古墳の半数以上が宮内庁所管の陵墓または陵墓参考地で史跡指定されていない百舌鳥・古市古墳群の世界遺産登録は、実現するだろうか。

両古墳群の世界遺産登録を目指す動きは、まず〇六年の政令指定都市移行に際して、市のイメージアップを図りたい堺市で始まった。これを受けるように、古市古墳群を擁する羽曳野・藤井寺両市でも、市民を中心に同古墳群の世界遺産への「立候補」を求める声が高まった。文化庁は大阪府に対し、百舌鳥・古市両古墳群については両者を一体として申請することを提案。〇七年九月、府と堺・羽曳野・藤井寺三市が共同で、世界遺産暫定リスト記載への提案書を提出した。

両古墳群の知名度は抜群だが、世界遺産を目指す上で大きな課題があった。「資産に含まれる文化財」にリストアップされた八七基の古墳のうち、国史跡が二一基、府史跡が一基なのに対して、宮内庁が陵墓や陵墓参考地、陪塚《ばいちょう》として管理する古墳は四六基。特に、主要な前方後円墳の多くは宮内庁の管理下だ。

宮内庁は陵墓について「静安と尊厳の保持」を第一とし、文化財保護法で「公開など文化的活用」が求められている文化財への指定には否定的だ。これに対して、文化庁は暫定リストに記載する文化遺産は、国の史跡や国宝・重要文化財であることを求めてきた。このため、奈良県は「飛鳥・藤原の宮都とその関連資産

群」の暫定リスト記載を提案した際、野口王墓古墳《のぐちのおうのはか》（天武・持統天皇合葬陵）を構成文化財から外している。

一方、大阪府などの提案書では、陵墓は「周知の埋蔵文化財包蔵地」として文化財保護法の保護対象となっているほか、宮内庁が学識者からなる「陵墓管理委員会」の意見をふまえて管理していることから、史跡指定をしなくても保存管理計画を立てることは可能だとした。こうした主張に対して、提案書を審議する文化審議会の世界文化遺産特別委員会がどんな判断を示すかが注目された。

宮内庁は、この陵墓を文化財に指定せずに世界遺産登録を目指す、という方針に好意的な反応を見せた。世界遺産条約は登録される遺産の保護を重視しており、公開・活用を強く求めてはいない。宮内庁の関係者からは「文化財保護法よりも世界遺産条約の方が抵抗感は少ない」という声すら聞かれた。

世界文化遺産特別委員会でも、百舌鳥・古市古墳群の世界遺産登録に陵墓の史跡指定は必ずしも必要ない、という意見が多かったという。むしろ問題視されたのは、市街地の中に点在する両古墳群の周囲に、景観保全のための緩衝《かんしょう》地帯（バッファゾーン）をどう設定するかだった。堺市は大山《だいせん》古墳（仁徳陵）、ミサンザイ古墳（履中陵）周辺を風致地区に指定し、景観条例も定めているが、百舌鳥古墳群全体の景観保全にはより強い規制が必要になる。古市古墳群が広がる羽曳野市、藤井寺市の都市化も著しい。京都、奈良ほど観光が重視されていない大阪で、景観規制に住民の理解と協力が得られるかどうかは大きな課題だ。

〇八年九月、世界文化遺産特別委員会は両古墳群を暫定リストに記載すべきだという意見を示したが、実際の記載までに、陵墓の保存管理や緩衝地帯設定の方向性を示すことを求めた。同年一二月、世界遺産にかかわる六省庁が開いた連絡会議では、これらの条件が整わず、記載は見送られている。文化庁は宮内庁や地元自治体との調整を進め、記載を目指してきた。

だが国内の調整がうまくいっても、ユネスコの世界遺産委員会が好意的な評価を下すかどうかは分からない。〇八年、日本が提案した世界遺産候補では初めて登録が見送られた岩手県の平泉は、ユネスコの諮問機関・国際記念物遺跡会議（イコモス）に「普遍的な価値の証明が不十分」と指摘された。陵墓の学術調査が十分なされていないことを、イコモスが問題視することも予想される。

一方で「世界遺産」という言葉が、両古墳群への国民の関心を呼び起こしているのも確かだ。宮内庁も、研究者が陵墓になっている古墳の最下段へ立ち入って見学することを認め、地元自治体教委と陵墓の指定範囲の内外を同時調査するなど、陵墓の文化財としての価値を重視しつつある。世界遺産をめぐる議論が、陵墓の国民への「公開」を後押しすることに期待したい。

座談会　歴史のなかの天皇陵

上田長生・北康宏・高木博志・菱田哲郎・山田邦和

古墳時代〜飛鳥時代

律令国家の天皇陵治定

高木博志　京都アスニーでの二〇〇八年五月の連続講演をもとに本にまとめます。古墳時代から近現代までを専門とする講演者の皆さんで座談会をすることになりました。全体のテーマが「歴史のなか」で天皇陵を考えるということで、古墳時代・古代・中世・近世・近現代まで、それぞれの時代のなかで天皇陵が政治や社会との関わりのなか、どのように変遷してきたのかを考えます。天皇陵だけでなく「歴史のなか」、総体として位置づけるということで座談会を進めます。最初に古墳時代の陵墓比定の問題から、自由に議論をしたいと思います。まず継体天皇陵の問題ですかね。

山田邦和　今回は北康宏さんと菱田哲郎さんにご講演いただきました。どちらも従来の諸説をくつがえすような非常に面白い視点がたくさん出ていたと思います。

それでは、古墳時代の天皇陵の決め方です。古墳時代の陵墓については、『日本書紀』『古事記』『延喜式《えんぎしき》』などの文献史料に書いてあることが一応の基本になるわけです。しかし、それがどこまで信用できるのか。本当に私たちが全面的にその文献に寄りかかってよいのかどうか。そして、現在の考古学の古墳編年と文献史料の陵墓の記載をどのようにつなげていくかというところから見ていきたいと思います。

まず、文献史料のとりあつかいについて、北さんからお願いします。『日本書紀』『古事記』『延喜式』などに出てくる天皇陵の記事は充分な根拠があるというふうに考えてよいものですか？

北　康宏　現在の天皇陵治定《ちてい》（じじょう、とも訓む）の根拠とされた文献は『延喜式』で、一〇世紀初頭に作られたものです。これ以外に『古事記』『日本書紀』が参考になりますが、こちらにはおおまかな場所しか書かれておりません。たとえば奈良県南部や堺市の百舌鳥《もず》の地域には多くの古墳が散在しており、どの古墳か決めろと言われても、『日本書紀』の記載からだけでは判断できません。『古事記』でも同じです。結局、『延喜式』のなかで兆域《ちょういき》記載――つまり南北・東西の範囲、墳丘だけではなく周りの領域も含むのですが、結果としては墳丘の大きさと対応することになろうかと思います――それと、某国某郡にあるというようなかたちで書かれた所在地記載、これらに基づいて比定していかざるを得ないことになります。

今日の『延喜式』研究では、『延喜式』は一〇世紀初頭に作られたものではあるけれども、その段階で一気に作られたものではないということが共通認識になっております。たとえば財政史関係の式には奈良時代にさかのぼる制度が残っています。また儀式でも九世紀前半のものをうつしだしているといわれています。先行する『弘仁式』『貞観式』を最終的にまとめたものが『延喜式』なのであって、『弘仁式』には奈良時代の単行法令が集約されているわけですから、その規定の成立時期は個別に検討しないといけないのです。

このことは、陵墓のリストの場合も同じで、平安時代の一〇世紀初頭になって初めて調査が開始され、リストが作成されたとは考えられない。浄御原令《きよみはらりょう》や大宝律令《たいほうりつりょう》の制定とともに諸陵司（のちに諸陵陵）という役所が設置され、陵墓の公的管理が行われるようになります。この段階で陵墓リストが必要となってくるわけです。毎年一二月年末には、中央から荷前使《のきさきのつかい》といわれる奉幣使《ほうへいし》が派遣されることになりますが、すべての陵墓が決まっていなかったら使いに行けません。そのような意味でリストが作成されたのは浄御原令施行直後からであると考えられます。最終的にリストが完成するのは天平元年ぐらいだと考えていますが、相当時間をかけて検討されたものと思います。古代史の立場からすると、その信憑性をどう評価するかということになろうかと思います。

結局のところ、天皇陵治定には、ふたつのフィルターがかかっていることになります。すなわち律令国家の治定が正しかったかどうか。それが正しかったとしても、それに基づいて幕末から明治に具体的な古墳にあてる段階で間違える可能性もあります。そういう意味で信憑性問題はふたつに分けて考えなければならないのです。

山田　やはり、『日本書紀』『古事記』『延喜式』などの文献史料には、ある程度は信用できる伝承の流れは含まれているんだ、という話ですね。

北　そうです。

山田　今、お話しいただいた百舌鳥古墳群には仁徳・履中・反正《はんぜい》の三天皇陵とされている古墳が存在しますが、これは『日本書紀』では全部、百舌鳥にあるとだけしか書いてないわけです。それが『延喜式』になると、百舌鳥の耳原《みみはら》の北陵（反正天皇陵）と中陵（仁徳天皇陵）と南陵（履中天皇陵）というふうに明確に区別されています。このように区別されていくのは、奈良時代の段階で整理された結果であると考えていいわけですか。

北　基本的にそこで決めなければ荷前使が派遣できませんから、七世紀末の浄御原令制から奈良時代初期までに行われたと思います。『延喜式』段階ではなく七世紀末段階の調査だということになりますから、六世紀末の古墳だったらせいぜい一〇〇年前から八〇年前のもの、造営のころに生まれた人がまだ生きているかな、というスパンですよね。五世紀の古墳で二〇〇年ぐらいたってくると、どれぐらい伝承として残るだろうかということになります。山田先生は批判的に挑発されますが、私自身は必ずしも『延喜式』の比定、古代国家の決定に十全な信憑性があるとは思っていません。逆に問い返さないといけないのでしょうが、このような陵墓の公的管理と荷前の開始以前の古墳時代において、陵墓の恒常的祭祀が行われていたかどうかです。殯《もがり》などの皇位継承儀礼に応じて古墳が大きくとりあげられたことは当然で、前の君主から次の君主へと王位が継承される段階において重要な意味を持ちます。ただし、その古墳がモニュメントとして重要な意義を持つのは次のジェネレーションの発足時であって、次期政権がいったん安定すれば不必要な存在になってくる。恒常的古墳祭祀が、後代の須恵器が混じりこんでいるなどの断片的な事例から語られることもありますが、広汎に見られるものではないと思います。

山田　今のまとめ方は、考古学に振られたわけですね（笑）。では菱田さんにお願いします。古墳では次の首長が即位をする時には葬送儀礼をやっていたことは確かですが、その後、時間がたっていくと古墳における祭祀はどのようになっていったのでしょうか。それが北さんの問題提起だと思うのですが、いかがですか。

菱田哲郎　前・中期の大型前方後円墳で、埋葬以後におまつりをした証拠が見つかることが一般的かといいますと決してそうではありません。おまつりの事例はごくわずかで、しかも、埋葬からそれほど時期を隔ててはいません。たとえば、長岡京ができたときに、その周囲にある古墳でおまつりをしたような事例もありますが、特殊な事情といえます。一般的には、七世紀になってから、石室の墓前祭祀が行われるようになるといった変化があり、そこがひとつの画期になります。天皇陵であっても、古墳時代を通して埋葬以後のおまつりが継続していた可能性は低いと見てよいのではないでしょうか。

被葬者伝承の信憑性

山田　考古学の立場からいうと、継続的な祭祀はしていないのではないか、ということですね。それでは、被葬者についての伝承のほうは継続していたのでしょうか。

菱田　よくわかる事例として、八世紀の例になりますが、「額田寺伽藍《ぬかたでらがらん》並《ならびに》条里図《じょうりず》」をあげることができます。そのなかには前方後円墳が描かれ「舩墓《ふなはか》　額田部宿禰先祖」と注記されています。額田寺（額安寺）の時代からはかなりさかのぼる古墳になりますが、それを祖先の墓としているわけで、実際に先祖の墓である可能性は低いと考えられます。したがって、七世紀や八世紀を生きている人々にとって、それ以前からある古墳に先祖伝承のようなものを重ねていくという行為は、かなり一般的であったと見てよいかと思います。

北　私もそういう面はあると思います。ただ、日本では中国の宗廟《そうびょう》祭祀は導入されず、義江明子《よしえあきこ》さんの研究があるように（『日本古代の氏の構造』吉川弘文館、一九八六年）、直系尊属《そんぞく》、直系卑属《ひぞく》といった血縁的な「出自系譜」は九世紀初頭になるまでは成立しません。近親、会ったことがある父母・祖父母、逆に言えば孫までという範囲における自然的な親族意識はあると思いますが、それをこえたものとなると、結局「奉事根源《ほうじこんげん》」という氏《うじ》の奉じる「職」とつながりから系譜意識が形成されています。

皇統の場合は、「皇統譜」「王統譜」というものになると思います。これは「奉事根源」などとは質が違って、王統に求心的に奉仕する関係に基づくものではない。まさに先ほど出ていた日嗣《ひつぎ》の観念の問題になると思います。日嗣が語られるのは王位継承儀礼であり、「儀礼」のなかで朗々と読み上げられる皇統の伝承であって、「墓を代々祀る」というかたちで意識されていたかというと疑わしいように思います。

結局、古墳のように墓を巨大に造るという行為は、権威が王の身体から未分離であることを示しており、その身体をモニュメンタルなかたちで象徴する墓を造るわけです。だから、墓の大きさは権力の大きさだと通俗的には言われますが、奈良時代や平安時代の天皇の方が、王権の力と安定性は大きいはずなのに巨大古墳は造らない。身体と未分離な権威が次の王に移ってしまえば、次の王にとって先代のことを強く意識されればされるほど困ることも起こると思います。そういう意味ではむしろ積極的に忘れ去られることにも意味があると思います。実際、せっかく葺石をふいて埴輪を並べた古墳が、奈良時代にはすでに、木でぼうぼうとなっていることを考えても、恒常的な祭祀が続けられたとは思えません。

山田　そうすると、『古事記』『日本書紀』の前段階の『帝紀《ていき》』には、たとえば崇神《すじん》天皇の山陵は山辺《やまのべ》の道（大和盆地東端の街道）のどこかにあるとか、成務天皇の山陵は佐紀楯列《さきたてなみ》（大和北部の古墳群）のどこかにあるという伝承は残っていたということでいいのですか？　墓への祭祀がおこなわれなくなったのにもかかわらず、被葬者や所在地についての伝承だけが根強く残るというのはちょっと不自然にも思えるのですが。

北　それが『帝紀』的な伝承として語りつがれるものであり、古墳に即したかたちでどの程度意識されていたかなと思います。実際の古墳をイメージしながら語られている伝承というより、むしろ一連の「日嗣の語り」すなわち皇統譜のなかで語られるものではないかと思います。

山田　私たち考古学をやっている人間が、古墳時代の開始や大王墓の成立という話をする場合は、やはり定型化した最古の巨大前方後円墳の出現、つまりは奈良県桜井市の箸墓《はしばか》古墳の造営を重視することになると思います。箸墓古墳以前にも前方後円墳はすでに出現していたけれども、やはり箸墓古墳はそれまでとは桁違いの超巨大古墳であって、しかもかたちがきちっと整っています。

ただ、その古墳が倭迹《やまとと》々《と》日《ひ》百《もも》襲姫命《そひめのみこと》という一介のプリンセスのお墓であると伝承されているわけです。記紀のなかでは彼女はいわば超能力者のように描かれてはいますが、大王ではない。なぜ箸墓古墳が大王墓とされなかったのだろうか。最初の定型化した巨大前方後円墳である箸墓古墳が初代天皇陵、たとえば神武天皇陵であるとか崇神天皇陵だとされているのならば話はうまくおさまるように思うのですが、実際にはそうはなっていないわけです。

これはいったいなぜなのか。もともと記紀の伝承が間違っていたのか、それとも、記紀の伝承は途中で作り替えられているのか。さらに、古墳時代の初めの大王のなかには、為政者としての男の大王とともに、女性の祭祀者的な大王もいたのだろうか。いろいろな可能性が考えられると思います。菱田さんはどう思われますか。

菱田　先ほどの北さんのお話を延長していくと、伝承そのものに信憑性のグラデーションがあって、また取捨選択が行われてきたというようなことになるのかと思います。したがって、崇神天皇の時代の伝承がどのくらい歴史的事実を反映しているのかということについては、応神・仁徳天皇の時代と比べてはたしてどうなのか、信憑性を見積もっていく作業が必要になると思っております。暦を実際に用い始めたのはいつかということにも関わりますが、伝承上の始祖の年代は大きく古墳の年代とはずれています。もちろんそれを修正しつつ、古墳の成立と記紀との対応を探る研究もありますが、たとえば崇神天皇陵あたりでは、やはり伝承の確かさについてはかなり疑問があると考えた方がよいと思っております。

山田　始祖伝承は別とおっしゃいましたが、そうすると初期の大規模古墳をどのように見たらよいのでしょうか？

菱田　考古学の方法は、伝承がどの程度実態を反映するのかという点について、検証する手段として使えると思うのです。つまり、七世紀・八世紀に記された伝承の内容を、六世紀、五世紀へとさかのぼらせながら、考古学的事実との対応を見ていくことから、陵墓の所在も含めて、それぞれの天皇についての事実を探っていくことが有効ではないかと思います。このような方法によって見ていく場合、やはり四世紀の事実というのはかなり厳しいと思います。伝承が伝承の世界のなかにあって、歴史的事実を抽出する術《すべ》がないというような気がしております。私が勝手に手の届かない世界と思い込んでいるだけかもしれませんが、実際に検討していくなかで、五世紀と四世紀の間の壁は厚いと感じております。

菱田氏

山田　一方で、菱田さんのご講演のなかでは、たとえば百舌鳥古墳群に所在している仁徳・履中・反正の三天皇陵については、伝承通りでよいのではないか、というお話がありましたね。しかしこれは、大山《だいせん》・百舌鳥陵山《もずみささぎやま》・田出井山《たでいやま》の三古墳に実際に仁徳・履中・反正の三天皇が葬られている、という意味ではないですね。

菱田　百舌鳥にあるという点では、伝承の通りと言えますが、履中天皇や反正天皇の墓は、宮内庁が指定されているものとは違うことになります。ですが、応神天皇陵や仁徳天皇陵といった記紀の記載が豊富な天皇については、その陵墓も伝承の通りであることに注意したいと思います。

偶然の結果と言ってしまえばそれまでですが、七、八世紀の記憶において大きなウェイトを占めた天皇については、墓の伝承も確実性が高かったと言えるかもしれません。

山田　応神・仁徳あたりになると今度は倭の五王になってくるから、中国史書の記載を援用することはできますね。もちろん、倭の五王の讃が応神天皇なのかそれとも仁徳天皇なのかそれとも他の天皇なのかというようなところは問題になるとしても、あの辺からはほぼ実年代の推定もできることになる。『日本書紀』の伝承通りかどうかはわからないけれども、倭国にも大王と呼べるような存在がいたのだろうということは言えるでしょうね。

菱田　仁徳天皇以降は、日本列島を代表して中国とも交渉した人物ですから、それぞれの墓「らしい」ということになります。そうすると、単に伝承のなかだけではなく、中国の史書のなかにもあらわれてくることになりますから、墓の主の像がより具体的になってくるのではないかと思います。

山田　今の議論では、五世紀の段階になると人物とその陵墓についての伝承が記紀に反映してくるというようなことですが、北さん、古代史の立場から見ると、記紀に登場する天皇の実在や陵墓伝承の信憑性については、もう少しさかのぼりませんか。たとえば誰天皇から実在するであろうというようなことはどうですか。

北　陵墓に則していえば、講演でも述べたことですが、陵戸《りょうこ》を設置しているか、守戸《しゅこ》を設置しているかに注目すべきです。持統天皇五年から陵戸・守戸の設置が始まって天平元年ぐらいで終わりますが、相対的に早い段階ではきちんと陵戸を設置しようという意識がありました。陵戸以外に守衛させる場合には三年に一度替えよとなっていますが、これは、六年という造籍・班田《はんでん》のサイクルの半分という明らかに意味のある数字なのです。これが養老令《ようろうりょう》では一〇年に変えられてしまいます。守戸設置が当然のこととする規定に切り替わっているのです。実際『延喜式』の陵墓リストを見ると、持統天皇からさかのぼって比較的近い時期、あるいは持統天皇以降しばらくの間は、守戸でなくて陵戸をきちんと設置しています。ところが奈良時代でも元明《げんめい》天皇・元正《げんしょう》天皇くらいからは守戸設置に切り替わってしまいますし、古いところでもたとえば欠史八代《けっしはちだい》だとか、四世紀とか古い段階のものについては守戸設置になっています。つまり、古い山稜で守戸設置となっているものはなかなか決められないで確定が遅れているということになります。逆に、百舌鳥三陵などは陵戸設置の早い事例で、古代の人たちにとって、この古墳でいけるかなと比較的自信を持って決めることができたものだとわかります。

神武天皇伝承はいつ作り出されたか

山田　なるほど。では北さん、もうひとつ。日本の建国神話では始祖王は神武天皇ということになっているのが、神武天皇についての伝承が作り出されたのはいつだと考えてよいのでしょうか。

北　少なくとも『日本書紀』の壬申紀には神武陵が出てきますね。山田先生はどうお考えですか？

山田　昔、直木孝次郎《なおきこうじろう》先生が継体朝ぐらいに神武伝説を作ったのではないかとおっしゃっていましたよね。そうなってくれると私は都合がいいのです（笑）。継体朝がそれまでとは断絶した新王朝であったことはおそらく確実だと思いますし、そうした王朝交替期にあって何らかの新しい始祖王伝説や建国神話を作っていくというのは、わりあい理屈に合っているというふうに思うのですが、そういうわけにはいきませんか。

高木　畝傍山《うねびやま》山麓の神武陵がいつごろできたのかは、関心があります。

山田　私は、継体朝に神武天皇による建国説話が作られるとともに神武陵も建造された、というと話がつながるように思っています。

北　直木孝次郎先生のおっしゃる継体朝は、おそらく津田左右吉《つだそうきち》以来の『帝紀』の成立年代を意識した推定だと思います。私は、継体・欽明朝の内乱といわれる林屋辰三郎《はやしやたつさぶろう》さん以来の議論の是非は別としても、継体朝はいったん危機に瀕した五世紀の王権を立て直していく必死な時期ですから、その段階で歴史書などを作れるかなあと思います。歴史叙述というのは歴史の変動期のただ中に行われるものではなく、変動期がいったん終わった、政権が安定してくる時期にふりかえって行われるものだと思うので、まとめられたのは欽明朝以降ではないかと思うのです。ただし坂本太郎氏も言われていたように、たとえば欠史八代系譜などにしても古い一系系譜の特徴を有していますし、直木先生の研究でも県主《あがたぬし》の娘との婚姻が多くみられることが指摘されていますので、それ以前から伝えられてきたかなり古い資料が十分に利用されていることは否定しがたいと思います。それとも、山田先生は継体朝の方が都合がよいのですか？

山田　いやいや、別にそうでなくてもよいですよ（笑）。

高木　ちょっと伝承のことで。菱田さん・北さんのご講演を聞いて、菱田さんの仁徳陵と応神陵の伝承の問題、史書のなかの伝承の問題、あるいは北さんの藤ノ木古墳の伝承問題の意味が印象的でした。私から一九世紀の視点で言うと、一九世紀では記紀など文献の考証と、口碑流伝《こうひるでん》といった伝承が、治定するためのポイントになっていました。そういう意味で言うと、菱田さんの百舌鳥古墳群の治定の問題や、幕末とか近世後期の国学者たちの営みが、学問的であったという指摘は興味深いですし、さらに古代における考証の営みにも一九世紀と方法的な共通性を感じました。

真の継体天皇陵はどこか

菱田　先ほどの北さんの継体陵については、考古学の現状では、取り違えがあって、真の継体陵が今城塚《いましろづか》古墳であるというのが定説化していると思います。しかし、北さんは、現、継体陵を継体の墓とする伝承が記紀編纂時にあったのではというお話でしたね。このことがとてもおもしろいと思いました。伝承の担い手を考えていきますと、六世紀には継体陵の近くに竹村屯倉《たかふのやみけ》が置かれたりして、政権とも近い関係にあった地域であると思いますですので、陵墓の伝承が『帝紀』や『旧辞《きゅうじ》』だけではなく、在地のなかにもあったかもしれないというようなことを感想として持ちました。このあたりの可能性を教えていただけるとありがたいと思います。

北　継体陵が今城塚古墳であろうことは現代の考古学的知見からするとほぼ動かない定説になってきています。そうなってくると逆にほんとかな？　と言いたくなる。山田先生からは、「考古学をなんだと思っているのだ！」とお叱りを受けてしまいましたが（笑）。

北摂地域で継体陵の候補となりうる古墳はふたつしかない。六世紀初頭のものですし、七・八世紀の治定段階で伝承でもあればバシッと決められたはずなのです。陵戸が設置されていてもよさそうなのに、守戸設置になっている。つまり、私の理屈から言えば、治定が遅れているのです。なぜ遅れるのかということが私の疑問の出発点です。六世紀の古墳だったら七世紀の末まで、通常であれば伝承として伝わってもおかしくないものです。七世紀の王権に直接つながる始祖的存在でもありますし、それこそ在地の人だってわかるようなものでしょうが、これが決定できない。つまり、そこにはかなり複雑な事情があったのではないかと考えられるわけです。

高木先生もあげられていましたが、旧制茨木中学校の天坊幸彦《てんぼうさちひこ》さんが島上郡・島下郡の境界の研究から継体陵が今城塚であることを確定したことが、研究史上画期的なことのように言われるのですけれども、私はあまり意味がないと思っています。というのも、継体陵に関する本源的な伝承は、島上・島下と郡が分割される以前の段階の『古事記』『日本書紀』の伝えるところにあるのです。『延喜式』、さかのぼれば奈良時代の諸陵寮が今城塚の方にあてた段階ではじめて島上郡と決定されたのです。『日本書紀』や『古事記』ではどちらかわからない伝承として伝わっていたわけです。考古学的知見からすると太田茶臼山《おおだちゃうすやま》古墳は古い墳形を残していると言われます。ですが、素朴な疑問として、弁天山《べんてんやま》古墳群からの系列とか、いろんな説がありますけれども、濠を巡らしたあれほどの大王陵級のものが、継体天皇陵といわれる今城塚古墳より前にあの場所にもう一つあることが説明できていないと思うのです。しかも新池《しんいけ》遺跡の窯からは太田茶臼山古墳に埴輪を供給し、それに続いて今城塚古墳に流していくとなれば、その窯を開くこと自体が一連の勢力によってなされたと考えるべきです。太田茶臼山古墳を継体陵ではないと断定できるか。そもそも現在根拠とされている有黒班《ゆうこくはん》の埴輪片も墳丘から出土したものではない。考古学的に充分な調査ができていないわけです。

それと、山田先生からの批判にあえてお答えすると、考古学への挑戦なのではありません。たとえば卑弥呼の邪馬台国の所在でもそうですが、考古学の成果と文献から得た成果を途中で混ぜてはよくないのではないか。考古学は考古学から何が見えるのかをきちっと述べるべきだし、文献も考古学の知見を途中でつまみ食いして結論をずらすべきではありません。そして最後に両者にずれが生じた場合は、ずれたところでおいておかなければならないと思います。

だから、文献から言うならば、太田茶臼山古墳も決して否定しきれない。応神天皇五世孫の継体天皇は五世紀以来の大和の皇統の血を引く手白香皇女《たしらかこうじょ》と婚姻するのですが、それ以前に結婚していた目子媛《めのこひめ》との間に生まれた勾大兄皇子《まがりのおおえのおうじ》をつれて北陸から入ってきたのです。むこうの奥さんと子をつれてやってきたその集団が伝統的な大和朝廷の中になかなかとけこめないなかで、古墳があの場所に造営されたのでしょう。『日本書紀』では安閑天皇紀にミヤケを三島県主《みしまのあがたぬし》から献上される記事が載せられています。耳原《みのはら》・桑原《くわはら》というのは安威川《あいがわ》の周辺の一番肥沃な土地に想定される所で、ミヤケの比定地はあの辺りだと考えられます。勾大兄が三島県主から獲得した大和朝廷とは別の経済基盤が安威川周辺なのです。それが継体・勾大兄の勢力基盤の根幹となるがゆえに、あの場所に新池遺跡の窯が造られ、古墳が造られたと考えられるのです。

考古学のことについて言えば、どの程度考古学の編年が動かないのかは、たとえば藤ノ木古墳も発掘されるまでは四世紀か五世紀の古墳と言われていた。箸墓古墳だって四世紀だと言っていたのが、今はもう三世紀まで上がっているのですから。

もうひとつ言いたいのは、大和朝廷にすぐに入っていけなかった継体天皇は、大和朝廷の最新鋭の築造技術や最新のモードを受け入れられなかったのではないか。そうであるならば、ひとつ前のモードを使うということは、充分あり得ると思うのです。モードというのは一本線でいかない。別の例で言うと、同じ白鳳時代の寺院でも再建法隆寺はどう見たって飛鳥っぽい。あの再建法隆寺と薬師寺を編年で比較したら明らかにずれてしまう。でもあれは上宮《じょうぐう》王家が滅亡し再建が滞っているなかで、古い建築家とリサイクルの材木しか使えないなかで再建していくと、同じ七世紀後半であっても、飛鳥時代のモードを残すような建築となったのです。だからこそ、法隆寺再建非再建論争のなかで、建築様式からみて非再建論が主張された。あれはある意味正しいわけですよ。様式から言えば。

古墳造営も、大和朝廷のなかで連綿と造られてきた古墳の編年は動かないと思いますが、特殊な事情のなかで最先端のモードや築造技術が受け入れられないような集団が、自分の根拠地である安威川のほとりに造ったとしたら、古いモードの古墳となってもおかしくないと考えているのです。五世紀後半を六世紀初頭まで下げるというこどですから、同じ技術者がまだ生きていたと考えうるスパンです。

山田　今の学界では、継体天皇陵は太田茶臼山古墳ではなく、今城塚古墳で一〇〇％決まりだ、というふうにみんな言っている。しかし北さんはそれに対する警鐘を鳴らそうとしている。私はこれは非常に意味があると思っています。別に怒ってはいませんよ（笑）。

ただ、北さんの論点のひとつは、考古学の編年研究は信用できないのではないかということですが、これには私も反論はありますね（笑）。それは置いておくとしても、北さんの今の説明で、継体天皇陵が摂津北部に営まれた理由はかなり明らかになったと思うのですが、それが太田茶臼山でなければならないという理由は何なのでしょうか。つまり、摂津北部であるということは、北さんの論理からいうと今城塚であってもさしつかえないことになるのではないですか。あのあたりのどこかであればいいわけで。記紀はもちろん、『延喜式』であっても太田茶臼山が継体陵だと確定はできないのではないですか。

北　文献から言えばやはりさっき言った勾大兄が獲得した継体・安閑系のミヤケはあの地域であると。

山田　その地域には今城塚は入ってこないのですか。

北　入りません。むしろ太田、安威川周辺です。新池遺跡の埴輪窯もそのすぐ近くに造っているわけですよね。

菱田　編年が動けば理解が異なるという点は、北さんの提起された継体陵の問題ともよく似ております。つまり、現在の考古学の通説では、応神陵古墳（誉田《こんだ》御廟山《ごびょうやま》古墳）を五世紀中ごろに下げておりますから、応神天皇の墓ではありえないことになっています。このような大多数の意見に対して、もう少し年代を上げてもよいのではないか、現状の年代観が怪しいのではないかということで、編年を見直してみたわけです。すると、応神陵古墳を応神天皇の墓として理解してもよいのではというところまでこぎつけました。継体天皇の場合もそのような可能性はないとは言い切れませんが、埴輪の編年などの相対的な順序はなかなか動きませんし、継体陵古墳（太田茶臼山古墳）の墳丘は允恭《いんぎょう》陵古墳（市野山《いちのやま》古墳）に近く、ここは実際の允恭天皇の墓である可能性が高いと考えておりますので、それが足かせになって、継体陵古墳をやはり六世紀まで下げることは難しいと思います。

古いモードが残るといっても、作り手がいなくなってしまいますと、まったく同じものを作る技術もなくなってしまいますので、どうしても似て非なるものになってしまいます。このような点を考慮すると、継体陵古墳が古いモードで作られた六世紀の古墳という可能性もきわめて少ないように思います。

それから、王朝が代わったことにより新たな墓域が形成されたという可能性について考えてみますと、応神陵古墳の場合、それが古市《ふるいち》古墳群の最初の大規模前方後円墳ではないことに注意する必要があります。それ以前に仲津山《なかつやま》古墳があり、さらに津堂城山《つどうしろやま》古墳もあります。河内王朝説をとる・とらないは別にして、始祖的な位置にある応神天皇の墓が、必ずしも古墳群の最初の古墳でないことは確実視できましょう。三島の場合も同様で、継体天皇＝オホド大王の墓よりも前に大規模な前方後円墳があっても何ら不思議ではないと言えるかと思います。

このような現象は百舌鳥古墳群にもあてはまります。履中陵古墳は確実に仁徳陵古墳よりも古くなり、仁徳、履中、反正の三代の天皇の墓にはなりえません。もちろん応神天皇の墓、そういう説がありますが、その可能性は低いと言えましょう。このように、古市古墳群、百舌鳥古墳群、そして三島の大規模前方後円墳において、いずれもよく似た現象があり、天皇陵が築かれる前から、大規模な前方後円墳が営まれているということになります。ですので継体陵古墳の墓の主が継体天皇でなくてもよいというくらいは確かに言えると思います。

大型古墳がありすぎる

山田　日常的には菱田さんと話をするなかでよく出るのですけれども、要するに問題なのは、奈良県や大阪府には大型古墳がたくさんありすぎるのですね。歴代天皇の数と比べて大型古墳の数が圧倒的に多すぎる。そういう意味で、歴代天皇を大型古墳にあてはめていくと、どうしても古墳のほうが余ってしまう。

菱田　宮川徏《みやかわすすむ》さんがおっしゃっておられましたが、四世紀の古墳は陵墓の記述とたいへんうまくあってくるのです。つまり大規模な古墳から順に天皇や皇族の墓に収まってきて、しかるべき古墳はしかるべき人の墓となっております。このように整然としているのは、陵墓についての伝承をまとめる際に、一から話を作っていけたからではないかという疑いを生じさせます。先ほど伝承の届き方についてお話をしましたが、こういう整合性がとれすぎていることからも、四世紀についての伝承が怪しいとみてよいのではないかと思います。

山田　記紀の天皇系譜にとらわれずに、考古学だけから大王陵の変遷みたいなものを考えていく、そういう方法もありますね。それをやっていこうというのが、菱田さんの最近のご研究だと思うのです。

北　ちょっと、一点だけ反論させていただきたいのですけれども。比較的古いモードのものを使ったのではないか、同じ技術者が生存していたと考えうるスパンであるという話をしましたが、もうひとつ考えるべきことは、文献の立場からいうと、継体天皇が六世紀初頭の在位だということ自体が、文献史料に依拠しているわけです。倭の五王の在位期間には外国文献などの定点がありますし、欽明朝の範囲もほぼ動かない。しかし「欽明朝以前、倭の五王以降」というのは、記紀の紀年に大きく依拠しているのですね。ミヤケを獲得したのは安閑天皇の時だとなっていることも含めて、あのあたりの紀年は動く可能性が充分にある混乱期だと思うのです。継体天皇の在位期間の上限が五世紀後半に足がかかっていても、おかしくないのではないか。

実は文献による六世紀前半在位を前提にして、継体陵を今城塚でなければならないといってきたこと自体が、意外と文献にとらわれている認識のように思います。そこもフレックスに考えた場合、五世紀末に即位した継体天皇の寿墓が五世紀の特色を残していてもよいのではないか。もう少し検討の可能性はあるのではないか、ということです。
山田　なるほど。
菱田　実際の継体天皇の生没年が上がるとすると、話が込み入ってきますね。資料を提示してまだまだ議論したいのですが、このことばっかりになってはいけませんので。
山田　古墳時代の話だけで次へ次へといってしまいましたね。次は飛鳥時代です。これも、北さんにだいぶしゃべってもらわないといけないことになります（笑）。

飛鳥〜平安

陵墓祭祀と仏教儀礼

山田　さきほどのお話で明確になったのは、古墳時代の段階は陵墓祭祀を継続的におこなったわけではない。つまり、陵墓祭祀がずっと意義を持ち続けるという意識がない時代でした。それが飛鳥時代になると、陵墓を宗廟として扱い、永続的な国家のモニュメントとして代々祀っていこうとします。そこでは、陵墓のリストを整理し、管理人をおくことになってくる。こうした変化があるのが律令国家の成立期、つまり七世紀の後半と考えていいわけでしょうか。
北　陵墓の確定とリストアップは、陵墓祭祀、すなわち荷前使派遣と表裏一体です。荷前使は年末一二月に行われますが全山陵、神武天皇から始まって先帝までのすべての天皇陵に荷前使が派遣されます。幣物を山陵の前で燃やして捧げることが行われるようになります。律令国家が毎年貢がせている調・庸の初物を神武天皇以降の全山陵に捧げるという意味では、自分自身の公民支配の正当性をそれによって保証するという歴史意識のあらわれだといえます。つまり権力を直接的に表示する巨大古墳の造営の段階から、歴史を媒介として自分自身の権力を正当化する段階へという転換であり、そうなると個人の陵墓を大きくする必要はなくなるわけです。過去の歴史のなかでの自分の位置を説明する。ベンチャー企業の社長から、歴代理事・社長の顔を並べた社長室に座る人になるというか。つまり、個人のカリスマとか権威ではなくて、その歴史性において自分自身を正当化するかたちになったことのあらわれが、歴代山陵への奉幣です。

山田　たしかに律令国家という新たな体制ができた段階では、それまでとは違った権威づけのシステムを作り出すことが必要になったのでしょうね。ただ、日本の律令国家は仏教儀礼によって自らを荘厳化していこうという方向があったように思います。それにもかかわらず、平安時代より前の陵墓についてはあまり仏教儀礼というのは入ってこないですね。

北　入ってこないですね。

山田　それはなぜでしょうか。

北　基本的に今の官僚制と同じです。応天門の変を例にとると、いったん神祇官の亀卜《きぼく》によりその原因が山陵の木を切り、汚くしていたからだと判定されます。その後、謝罪の奉幣使の出発が方違《かたたが》えとかなんとかかとかいって遅れているうちに、犯人が逮捕されます。明法博士《みょうほうはかせ》にどういう罪にするかと判定してもらっている段階になって、そろそろ行ってきますと、山陵へ奉幣使が出発しているのです。つまり神祇官の亀卜なら神祇官、山陵使発遣なら諸陵寮といった具合に、それぞれ役所の役割と利権があって、犯人が逮捕されたからおまえたちの判定は間違っていたと言ったら役人が困ります。いったん発遣を命じた以上、幣料も支出してしまっているので困ります。そこで、犯人が逮捕されても行ってしまう。

つまり、仏教と「混じる」「混ざらない」というよりも、「混ぜない」というか。仏教が王権の正当化の役割をになうようになるのは聖武朝だと思いますが、しかし、いったん作った諸陵寮および山陵奉幣の儀は既得権として臨時奉幣も含めたら中世までずっと続いていくのです。制度とその既得権のなせるわざなのです。

山田　仏教が国家システムのなかに本格的に入りこんでくるのは聖武朝以降ということですか。

北　まあそうですね。『続日本紀』の宣命《せんみよう》において、皇祖霊とならべて仏教的尊格が王権の守護者として語られるようになるのもそのころからですから。

山田　王権側が国家的祭祀として仏教を全面的に押し出す、という意味ですか。

北　そうですね。

菱田　天武天皇のお葬式など、かなり仏式であったのではと思いますが。仏教受容の起源という点ではさかのぼるのではないですか？

北　さかのぼれば、舒明天皇の百済大寺《くだらのおおでら》が「国家の寺」の最初だということになりますし、持統朝には国忌《こき》も開始されています。

山田　普通、寺院ができるとわが国が全面的に仏教を取り入れたという話になるけれども、必ずしもそうではない。むしろ国家システムのなかに仏教が本格的にとりいれられるのはもっと遅れるのだ、という話は、これはこれで非常におもしろい。

北　そんなに深い意味を込めて言ったわけじゃないのですが（笑）。

陵寺の成立

山田　菱田さん、日本の場合、古代寺院ではこうした宗廟祭祀、つまり王家の祖先祭祀というのはあんまりやらないということですか。

菱田　まあ、そうでしょうね。墓と寺という関係で一度整理する必要があると思います。逆に山田さんにお尋ねしますが、仁明《にんみょう》天皇のお墓と嘉祥寺《かしょうじ》というような関係が有名だと思いますが、そのような関係がどのあたりでできてくるのか、その成立の画期を教えてください。

山田　これはもちろん段階があると思うのです。たとえば森浩一《もりこういち》先生は割合早い段階を考えておられます。森先生は欽明天皇陵を奈良県橿原《かしはら》市の五条野丸山古墳《ごじょうのまるやま》（見瀬丸山古墳《みせまるやま》）だと考えておられますが、その前方部に隣接したところに軽寺《かるでら》という寺院があります。『日本書紀』では欽明天皇陵の横に大きな柱を立てたという記述があるので、それがこの寺院造営をあらわしたのではないかとおっしゃっておられます。学界ではこれには異論もありますが、森先生の場合は前方後円墳の最終末の六世紀後半の段階から、仏教と寺院の結びつきを考えてもいいのではないかという説なのです。

このような、陵墓に附属した寺院のことを陵寺《りょうじ》といっています。普通には陵寺の成立というのは平安時代前期の仁明天皇陵の段階だとされています。それは確かにその通りなのですが、これにはやはり前段階があって、恨みを飲んで死んで怨霊になった人たちの陵墓に寺院が附設されるという例が見られます。

たとえば、桓武天皇の弟の早良《さわら》親王は藤原種継《ふじわらのたねつぐ》暗殺事件にかかわったとされ、淡路島に流される途中で亡くなってしまった。その後、親王が怨霊になったと考えられたので、彼には崇道《すどう》天皇という名前を与えてその霊を慰める。崇道天皇陵は淡路島にあったのですが、最終的にはこれを大和に遷し、そこに八嶋寺《やしまでら》というお寺をくっ

山田氏

つけました。また、その前にも桓武天皇の父の光仁《こうにん》天皇の皇后であった井上《いのえ》内親王が失脚させられ、ついには殺されてしまう。その場合も、井上内親王の陵に宇智寺《うちでら》という寺院が附設されたらしい。つまり、怨霊祭祀の場合、仏教信仰を持ち込むことによって怨霊をなだめようという段階があったのです。

ただ、その直前がどうだったかというのがよくわからないのです。奈良時代の聖武天皇など、みずから「仏の奴」と自称するくらいですから、彼の陵にも仏教的なものがかかわっていてもよさそうにも思います。聖武天皇陵の横には眉間寺《みけんじ》という寺院が存在しますので、これが陵寺としての役割を果たしていたように言われることもあります。ただ、橿原考古学研究所の今尾文昭《いまおふみあき》さんは眉間寺の成立は聖武天皇陵よりももっと新しいのではないかともおっしゃっていますし、問題が残ります。もっとさかのぼると、聖徳太子の墓は叡福寺《えいふくじ》の境内に存在します。ただこれにも異論があって、叡福寺の成立はもっと後だという説もあります。

いろいろと議論はあるのですが、後期古墳または終末期古墳の段階で仏教と陵墓とのつながりが出てきている可能性は充分にある。それがプロローグになって、最終的には平安時代の陵寺というかたちが成立した、とい考えてもよいような気がしています。これについては北さんはいかがですか。

火葬と仏教の関係

北　平安時代や中世とのつながりという意味では、持統天皇以降の火葬の導入ということもやはり重要だと思うのです。山田先生はその火葬を見通したときに、古代から中世にどう流れていくとお考えですか？

山田　確かに火葬が大きな葬法の転換になることは間違いないと思います。古墳時代の葬儀では長期間の殯をやっていたのですが、火葬の採用とともに殯が衰退するなど、いろいろな変化があらわれます。ただ、天皇として最初に火葬になった持統天皇は夫の天武天皇の古墳に合葬されています。その子の文武《もんむ》天皇も火葬にしたけれども、ちゃんとした古墳（奈良県明日香村中尾山古墳と推定）が造られています。つまり、火葬がすなわち古墳を否定することにはなっていません。

北　火葬と仏教との関係はどうでしょう。

山田　日本では、仏教が入ったからそれが直截に火葬につながるかというと、そんなことはない。ただ、菱田さん、朝鮮半島ではどうでしょうか。仏教が入ってくると火葬になるのですか。

菱田　百済では仏教が入ってくる時期が古いですから、火葬は始まってはいないと思います。新羅《しらぎ》の場合も、横穴式石室がはやっている時期に仏教が入ってきています。

山田　中国では原則として火葬はやらないし。

北　中国では、宗廟制の否定になってしまいますから、火葬自体はさほど広まりません。

山田「火葬＝仏教」という考え方はどこから入ってきたのでしょうね。別に持統天皇まで待たずとも、天武天皇だって仏教を非常に信仰しているわけですね。火葬＝仏教ならば天武天皇だって火葬されていてもよさそうだけど、実際にはそうなっていません。

平安時代の皇統意識

高木　神武天皇を始祖としアマテラスの神代までさかのぼる系譜意識が、古代においていつまで続くのか。今、話題となった仏教の来世観と関わって転換が起きると思うのですが？　これは後の天智天皇を始祖とする平安時代の系譜意識への転換とも関わって。

北　関わってきますね。先ほどの話と同じなのですが、いわゆる荷前のなかの常幣《じょうへい》といわれる儀が神武天皇以降すべての山陵に奉幣もするのですが、八世紀末期ぐらいから新たに別貢幣《べっこうへい》といわれる種類の荷前が行われるようになります。内蔵寮《くらりょう》という天皇の内廷の財源から支出して、きらびやかな物品を、しかも自分から遡って身近な祖先に奉る。宗廟的性格を濃厚にしていくわけです。これまでは歴代性が重視されていたのですが、九世紀になりますと、天智天皇を始祖とみなしつつも、母やそちらの祖父母をも含めた自分からさかのぼった「祖先の祭祀」が誕生してきます。

　別貢幣の成立の理由の一つは、奈良盆地という土地を捨てたことにあります。大和という地を捨てると、その連綿とつながってきた王統の意識よりも、自分自身の正統性が今度は親族関係で判定されるようになり、土地から切り離されたひとつの血縁集団としての、「皇族」の意識が強まるのです。

　そうした皇族のなかで自分たちの先祖を意味づけていくという意味では、桓武にとって天智天皇は「律令」あるいは「律令国家」の始祖であり、そして光仁天皇は自らの血統の始祖である。そのふたつを桓武天皇は自分自身の正当性の根源として設定するわけです。別貢幣が新たな歴史的意義を獲得していくのはそういう文脈のなかでのことだと思っています。

山田　王権の立脚点が地縁から血縁へ変化する。これは確かに面白いですね。

さて、上田長生さん、さっきから黙っておられますが、エネルギー充塡中ですか（笑）。このあたりについてご発言はありますか。

上田長生　各時代における皇統譜がどうなっているのか、僕のなかで落ちつきました。近世になるとほとんど天智から以降という以上のものではなく、近代になってどう変わるのかを考えるためにも、それ以前を確認しておく必要があると思っていました。今のお話でかなりすっきりしました。

陵墓の形式の変化

山田　仏教の影響を考えるのはもちろん重要だけど、その一方で飛鳥時代に大王陵のかたちが変わるのは確かである。それまでは前方後円墳をずっと造ってきたのですが、それがなくなってしまう。天皇陵も方墳になったり、八角墳という奇抜なものが出てくる。八角墳は仏教の影響だということを言われる方もおられます。そのあたりについて、菱田さんは何かお考えはありますか。天皇陵において前方後円墳がなぜ終わったのか、なぜ方墳や八角墳になったか。

菱田　私にはよくわかりませんけれども、意識の変化があったことは確かだと思います。おそらく飛鳥の朝廷が目指したものを視覚的に示したものとして、まず寺の造営があったと思いますが、同寺に、先祖伝来の墓のかたちを変えることも、新たなモードの表現と言えるかと思います。その思想的な背景が仏教になるかどうかは、私にはわかりません。ただ、墓の形式が簡単に変わっていくところがおもしろいと思っております。

天皇の墓の形式という点では飛鳥・奈良時代ではかなり振幅があり、一定しておりませんが、それが桓武朝以降は、定型化した陵墓のまつりとして安定しているように見えます。その飛鳥・奈良時代の振幅に仏教色の濃淡があらわれているかもしれませんね。

山田　天皇陵史上で一番大きいのは、持統天皇陵での火葬の採用ということでなく、奈良時代の初めの元明天皇陵だと思うのです。元明天皇は遺言で自分の葬り方を指示している。その根幹は「薄葬」です。要するに「古墳を造るな」「火葬にせよ」ということです。持統や文武の場合は、火葬をしたら骨を骨壺に入れ、それを古墳に埋納しています。元明天皇は私の遺体を火葬した後、骨を動かしてはいけないと言っています。要するに骨壺に入れず、火葬した場所にそのまま埋めてしまいなさいというのです。さらに、墳丘は造ってはいけない。これは完全に古墳の否定なのです。だから元明天皇の遺言は、いわば古墳の終焉宣言である。私はこの遺言を天皇陵の歴史の一大画期として、非常に高く評価しています。

ただ、それは仏教というよりも、唐の皇帝陵の影響でしょうね。唐ではもう古墳なんか造らないという情報が入ってきて、それで元明天皇は最新モードの葬法に切り替えたのだと理解しています。一方、その後の聖武天皇陵がちょっとよくわからない。聖武天皇は東大寺の大仏を造ったり、国分寺・国分尼寺を建立させたり、仏教信仰の豊かな人であることは明白です。しかし、自分および自分の家族の陵墓をどのようにしようとしたかは、今ひとつよく見えないところがあります。聖武天皇の娘の称徳天皇（孝謙天皇）の陵もよくわかりません。史料的には称徳天皇陵の造営にはかなり多くの人員が必要だったようで、もしかすると古墳の形態が復活したのではないかという気もするのですが、詳細は不明です。

それでその後、平安時代に入っていくわけです。桓武天皇陵は元明天皇陵のように山そのものを御陵にするかたちだったと思うのです。しかし、桓武天皇の次の嵯峨天皇や淳和《じゅんな》天皇は陵の造営を否定します。淳和天皇など、火葬した骨を山の上からばらまいてしまうという極端なことをやらせている。そして、その後の仁明天皇陵のときに、寺院との結びつきがでてくるのです。

奈良時代の元明天皇陵の段階で古墳を否定して、一応のかたちは定まったけれども、その後、奈良時代の後半から平安時代の初期にかけて、政権が変わるたびに方向が変わり、場合によっては極端から極端へ走ってしまう。御陵の否定という話がでてくる一方、それはダメだということで、もういっぺん元に戻って何か造ろうということになる。しかし、薄葬という流れだけは否定できず、もう今さら古墳に戻るわけにはいかない、そこでどうしようかということで、寺院を附設して祖先祭祀をそこで行おうという方向がやっと確立するのです。

日本的宗廟祭祀と仏教

菱田　仁明天皇が採用したやり方はどこから来るのでしょうか。その時代では、承和《じょうわ》の遣唐使が事実上最後の遣唐使として中国に行っていますので、中国からの影響も考えられるかもしれませんね。この時期の社会の変化と仁明天皇のお墓のあり方とが関係している可能性はないのでしょうか。

山田　そのあたりは難しいですね。元明天皇陵ならば唐の皇帝陵の理念を真似しようという方向が見えるのですが、仁明天皇陵についてはどうもそうはいかない。中国の場合は、皇帝陵の側に寺院を建てようという話にならないですからね。要するに、日本独自のなかでいろんな試行錯誤をやりながら、妥協線として落ちついたところが天皇陵と寺院のつながりだと思うのです。

淳和天皇が亡くなるときに、自分の骨は散骨してくれと言った。その時に淳和天皇の側近であった中納言藤原吉野が強硬に反対します。天皇陵とは過去の天皇を祀る「宗廟」なのだ。宗廟の否定は許せないのだ、ということを言っています。つまり、平安時代初期の段階では、天皇陵を宗廟と見る意識が出てくる。先ほどの議論でもでていたように、律令国家成立以降、祖先祭祀のための宗廟が必要であるという流れが落ちついてきた。それを淳和天皇が否定しようとして、それは困るという話になった。だから、宗廟の代わりとして陵寺というものが出てくると考えてはどうか、と思うのです。

北　さっき私が言ったのは、九世紀になって初めて宗廟的性格があらわれるということで、奈良時代のはむしろそうでなくて。

山田　奈良時代の天皇陵は宗廟ではないということですか。別貢幣はどうしていますか。

北　別貢幣ができてくるのは九世紀になってからです。八世紀の常幣は、皇統譜を媒介として幣物を捧げて自己を正当化する目的の祭祀です。そもそも中国の宗廟制は身体を残しておかなければならず、火葬は認められない。宗廟はまさに陵寝制《りょうしんせい》と言われるように陵墓の前に寝を設けて、木主《もくしゅ》を安置し、毎日ご飯を供えて、着物も置いて、つまりその皇帝の家族を形象化したものです。日本においてそういう意味での宗廟制は受け入れられていないし、母方の祖までを含む別貢幣と宗廟制との違いも慎重に考えないといけないと思います。大筋では山田先生がおっしゃるのでいいと思いますが。

山田　宗廟祭祀はむしろ意識として出てくるけれども、かなり日本的に変形されたものです。要するに火葬をやってしまうから遺体もないわけです。遺骨も骨壺に入れられてしまう。そんなものが本来の中国風の宗廟祭祀といえるかというと、かなりずれているというふうに言わざるを得ないですね。そういう視点でみると、仏教が宗廟祭祀にかかわってくるのも、中国的な文化から見ると変な話だと思うのです。

北　位牌を祀るというのは、内裏《だいり》内の御黒戸《おくろど》祭祀を経て近代につながってくるでしょう。宗廟制の木主に起源をもつ位牌自体がすでに仏教と混交しています。仏教を媒介としたかたちでしか宗廟的なものが根づいていかない。そういう意味で、陵寺の成立というところが非常に重要で、どのようなかたちで宗廟祭祀が日本の祖先祭祀に組み込まれていくのかというプロセスが明らかになったら面白くて、全体の流れが通して見ていけるかなと。

山田　ぜひ、北さんの今後の研究テーマとしてやってほしいですね。

北　いやいや山田先生が（笑）。

墓と穢れ

上田　穢《けが》れの問題とどういうふうに関わってくるのですか。後の時代になってくると、近世を経て維新でその穢れを否定していく流れにあります。その段階で宗廟、身体の問題や遺体の問題、穢れの発生やそういう意識が、どの段階で関わってくるのでしょうか。

山田　よくお墓の穢れという話があるのですが、ちょっと誤解もあるように思います。葬式で遺体に直面する段階では、ある程度は穢れという意識があると思うのです。ただ、墓に葬ってからも穢れが継続するかというとこれは疑問です。端的に言って、中世には墓は穢れとは認識されていないのではないか。遺体自身は穢れです。だから平安時代に犬が死体のかけらをくわえて内裏に入ってくると、それはもう大騒ぎになってしまう。ただ、お墓参りをすること自身が穢れになるでしょうか。

上田　あれはもっと後ろの時代じゃないですか。諸陵寮がその穢れの観念からなる人がいないという。諸陵寮の官人になったりすると、その穢れが……。

山田　それはいつの時代までさかのぼれるでしょう。平安時代に墓を穢れとみなした例がありますか。

上田　外池昇《といけのぼる》さんが平安期に諸陵寮の官人や荷前使が「禁忌之官」とされた場合もあることを紹介されていた

ので、そうしたイメージがあったのです。

北　平安中後期の実例をみると、荷前に行っても、帰ってきたらみんなで宴会をしてねぎらうというのが一般的です。連れて行った人みんなに飲ませて食べさせて解散。中世に詳しい人がいたらもうちょっと……。

山田　天皇陵の歴史のなかでは、中世の評価が難しいですね。

陵墓への関心の希薄化

高木　今、平安時代に地縁的な問題から血縁的なものへと転換する話しがでました。陵寺も血縁的な問題と関わると思います。素人の質問ですが、近代になると、古都として奈良が浮上します。同じように平安京にとっての古都が平城京です。だから平城京のとき、たとえば前代の飛鳥に意味のあった時代があったとしたら、次に平安京にとって平城京が古都として意味があった時代があり、次第に墓があった奈良は、荷前使にもうち捨てられるように、ノスタルジーの場でも何でもなくなっていくのでしょうか？

北　たぶん常幣は平安時代中期までは続いていると思いますが、大舎人《おおどねり》レベルが行く程度ですから史料にあまり残らずよくわかりません。延暦一〇年の国忌省除《こきしょうじょ》でも聖武天皇の国忌は残しています。最近紹介された「新撰年中行事」という史料を見ると称徳天皇の国忌も残していますから、皇統の変化とともにすぐ消えるわけではありません。

高木　平安初期まではあるけれども、ということですか。

北　そうです。また、臨時奉幣のなかには残っている可能性もあります。

高木　今のお話を聞いてよくわかりました。平安初期以降になって、たとえば藤原氏などが春日祭や春日社を復興するというのは、そういう意味では血縁的な秩序の登場に照応するといっていいですか。まったく違う論理が登場するということになりますね。

北　梅宮社などいろんな事例から見ても、そういう性格が強くなってきます。

山田　それで、平安時代の『延喜式』の段階では、陵墓のリストもちゃんとしていて、諸陵寮もきちんと仕事をしている。陵墓への奉幣の数が多くなりすぎると削ろうという話が出てくることはあるが、仕事はしているわけですね。そうした体制が平安時代末期ぐらいまでの間にどんどん崩壊して、諸陵寮もあまり仕事をしないようになってきます。その間に大きな画期を考えていいわけでしょうか。

北　高木先生もおっしゃったように、九世紀に別貢幣が成立した段階で、八世紀にやろうとした神武天皇以降のすべての山陵への奉幣という常幣はすでに形骸化しています。ただし、別貢幣の方は諸陵寮も関与しますが、実際は上級官人が派遣されます。だから諸陵寮としては常幣をやっていることが、自分たちの存在意義になりますから、続けようとします。『延喜式』段階では陵墓の柵が潰れてないかのチェックや、草刈りのために毎年二月に使が派遣される規定があります。諸陵寮の官人がそれぞれの地域の管轄の国司と一緒に立ち会いの下、荷前が終わった後の後片づけも含めて二月にやるのでしょう。草も少なく一番掃除がしやすく傷みもよくわかるという状況だと思うのです。そういうことが一応規定されているのが『延喜式』段階であり、陵墓をきちんと管理していることと並行関係にあります。

山田　朝廷全体として、陵墓に対する関心が薄れてきたのでしょうかね。歴代天皇の陵墓は全部ちゃんと祀ろうという段階がまずある。しかし時代が後になってくると、当代の天皇に直接つながる祖先のところまではやらねばならないが、あとは省略してしまおう、ということになってしまう。

それともうひとつは、平安時代中期以降には天皇陵がどんどん寺院とくっついてしまい、寺院の御堂や塔のなかに天皇を埋葬することがおこなわれるようになる。天皇陵と言っていながら、外見は寺院の御堂や塔と変わらなくなるのです。そうなると、そうした天皇陵の管理権も諸陵寮からはずれて、それぞれの寺院に移ってしまう。

北　そういうことになりますね。

山田　すると、諸陵寮は寺院管轄の陵墓を除いた、かなり以前の陵墓だけを管理することになってしまう。そうなると諸陵寮としては、そんな過去の陵墓を管理して何の旨味があるかという話になるのだと思います。平安時代末期の諸陵寮の実状をあらわすものに「諸陵雑事注文」という史料があります。そこにはいくつもの陵墓の名前が書いてあるのですが、そのなかにはほとんど無名の陵墓がたくさん含まれているのです。これは多分、それらの陵墓の被葬者の重要性というものではない。おそらくは、そこであげられている陵墓には陵戸田と呼ばれる農耕地が確保されているのだと思うのです。要するに、そうした陵墓の管理は諸陵寮にとって収入になる。

北　収益的な意味ですね。

山田　どれだけ収益があるかということを基準にして、そうした陵墓だけを残していくことになる。逆に収益にならない陵墓は、いくら被葬者が重要でも諸陵寮が管理を放棄してしまう、ということになるのだと思うのです。

北　そういったのが平安時代後期の実状ですね。

山田　ということで、だんだん中世に入っていきましたね。

中世

寺社の利益誘導による陵墓管理

山田　中世の武家社会に入ると、武士に押されて朝廷が衰退してしまうから天皇陵もよくわからなくなるように思われています。しかし実はそうではなく、その前段階から貴族社会のなかでも天皇陵に関する関心が変化してきて、重要でないと見なされた陵墓は忘れられていく。だから、武士たちにばかり天皇陵衰微の責任を押しつけるのは気の毒だという気がしますね（笑）。

北　古墳時代の陵墓祭祀もそうですし、平安時代の九世紀以降を見てもそうですが、そもそも中国の宗廟祭祀のような五代、七代前までの祖先を自然の感情として意識することがあるのか。中国の伝統的な意識からすると、何代前から枝分かれしても、同じ血を受け継ぐという出自集団の意識が強くあります。

日本の場合、血縁意識といっても、父子同気・同姓不婚の観念もなく、そもそも氏の名というものも「職」を媒介として生まれたものです。江戸時代でも苗字はひとつの職と結びつき、のれんや家職と結びつきながらひとつの社会集団が形成されています。そういう意味では、そもそも血というものを媒介にした血族意識は稀薄で、何代にもわたって祖先として意識することがない。さっき言った神武天皇以降への一系統奉幣は、血縁とは別の皇統譜を媒介にしたミツギの奉献による祭祀であり、政治的なものです。

だから、国のかたちが変われば消えていくのが当たり前です。明治維新以降、すべての人が苗字を得て「何々家の墓」といったものができてきますが、「何々家の墓」といった祖先祭祀が前近代にどれぐらい日本で一般的であったでしょうか。そういうものが前提ではない風土なのです。政治性を媒介として、そういったものが形成されるときもあるけれども、その政治状況が消えれば、おのずから消えるのです。人為的に作られたものだからです。

山田　そういうなかで天皇陵自身も変わってくる。平安後期から中世にかけては寺院が天皇の葬式をやり、その骨を自分のところで管理するかたちになってきます。つまり、一般論として天皇家の先祖代々を祀ろうという話でなくて、その寺院の権益につながったり、自分の寺院の格を高めるための天皇陵の重視、というかたちになってくる。たとえば平安中期の醍醐《だいご》天皇陵の場合、醍醐寺が抱え込んでいます。それは醍醐寺にとってもメリットがあるわけです。うちは醍醐天皇とかかわる由緒あるお寺なのです、というような意味づけになります。

だから中世の天皇陵というのは、寺院が天皇陵を守ることに意義を見いだした場合はきちんと管理される。しかしそうじゃない場合には存在すら忘れ去られることになってくる。このあたりが後の泉涌寺《せんにゆうじ》の問題にもつながってくるのではと思いますし、室町時代の深草の法華堂（後深草天皇以下十二帝陵）もたぶんそうだと思うのです。

北氏

北　逆に言えば、フィクションであってもこの古墳は誰々の古墳だから自分のお寺にはそれを守っていく重要な役割があるのだという由緒を作り上げていく可能性もあります。なぜ中世・近世に忘れ去られたり、または複数の伝承が発生したりするのかというのも、山田先生がおっしゃったような実状を考えると充分に理解しうるものといえます。

山田　古墳時代の誉田山古墳（誉田御廟山古墳）は応神天皇陵になっていますが、その後円部の背後に応神天皇を祭神とする誉田八幡宮がありますね。この神社の創建がいつまでさかのぼるかというのもいろいろ議論があるけれども、平安時代以降には確実に大きな神社になってきます。全国の八幡宮のなかで誉田八幡宮は特別な存在感を発揮するようになりますね。

北　応神天皇陵があるおかげですね。

山田　八幡神とは応神天皇であり、俺のところは応神天皇の陵を守っているのだ、というのが誉田八幡宮のステータスを上げることになっているのですね。だからそれが全国の八幡宮のなかでの存在感を増幅している。誉田山古墳が本当に応神天皇陵かどうか別としても、中世にあって伝承がずっと生き続けるのは、誉田八幡宮の利益誘導みたいなものがあるのではないかと思いますね。

近世

細分化した研究が必要

高木　寺が個別の陵墓を守るようになると同時に、日本史の中世から近世の流れで言えば、朝廷自身が衰微していく問題があります。朝廷自身の陵墓体系の管理能力がなくなっていく問題もあると思うのですが、大嘗祭《だいじょうさい》や賀茂祭も途絶えていく状況と、陵墓を朝廷でなくて個別のお寺が管理していく流れも関わります。

そのなかで泉涌寺の問題が出てきます（カラー図版3）。この辺は研究があまりないところです。今回の上田長生さんのご講演では、泉涌寺の問題、それから天智が始祖であること。実はこれは近世・近代史のなかで新しい視点を出されています。それからもうひとつは元禄や天保や文久の修陵が幕藩制のどういう段階でなされているかを分析されていて、幕政との関わりについても上田さんから指摘がありました。

上田　近世朝廷における陵墓の問題は、まだ本格的に研究されていないところです。少し今回の講演で触れましたが、どうしても幕府の五回の修陵が中心になってきますね。ただやはり、朝廷のなかでどのように陵墓が位置づけられていたのか。きちんと確認していく作業をしていかないと、近世から近代へのつながりもわからないところがあると思います。現在は幕府の修陵政策について、ある程度事実が確定されてきた段階です。

朝廷研究も近年進んでいますが、そのあたりと絡ませながら、近世になり、陵墓がどう位置づけられるのかを考える必要があると思います。ただその朝廷が具体的に何かできるかというと、それは個別・単発的なものしかできていないところがあり、先ほど山田先生がお寺と結びつくということをおっしゃっていて、それが利益誘導のようなかたちで結びついているというお話がありました。実際、近世にも朝廷が後白河天皇や鳥羽天皇の数百回忌では、天皇陵というか寺に使いを送って、曼荼羅会《まんだらえ》が行われていることがわかります。

ただそれも体系的に何かの基準で行ったというわけではなく、おそらくそのときどきの天皇・朝廷の意向や、力関係のなかで出てくること、しかも幕府の許可を得る必要があるなかで、朝廷のなかでも体系的な陵墓に対する位置づけはない。大きな寺が関わっているところで、使いを出しやすいところに個別に出しています。朝廷のなかの問題というと、そういうことになります。そうしたこともあまりわかっていないところがあり、今後は泉涌寺の位置づけとも関わって議論していかなければいけないと思います。

高木　かつては江戸時代の朝廷研究はあまりなく、一九八〇年代ぐらいから宮地正人《みやちまさと》さんとか、高埜利彦《たかのとしひこ》さんとかが登場するわけです。一七世紀末以降、元禄期ぐらいから朝廷が浮上してきて、それをどう幕藩制のなかで位置づけていくか、それから寛政期、文久期などの幕末に、朝廷の権威の浮上の過程をみているわけです。そうした朝廷の段階性の問題と修陵や泉涌寺との関係について、上田さんの方から何かお話して下さい。

上田　江戸時代の天皇陵に関しても、古代・中世ほど研究が進んでいるわけではないのです。どうしても陵墓を一括してとらえがちなところがあり、幕府の政策についても、古代の古墳も中世の泉涌寺のような寺も一括して、修陵政策ということで扱っているように思うのです。また朝廷では、古代の古墳をどうするかあまり考えておらず、それぞれ思惑のずれがあります。

研究史でも今のところ古代から近世の陵墓を一括してとらえている段階で、もう少し幕府や朝廷それぞれの思惑、何を対象にしようとしているのかもふまえて、考えていかないといけないということです。

幕府の政策も古墳に関する政策と、泉涌寺に関わるものが完全に区別されていて、近世の直近の先祖祭祀としての泉涌寺の祭祀に関しては、継続的に幕初の段階から援助して、泉涌寺の修復などを一〇年に一回程度行っているのです。それに対して、古墳の修復は元禄期に初めて出てきます。

陵墓ということでみると、一括してとらえがちなのですが、古墳と、泉涌寺、あるいは般舟三昧院《はんじゅうさんまいいん》のような寺院、しかも現実に天皇家が必要としているような祭祀に関わるものは、区別して議論していかないといけないと思います。

天智天皇の位置づけ

高木　先ほど北先生のお話の平安京の問題で、奈良時代の神武的な始祖から、荷前使の別貢幣が出てきて、天智から桓武以降の平安京の天皇陵の始祖の血筋へと転換する話だったわけです。その問題はその後どうなるのでしょうか？　平安後期から室町ぐらいになると、天智陵だけは守ろうとしますが、全体の陵墓の体系は崩れてくると思うのです。その辺の具体的な様相はどういうふうに？

北　崩れてくるとは、どう？

高木　上田さんの天智の話につながる前提というのは。

北　中世でどう崩れてくるのですか。山田先生ご存じですか？

山田　たとえばその当時のえらい人、足利将軍家でも足利歴代将軍のお墓は実はあまりちゃんとしていません。ただし、お葬式は等持院《とうじいん》でやる。それで、その後相国寺《しょうこくじ》に持っていって、たとえば足利義政なら慈照院《じしょういん》という塔所《とうしょ》（塔頭《たっちゅう》）を造るのです。そこで位牌を祀る。その境内にたぶんお墓も造っているのでしょうが、お墓はあまり意味がなく、その祖先祭祀を相国寺の塔頭で行うことが重要になるわけです。中世の段階ではそういうふうに変わってきて、お寺自身が祖先祭祀の責任を持っていくかたちになるのではと思うのです。

ただそれが秀吉になると今度はちょっと変で、阿弥陀ケ峰の上にお墓を造って、豊国社《とよくにしゃ》という神社を造り、豊《ほう》国大明神《こくだいみょうじん》というかたちになるのです。で、家康もそれを引き継いで日光東照宮に祀られる。その後の徳川将軍家では歴代将軍のお墓を寛永寺《かんえいじ》に造るかたちになってくる。徳川将軍家の場合は、最終的には個々の将軍さんにお寺を造るのでなくて、寛永寺が責任を持つかたちになるのです。だから天皇家の祭祀を泉涌寺が責任を持ってするというのも、その流れと変わらない気がするのですがどうでしょう？

高木　泉涌寺でも直接天智天皇起源の問題と泉涌寺の成り立ちとは関係ないのです。その一方で、上田さんの言われたように、山科郷で室町時代や江戸時代でも、天智天皇陵を特定の家がお守りしました。近世において現実の天皇家の祖先の問題と、それとは別に歴史上の天智天皇というのは、別々に存在した感じがしますね。

上田　戦国から織豊期ぐらいに、どの陵墓が具体的に天智陵などと見られていたのか、具体的にまだ明らかにされていません。そもそもそうした認識ができる時代かという問題もあるので、なんとなく天智なのだという以上には詰められていません。位牌にしても御黒戸は天智からということでわかるのですが、それが本当に意味を持っていたのかというと、もしかしたら断絶があったのかもしれないと思います。

山田　平安時代以降の天皇家は天武系じゃなくて天智系だから天智の方がずっと祀られ続けていた、という認識で語られることがよくあります。しかし実はそれもそう単純にはいかず、いろいろごちゃごちゃした変容があるなかで、最終的に天智系におさまってきたところもあるかもしれない。あまり一元化しない方がいいかも知れません。

上田　近世のある段階で、もう一度意味を見いだされたという可能性があると思います。まだその辺りもあまりわかっていないところです。

高木　ちょっと質問していいですか。泉涌寺の役割が寛永寺みたいになるというお話ですが、泉涌寺近辺の陵墓に対する祀り以外で、たとえば泉涌寺のお坊さんがどこか御陵へ出かけていって法会を行うようなことはあったのでしょうか？

上田　それはありません。先ほどの後白河天皇だったら蓮華王院《れんげおういん》、宇多《うだ》天皇だったら仁和寺《にんなじ》というかたちで、陵墓が所在するそれぞれの寺が行うことはあります。泉涌寺はその天皇家の葬送儀礼ということで御所へは行きますが、それ以外には関わらないと思います。

高木　今は泉涌寺のお坊さんが明治天皇と後二条天皇の北白河陵へ行くようです。それも近隣です。

山田　なんで後二条？　なんであんなところへ行くのだろ？

高木　近世における天智天皇系譜から、重要なのは、明治維新のときにまたもう一度神武天皇の血筋になります。あと近現代の問題でいきますと、一九二六年の「皇室陵墓令」で決められた上円下方墳は天智陵をモデルにされました。その時、荷前使の儀礼を復古する議論が出ました。荷前使からずっと延々と天智陵は陵形を維持されてきたことが当時指摘されました。重要な議論です。

桓武天皇陵重視の視点

山田　上田さんのお話のなかで、江戸時代に桓武陵に対して何かしていることを言われています。これはやはり桓武も一応は重視されていたことになるのでしょうか。

上田　なかなか評価が難しいところで、恒常的に何かしているということではどうもありません。今回の講演で申し上げた通り、天明七年に京都の大部分が焼ける大火があるのですが、その時に御所も焼けてしまい、天皇、女院《にょいん》、上皇がみんな東山の方に避難します。

その際、恭礼門院《きょうらいもんいん》（桃園天皇女御一条富子）という女院が、桓武陵がきちんと祀られていないことを認識して、これを問題視し、使いを送ることになったのです。どこまで評価してよいのかわからないのですが、京都が焼けるという大惨事のなかで、桓武が甦ってきたのではないかと思います。天明七年、一八世紀の末です。

文化二年がちょうど桓武天皇の一〇〇〇回忌にあたります。その際、光格天皇が、使いを送ってお祀りをするのですが、継続的に行われたかというと、どうもそうではないようです。だからなかなか評価が難しいところですが、やはり桓武天皇が朝廷のなかで意識される段階ではあったということです。

上田氏

高木　桓武天皇のお祀りは仏式ですか、神式ですか？

上田　仏式だと思います。納経していますので。

北　僕もそこに興味があって聞きたかったのです。古代では、たとえば平安京が洪水にあった場合には桓武天皇陵、大仏の首が落ちれば聖武天皇陵。平安京の守護として桓武天皇陵の意味は、象徴的なものとしてずっと残る。ただ、山田先生の説でいうと、桓武陵はこのころにはないという話になっているのですが、どうお考えでしょうか。

山田　本当の桓武陵はなくなっています。ただし、嘘の桓武陵はあります（笑）。元禄の段階で桓武陵は深草の、現在の仁明天皇陵脇に浄蓮華院《じょうれんげいん》という小さなお寺があり、そのなかにある谷口古墳という円墳が桓武陵になって、ほぼ江戸時代にはそれが桓武陵として祭祀が続くのですね。だから上田さんのおっしゃった納経に行った話は、たぶんその古墳の前ではないかと思います。

上田　ちょうど天明期には、女院が「桓武天皇陵」と書いた石柱を立てるということで、その後の地誌や、桓武陵の考証書にも確か碑が書いてあったと思います。

山田　平安京が危機のときにはポッと出てくるような意識があった桓武陵は、実は文久の修陵で無視されているのです。桓武陵は、文久の修陵では修陵されてない。だからあの絵図に載ってないのです。それであらためて明治に入ってから、明治新政府の下で、現在の桃山城天守閣の下側にある桓武陵が整備されます。桓武陵がいったん消えちゃうのです。あれはなぜなのでしょう？　というのはたいへん疑問として残ります。

上田　幕末の修陵を考証面で支えた谷森善臣《たにもりよしおみ》という考証家がいます。谷森もその桓武陵を考証していると思うのですが、谷森が一番重視していたのは神武陵でした。そこに陵墓観をめぐる転換があるのですが、そのなかで桓武陵を谷森がどう見ていたのかもう一度確認してみる必要があります。おそらく谷森のなかでは何よりも神武陵を整えることが大切でした。天智陵は山科陵で他に疑いようがありませんのでそのままでいいですが、桓武陵はさして重視していません。文久の段階では神武陵の方に主眼があるので、おそらくそのようになったのだと思います。

高木　逆になぜ桓武陵は平安京遷都の当事者なのに、大事にされなかったのですか？　中世で天智天皇は大事にされるけれども、桓武天皇は曖昧になるというのはなぜなのでしょうか？

北　むしろ平安京が京都という都市になっていく過程のなかで、ますます重要な意義を持つようになりそうですけれども。

山田　なぜでしょうね。

高木　案外、桓武天皇の重視の視点は、平安神宮の歴史意識によって創られたかもしれません。

山田　なるほど、それはありうるかもしれませんね。

高木　案外ではなく、それが常識だとすればおもしろいなあ。我々も何か平安神宮史観になっているのかもしれません。

山田　中世では逆に平安京の守護というと将軍塚、平安京になにかあるときは将軍塚が揺れるのだと変な方に守護伝承がいってしまって、桓武陵がどこか飛んでしまったみたいな気がします。その方がむしろ普通かもしれませんが、逆に天智陵だけは地元民も大事にしていました。朝廷としても時々はやっぱりちゃんと見に行こうという話になって、天智陵だけがむしろ例外的に重視されていて、その理由を考える方がいいのかもしれないですね。

文久の修陵

現在の陵墓の原形

高木　続いて「文久の修陵」から明治維新へと続きます。

上田　先駆的な研究は、考古学研究者や古代史研究者の方が、陵墓公開運動のなかで進めてこられたわけですが、最近、文献史学の方からもアプローチが見られるようになってきました。残された史料に規定されているところがあるのですが、文献史学では天皇陵をどう見るかというとき、幕末の動きが近代に直接連続していくという議論もあります。また、段階的な時期差を重視する見方もあります。周辺の人たちがどのように天皇陵を見て、どのように活用していたのかを問う視角もありますね。意外と弱いのは、天皇陵研究がどのように近世の考証のなかで位置づくのか。それが意外とあまり進んでいませんので、今後の課題です。

高木　どうですか？　他の方で文久から明治維新期にかかわっての発言を……。

山田　前に書いたことがあるけれど、文久の修陵は確かに谷森善臣の個人的な思想なのか、それまでの天皇陵の話と違っているのは、天皇陵とお寺を完全に切り離そうという意思が明確なのです。

だから高木さんが触れておられた、たとえば安楽寿院《あんらくじゅいん》の近衛天皇陵でも、わざわざ柵をしてしまってお寺から切り離しています。泉涌寺は切り離すわけにはなかなかいかなかったけれど、それまでの天皇家の祖先祭祀に大きな役割を果たしていたお寺に対して、お前のところはもういらないと、といってしまうわけです。それを明治政府が引き継いでいき、陵墓祭祀は国家が専有するようになっていく。思想的・イデオロギー的に、文久の修陵から明治維新にかけて天皇陵祭祀の問題が、それまでとはゴロッと変えられてしまったという印象があります。

高木　その後の明治四年の皇室の神仏分離にいたるまでの激変だと思います。不思議なのは、文久の修陵で言うと、神武陵の修理費が一万両以上で、ほとんど神武陵がメインです。実は慶応三年一二月の王政復古の大号令の時でも、神武創業にすることは意見が分かれますでしょう？　だけれどもその陵墓の治定ということでいうと、関わった国学者は神武天皇ありきです。

上田　ただその辺り、先ほど山田先生もおっしゃったように、谷森がなぜそうした思想なのか、十分わからないところがあります。彼の残した文献考証の史料はあるのですが、そこからどうやって彼の思想を読み出すのか、なかなか難しいところです。なぜそうなったか、慶応四年の山陵御穢《さんりょうおんけがれ》の審議で、山陵が神社に等しい「聖」なる場だと非常に画期的なことを言って、陵墓の見方を変えてしまう、かなり特異な思想をもった人だったことはわかります。しかし、それ以上は具体的にはなかなかわからないところです。

文久が非常に画期的だということで、山田先生もおっしゃったのですが、文久期の前と後はすべて異なります。嘉永・安政の段階まででも全然違うのですが、嘉永・安政までは祭祀が全然伴っていなかったのです。文久以降にはすべての陵墓で祭祀を行うことで、鳥居を建ててきちんと祭祀を行っていくと。それまでの修陵は、陵墓の修復をして探したりするだけです。祭祀は伴っていなかったのです。それが文久期の政治状況にあって、国家祭祀に陵墓を組み入れていくことで、大きく転換したのです。そこで神武天皇が注目されるのだろうと思います。

高木　幕末から明治維新で陵墓の祭祀と神祇官ができ、皇室の祭祀ができあがっていき、皇室の年中行事のなかに陵墓の問題も位置づいて、皇霊が成立していくと思うのです。

先ほどの山田さんのお話のなかで言うと、明治維新の変革を通じて、それ以前の古代・中世以来のいろいろ蓄積してきたもののなかから、選びとっていくのですかね？　陵墓として選びとられる。仏教的な要素は切り捨てられてゆく。選びとられて、我々が見ている今日の陵墓の、原形が創り出されていくのだと思います。

近代

マスとしての「皇祖皇宗」の体系が整えられる

高木　近代に入っていきます。外池さんの研究でも指摘され、それから今回、私が講演したことでもあります。新しいものが近世から断絶して創り出される一方で、たとえば陵墓参考地の決定にしてもそうですし、明治後半から大正期にかけて景観も含めた整備は遅い時期で、明治初年に全部完結していません。また一九世紀的なものが残っていることに、陵墓に対するものの見方や学知の特徴があると思います。明治維新を経て、断絶の面と連続している両面があるかと思います。

まず明治維新の変革のところで他に何かありますか？

山田　明治維新から明治を通じてだと思うのですが、文久の修陵である程度整備してそのまま受け継いでずっといくのと、文久の修陵でしたのをさらに明治政府が大々的に整備したものがあります。たとえば神武陵がそうだと思うのです。神武陵は明治の初めぐらいの絵図を見ると、八角墳みたいなものがあり、たぶん明治政府が手を入れて、その後現在は直系三〇メートルぐらいの円墳になっている。文久の修陵はあくまで天皇陵だけですが、明治政府はその他の皇族などもどんどん積極的に治定して、それもちゃんとしていこうと。

よく知られているように、奈良県橿原市の桝山《ますやま》古墳なんて倭彦命《やまとひこのみこと》の墓ということだけれど、本当は方墳なのに周りに前方後円墳状に生け垣を作って前方後円墳に見せかけているとか。明治政府もあるイデオロギーに基づいて積極的にやっています。

上田　幕末段階と明治以降を分ける非常に大きな問題が皇族墓の問題だと思うのです。明治四年に「太政官布告《だじょうかんふこく》」で全国の皇族墓の調査を命じます。他の陵墓政策はたいてい「太政官達《たっし》」を出しているのですが、「太政官布告」という最上級の達を出しています。村方文書《むらかたもんじょ》を見ていると、あちこちでその布告が書き留められていて、影響しているのもわかるのです。そういうものが古墳に対する見方を地域で変えていったと思います。

　諸皇族墓を探すことは、一方で皇統譜というものを確定していく、近代の天皇制にとって不可欠の皇統譜を確定していくこととパラレルなので、近代史の問題として系図をどういうふうに確定して、皇族の範囲をどう区切るか、そういう議論をしていくと明治期の陵墓治定の特質も出てくると思います。

高木　まさにおっしゃった通りで、「皇統譜」は明治三年（一八七〇）から明治二四年（一八九一）まで、約二〇年かけて戸籍や系図にあたるものができるのです。天皇だけでなくて皇族・皇后を含めて。そういう「万世一系」の体系と、天皇陵だけでなくて、皇族も含めた墓が、今井堯《いまいたかし》さんの研究だと一八七四年から七九年に集中的に治定されます。そういう意味では前近代の先祖祭祀が、お寺と結びついて近親者だとか個人の先祖だとかを供養していたのとは全然違う、マスとしての「皇祖皇宗」の体系ができあがってくると思いますね。

北　幕末・明治の段階で、従来始祖的に位置づけられてきた天智陵というものについてはどのように考えられるようになり、神武陵の重視へと転換していくのですか？

上田　明治天皇が東京へ行く前に、孝明《こうめい》陵と天智陵に詣っているのですが、これを公家がみなで止めます。陵墓になんか詣ってはいけない、穢れると言って止めるのです。それを押しきって維新官僚が参拝させますが、その段階では、天智陵がある意味を持っていたのかもしれません。あとあと天智陵が出てくることはないと思います。

高木　安田浩《やすだひろし》さんが、陵墓公開運動二〇周年の時に指摘されていますが、慶応四年まで天智陵への奉幣が残ります（「近代の文化財行政と陵墓」『日本の古墳と天皇陵』同成社、二〇〇〇年）。ですから神武陵と天智陵への奉幣が、併存して残っていたのが一八六八年（慶応四）で消えるのです。先ほど申したような一九二六年の「皇室陵墓令」のときに天智陵がモデルになったのは、陵のかたちが古代以来守られてきたことが理由です。したがって増《ま》田《す》于《だ》信《ゆきのぶ》という宮内省の官僚が、天智陵をモデルにしながら「皇室陵墓令」を作っていきます。

北　祭祀や報告の対象として直近の孝明陵や天智陵が象徴的なものとして扱われたのはそれが最後なのですね。

高木　近代の問題でいきますと、「大日本帝国憲法」の発布が、明治維新の次に重要な画期で、その時に長慶陵を除く天皇陵がすべて決められていきます。それと同時に、秘匿された皇室財産系文化財問題もはじまるわけです。皇室財産のなかに陵墓が組み込まれていくというのが、「大日本帝国憲法」発布と関わってくるわけです。その時に新冠《にいかっぷ》牧場とか木曽の御料林とか、そういうもののなかに天皇陵が入ってくる問題があります。先ほどから出ているような、今井堯さんの研究があるように、皇后墓は明治のひと桁でほぼ決定し、皇族墓の方は一九一〇年代くらいまでに治定がなる。陵墓参考地の決定の問題も明治二〇年代以降です。陵墓体系が明治維新でカチッと決まっているわけではなくて、その後も順番に徐々に整えられていったのだと思います。

山田　おそらく近代の明治政府の基本方針として、歴代天皇陵は一番大事だから、何が何でも多少無理矢理にでも決めてしまう。嘘であろうと何であろうと決めてしまわなければならないというのがあります。ただそれ以外の皇族墓や皇后陵については、ちゃんと決められるものはもちろん決めたらいいと。でも何が何でも無理矢理に、全部決めてしまわなければならないというのではなくて、結局それが「陵墓参考地」というけったいなものができていった原因のひとつだと思うのです。

だから外池昇さんがこの前まとめられた『事典　陵墓参考地』（吉川弘文館、二〇〇五年）なんかも見ていくと、結構真面目に検討して、これは誰それの皇后陵ではないかと。でも今の段階ではまだわからないからおいておこうと。もし天皇陵と決まってないものだったら、無理矢理にでもしていると思うのです。その辺りは明治政府が天皇だけを重視する、そんなやり方があらわれているような感じです。

陵墓と地域社会

高木　そうですね。長慶天皇陵を例外として……。

近代史から言いますと、昭和期の社会や天皇制のイメージを明治期に押しつけてはいけない。その「天皇制」という言葉自身が一九三〇年代に登場する概念です。

明治の社会を見ると、いろんな可能性がある時代で、崇神陵の花見が明治二〇年代までありました。それから頭痛治しの御利益から後白河天皇陵を命日に開放して、名所として人が来ます。明治の二〇年代、三〇年代までは、天皇陵も荒れているので、昭和期と明治期とではだいぶん様相が違うのかなと思います。

菱田　陵墓が地域社会から切り離されていくという視点からみると、どのあたりに大きな画期があるのですか？

高木　明治一〇年代に宮内省に陵墓が移管されるとき、所有関係がはっきりしてくるかと思います。

山田　これは上田さんが触れたところですが、長《おさ》・守戸にするのに、地方では地元で立候補して、地元有力者がなっている。だから、一方では形式的には切り離されているけれども、地元としてはそこを自分のところのものだと認識しているようですね。

菱田　そういう習慣は近代になっても続いているのでしょうか？

上田　その評価はわりと難しいところがあります。天智陵は江戸時代からやっていた人がずっとやっているのです。地域社会から切り離されているとは言い切れないところもあります。でも実際には明治期に、京都では管理者が一斉異動させられたりということがあったりするので、官吏化しています。官僚化してしまったところもありますが、もしかしたら個別の陵墓では天智陵のように継続していたり、なかなか難しいところがあります。

周辺村落の人々は幕末期には積極的に管理に携わるのですが、実際には管理をしても思ったほどメリットがなかったので、明治初年にはみんな一斉にやめていくのです。おそらくそれが明治後期の段階で、地域社会で陵墓に関わるという名望家的なところで重視されるところもあると思います。ただそこまでちょっと地域に即した研究はないと思います。

高木　社会との関わりでいうと、二〇世紀の皇陵巡拝にみられるように、日露戦後の天皇制そのものが社会に浸透することと非常に関わると思うのです。明治初年は天皇が遠いものであったのが、日清・日露戦争を通じて国民に浸透して、同時に天皇陵の知識も普及してくる。そういう知ることと密接に関わってくると思うのです。大衆社会状況のなかでさらに天皇制や天皇陵は情報として国民に共有される。

山田　神武天皇の場合は明治か大正かわかりませんが、神武天皇陵に参拝することが大事なのか、橿原神宮に参拝することが大事なのか。まあどっちも近所だから両方ということになると思うのですが、どうなのですか？

高木　明治憲法体制以降はやっぱり橿原神宮が大きいと思うのです。

山田　なぜですか？

高木　たとえば橿原神宮が身近なものになっていく例として、畝傍山山麓には一八九〇年（明治二三）までは神武陵しかないのです。神武陵しかないときにはみんなそこに神社の代わりとしてお詣りして、そこで競馬をして、花火をあげて、縁日をやっていますね。創建後に橿原神宮と陵墓とが分かれると、神社でも厳粛な儀式もありますけれど、祭礼的なものは神社で行われ、神武陵の前で競馬も花火もしなくなりました。やはり身近なものは橿原神宮になっていくと思うのです。江戸時代以来の陵墓における花見などの、陵墓が身近にあった雰囲気は、明治の一〇年代・二〇年代ぐらいまで続き、陵墓も身近なものだったのです。
菱田　時代がさかのぼって申し訳ないのですが、明治初年にあった姿というのは文久の修理後の姿だと思いますが、それが花見とか行楽とかの対象にもなっていたと理解してよいのでしょうか？
上田　たぶん修理した人たちはそういうことは意図していないと思いますね。中央では谷森善臣などは真剣にしていたと思うのですが、それを地域で受けとめた人や、地方の府県レベルで受けとめた人が、むしろとらえ返して、活かしていくというようなことがあったかもしれません。
菱田　そうすると、陵墓が地域社会とのつながりが密であったために、本来の意図と受け取られ方とのズレが生じたということですか？
高木　だからその山辺の道の崇神天皇陵（行燈山古墳《あんどんやま》）の場合は、桜が植えられるのは文久の修陵の時なのです。一八六〇年代から一八九〇年代までが花見の時代だったのです。
山田　確かに意図しているのかどうか知らないけれど、文久の山陵図では整備前と整備後が写っています。整備後以来、何か花が咲いていています。
高木　そうなのです、そうそう。
山田　えらいきれいになっていますね。ある程度は絵の見ばえを良くするために、ちゃんとした方がいいと考えられたのかもしれませんが。
菱田　重々しい厳粛な場というより、何か花見に使えるようなものになっているのですね。

高木　実は私もそういう分析をしたのですが、鶴沢探真《つるさわたんしん》の『御陵画帖』には京都の天龍寺の後嵯峨・亀山陵に、満開の桜が兆域に植えられたり、清閑寺《せいかんじ》の高倉天皇陵では楓が墳丘に並木で植えられたり、名所としての古墳があったと思うのです。

山田　天皇陵の花見、おもしろいですね。

高木氏

大正時代の制度化

高木　さて法律的な問題で言うと、やっぱり「皇室陵墓令」が重要です。そこで上円下方墳または円丘という陵形の規定ができました。天智陵は、現在は上は八角形です。それから決定的に大きいのは、これから東京府およびこれに隣接したところに造営するというわけです。ですので、大正・昭和天皇からは多摩陵になっていくわけです。当時、上円下方墳、すなわち上円だと思われた。

山田　それが何年でしたっけ？

高木　一九二六年ですね。昭和元年で大正天皇が亡くなる年です。この年の一〇月二一日に「皇室陵墓令」が「皇室喪儀令」とセットで公布され、その二か月後に大正天皇が亡くなっています。

山田　明らかに大正天皇のために準備をしておこうという、そんな感じで出すわけですか？

高木　そうですね。伊藤博文・伊東巳代治《いとうみよじ》らが、「皇室令」といわれる「登極令《とうきょくれい》」とか、「皇室婚嫁令《こうしつこんかれい》」とかさまざまなものを制度化しようとしました。明治の後期です。そのひとつにはやっぱり明治天皇のようなカリスマでなくて、大正天皇が弱体であったこともありますし、システマティックに運営していくということで法令を作っていくのですね。今おっしゃったように、大正天皇個人の問題があると思います。したがって「皇室陵墓令」は、「皇室婚嫁令」や「登極令」など様々な皇室の法令のなかのひとつとして、陵墓の問題もシステムとして、皇室の制度を整えるなかでできてくると思います。

山田　「皇室典範」はずっと前にできているわけですか？

高木　一八八九年（明治二二）で、それは骨組みだけです。簡単なことしか決めていない。男系・天皇の継承など基本的なことしか決めていなくて、そのパーツを「皇室令」という法体系、「皇室陵墓令」や「皇室喪儀令」のなかで決めていきます。

山田　なぜ「皇室典範」を言ったのかというと、「皇室典範」「旧皇室典範」のなかでは、「天皇即位式は即位の令は京都で行う」という字句が入っていて、京都御所で即位礼をやるという規定になっています。

だから一方では、京都をそういうかたちで使っていこうとします。伝統的な都として、外国に対しても俺のところは西洋の猿まねではなくて、伝統文化でやっているのだということを示す。

その一方で「陵墓令」のなかでは、もう京都や奈良でなくて、今の都である東京に陵墓を造るのだという。何か一見そのベクトルが逆方向を向いているような気もするし、二刀流でやっているような気もします。

高木　近陵はもう東京の周りに造ります。祖先の明治天皇以前はノスタルジーの場として、あるいは歴史の場として、近畿圏にあるというコンセプトがこの時にできあがります。即位や大嘗祭は伝統的な空間で行う。でも皇室陵墓令でなぜ以後は東京になったのか、この辺はよくわからないですね。いろいろ根拠を探しているのですが。

上田　それは明治神宮を造らないといけなかった経緯と関わることではないですか？　桃山に陵を造ったので、

東京の方で明治神宮を建てるという動きがおこることでできるわけですので、そうした動きを抑えることと、そもそも大正天皇がそこまで京都に思い入れを持っていないこと。そういうところで、もう法令として決めてしまったところなのかなと思ったのですが。

高木　今おっしゃったように、確かに宮中では、特に明治天皇のときまでは、近世の朝廷の文化を重んじ引きずっています。

戦　後〜今後の問題

国有財産としての陵墓

高木　では戦後の問題に入っていきましょうか。特に戦後改革で今日まで重要なのは、専門家はよくご存知でしょうが、実は陵墓は国有財産であることです。一九四八年に「国有財産法」ができて、陵墓は皇居や京都御所や桂離宮や正倉院などとともに、国有財産のなかの皇室用財産になったのです。これが戦前の私的な財産と決定的に違うようになるわけです。

ちょっと先走って申しますと、文化財の活用や公開という問題を考えていくとき、ひとつの論点として、国有財産としての陵墓をどう考えていくかも必要かと思うわけです。だから、戦前の「大日本帝国憲法」から「日本国憲法」にかわって、象徴天皇制下において国有財産のなかの天皇陵になりました。それは結局私的な財産だと代替わりごとに相続税がかかってきますので、仁徳天皇陵が半分になってしまうといった、プライベートな財産への課税がおこることもあり得たのです。あとは陵墓の公開や世界遺産の問題とか、みなさんで最後に議論をしていただきたいと思います。

菱田　陵墓公開の問題で常々取りあげられてきているのは、古墳時代の巨大古墳の大半が陵墓に含まれているという現状をどのように考えるのかということです。古墳時代の研究者にとって、重要な研究資料が非公開の部分に含まれているという現状は、他の国々に例をみない困難な状況にあると認識しているのです。

ですので、公開運動は、せめて立ち入りぐらいは認めてもらえないかというところから出発しているわけです。また、当然、陵墓には文化財としても超一級の価値を持つものが多数ありますが、文化財保護法の枠のなかに入らず、指定されないまま、宮内庁の管理を受けているという現状も問題視されています。そういう現状から「世界遺産へ」という動きになりつつあるのですが、この動きをどのように考えるのかということは、研究者それぞれにとってたいへん大きな問題だと思っております。

高木　一人ずつ聞いていきましょう。

山田　陵墓というのは、基本的にはやはりいろんな側面を持っているというのは確かで、これはひとつには「日本国民の文化財である」という、そして学術的にも一級資料であるということがひとつある。ただ私としたら、やはり日本国家は「象徴天皇制」をとっているわけですから、天皇家祖先の墓であるという側面も無視してはならない。全部が全部証明できるわけではないけれども、たとえば明治天皇陵は今の天皇さんの曾おじいさんのお墓であることはもう間違いないわけだから、やっぱりそれについても配慮をしなければならないのだろう。これは両方バランスをとれた状況を作っていったらいいわけで、どちらか一方に偏るとまずいということだと思います。

だから、信仰の対象である側面も持っていいてもいいし、一方では文化財であり、研究対象で広く公開していくバランスをとっていく。それは信仰の対象だから、一切立ち入りしてはならないのだというと、これはやっぱり

バランスを欠くことになるのだと思うのです。かといって、すぐに掘らせろというのは、それは乱暴な話だと思います。
たとえば神社やお寺のご本尊や神社祭祀が置かれている状況と似たようなかたちであれば、伊勢神宮でもご神体は公開されません。天皇陵でも内部主体は公開できないけれどもそれ以外ならば、というぐらいの制限はあってもいいと思うのです。ただし、ちゃんとした手続きを経て敬虔な気持ちならなかに入ってもよろしいなど。年に一回は京都御所みたいに、「一般公開」して誰でも入れるようにしましょうというところであれば、象徴天皇にとっても絶対メリットはあると思っているのです。天皇家を国民により親しんでもらえるためにも。だから、なぜあそこまで頑固に公開を拒まれるのか、ちょっとよくわからないです。
菱田　たとえば琉球王家の墓所である玉陵《たまうどうん》は、墓室や中庭には立ち入ることができませんが、外庭からなかをうかがうことができます。そして、史跡に指定され、世界遺産にも登録されています。尊厳を護りつつ、公開をおこなうという文化遺産の例は、世界中にあるのではないかと思いますが。

山田　もちろんなかには国民の財産だから、無条件ですべて公開して、誰でもがまったく制限なしに入れるようにしなさいという人もあるわけです。そこまでいくといろんな抵抗があるので、折衷案をいろいろ考えてみたらよいのではないかと思います。

北　この座談会のテーマ自体が「歴史のなかの天皇陵」であるように、天皇陵が歴史のなかでどう意味づけられてきたか、これこそが天皇陵とは何かということを解くカギだと思うのです。実在するのは具体的な古墳や葬地であるわけで、もちろん文化財的意義も持っています。それが、ある時は歴代天皇陵として意味づけられたり、それ以前の古墳時代には大王位の継承儀礼が行われる場であったり、次世代にとってのモニュメントとして用いられたりしています。中世末期にお城にするために破壊されたときもあれば、近世・近代には新たな意味が見いだされたりもします。だから天皇陵というのは、ある意味実在である以上に、ひとつの時代の観念の現象形態という側面をもつと思うのです。

天皇陵は公開されるべきか、あるいは文化財とどういう関係にあるのかは、その時代の国制や歴史観と表裏一体の関係にあります。皇室の祖先墓と一言でいっても、先の議論で出てきたように、祖先という観念自体が歴史性を帯びています。歴代天皇を祖先と考える場合もあれば、天智陵以降を祖先と考える場合もあれば、あるいは宗廟的な性格を持つときもあれば、そうでないときもある。つまり「血縁」というもので天皇の祖先観念をとらえるのか、あるいは歴代天皇という「地位」＝皇祖の観念で祖先をとらえるか。これにも歴史性があるわけですから、戦後のロイヤルファミリー的な観念のもとで新たに意味づけられてきた天皇陵と、戦前の皇祖の天皇陵という観念との間にも、また微妙な違いがあると思います。

そういう意味では、天皇陵がどのように位置づけられていくか、世界遺産・文化財としてどう認識されていくかは、もっと大きな国家のあり方の変化と対応しているのかなという気がします。主体性のない意見ですけど、時間のなかでこの日本がどう変わるかによってもう一度閉鎖される場合もあるし、開かれる場合もある。どういう性格を持つものとして意味づけられてくるのかも変わってくると思います。

公開・活用のあり方の様々な議論が必要

高木　僕はさっき別の感想を持ったのですが、菱田さんと北さんの講演をお聞きして、菱田さんの方でいいますと、一九世紀の国学者たちの考証の営みと古墳時代研究の道具立てが非常に似ているなと。一九世紀の考古学者たちは、別に天皇陵の体系を捏造しようとしたわけではなくて、大まじめに当時の学問水準で考証したわけです。その時に文献の無批判な考証と口碑流伝や伝承を集めて考証しました。それは「一九世紀の学知」だと思うのです。その後の津田左右吉の文献批判とか、浜田耕作《はまだこうさく》の考古学が出てくるなかで、学問的に齟齬が出る部分と、社会においては歴史認識が温存される部分があり、現在にいたります。

当時の「一九世紀の学知」で決められた「一九世紀の陵墓体系」が「凍結」されたまま今日にいたって、その後、今日の学問にてらして、陵墓について違っている部分や合致している部分がでてきたのだろうと思います。陵墓本体も一九世紀のまま「凍結」され非公開ですので、菱田さんが分析されるような、伝承を吟味したり、墳形の分類をしたり、限られた埴輪や須恵器の検討から、天皇陵の治定をもう一回再考されることがあっても、基本的には一九世紀も二一世紀も道具立ては変わらない感じがするのです。

そういう意味では何か空白な感じがするのです。だから研究者としては、陵墓の公開や活用をどう考えていくかに立ち戻り、どういうあり方があるのかを様々に議論していくことが重要だと思います。

菱田　「空白な感じ」ということでは別の感想を持ちました。たとえば小学校の教科書に「大山古墳」として仁徳陵古墳が登場しますが、この重要な教材であるはずの古墳について、なかに立ち入ってつぶさに見ているのは宮内庁の係官ぐらいしかいないという現状があります。私の場合は、現在得られる情報からこの古墳の年代を解明し、その被葬者像に迫りたいと考えてきましたが、もちろん一度も立ち入ったことがないわけです。ですので、誰にも中身がほとんどわからないのに教科書に堂々と出ているというのは、如何？と思ってしまいます。やはり教科書に出てくるものというのは、多くの人が行って実際に触れることができることが必要ではと感じるのは私だけではないと思います。高木さんのお話とは少しずれるかもしれませんが、教科書を見て違和感を覚えることが、公開運動の素朴な原点だと思うのです。

上田　北さんがおっしゃったように、それぞれの時期で祖先の観念も、それぞれの陵墓が持つ意味もだいぶ変わってきたといえます。今回のお話でも非常によくわかってきたのですが、今の公開運動が、学会と宮内庁との対抗関係ととらえられがちで、報道でそうなっているのかもしれません。一方は、強硬に公開を主張して、一方では頑なに守っているようなイメージがあるのです。実は歴史的に見ていくと、そもそも天皇陵自体がやはりそんな確固としたものではなくて、それぞれの時代で意味づけがなされていると。

果たした機能も違うし、変わってきたものであって、変えていくことができるものだという議論の素材を広く社会に提示していくことが重要だと思うのです。ただ単に公開を主張するということではなく、広く議論していく上で、素材を提示していくことが研究上大事だと思います。それが、今回世界遺産の百舌鳥の話と関わって、議論していくよいチャンスだと思います。

北　公開されなければ中身がわからないという議論について言えば、葬地もしくは古墳というものを研究対象とする考古学の立場からすれば、相当数の古墳が閉鎖されており、致命的なデータ不足を引き起こしているのは確かなのですが、今上田先生もおっしゃったように、だから「公開すべき」あるいは「公開すべきでない」というのはいかがなものでしょうか。

公開されなくても天皇陵を意味づけていくことはできます。天皇陵が「公開される」「されない」ということをこえて、どのように意味づけられるのか。歴史のなかでこういう時もあった、こういう時もあった、そして現在はこうなっているというふうに、現在の陵墓管理のあり方も歴史のなかのひとつのあり方なのだと認識し、相対化することによって、それが変わりうるものだということを示すこともできると思いますし、そのことが社会的に認知されたときに初めて、公開というものは価値観の対立を超えて検討されることになるでしょう。陵墓というのはそういう意味でも、我々がどのように自国の歴史を意味づけているかという営みの結果なのです。

山田　今おっしゃった「時代によって変わってくる」。これはその通りなのですが、ではこれからどう変えていくか。逆に時代によって変わっていくのだから、より閉鎖的にしようという選択肢もあり得るわけですね。

北　出てくるかもしれません。

山田　だから我々として、どういう選択肢に持っていきたいのか。陵墓公開して入ったからといって、全部がわからないというのは確かにその通りなのですが……。

北　公開への従来の努力を否定しているわけではありません。直接的に公開にせまるというより、まさに「歴史のなかの天皇陵」という語に示されているように、天皇陵を歴史的に意味づけていくことをとおしてこそ、初めて公開という行為は社会的にも認知されたかたちで実現されうる。もし公開を求めるならば、そういう基盤づくりが必要であると思うのです。

文献史学の立場からすると、公開しなくてもまだまだできることはあります。天皇陵の歴史性を十全に認識すること、その成果を一定の形の公開につながっていくかたちで循環させていくということが求められているのではないかという意味です。

山田　確かに考古学の方がかなり先行していて、天皇陵を外から見ている観察と、測量図だけを見られるのと、宮内庁が公開してくれた埴輪の観察だけではすることはすべてではないでしょうが、やるべきことはかなりやりつくして、あとはもう「入るしかないぞ」というところまで来ているのですね。

歴史のなかで相対化する

北　これからの公開のあり方によっては、もっと閉鎖的になっていく可能性もあります。現代の若者の意識などを見ていくと、今度は公開されすぎて、研究者の方が公開に否定的な見解を出すことも出てくるかもしれません。歴史のなかでは、明治時代のように、封建的な近世のお城などは破棄して当然だと考えられた時代もあり、現在の文化財保護のように、徹底して保存したいという時代もあり、両者が波のように動いています。現代もそうした波のなかのひとつのプロセスであり、我々が保存を強く要求しないと、過度に掘られてしまうという時代もやってくるでしょう。

山田　一般の遺跡はそうなっています。

北　そうですね。

菱田　一九五〇年に施行された文化財保護法では、むやみに発掘をさせないということが主眼になっていました。

ですので、陵墓を管理する宮内庁の方針ともバランスが取れていて、文化庁の所管の大規模古墳と宮内庁所管の陵墓がともに保全されてきたという経緯があります。このことは、世界遺産の登録に向けて議論をされていると仄聞しておりますが、遺跡の保存がはかられるならば「史跡」でも「陵墓」でもかまわないということになりましょう。

しかしながら、保存から活用へとシフトしてきますと、話は別になってきます。たとえば小学校では六年生で歴史を学ぶ際に、それぞれの地元の古墳を見学に訪れる学習を行うことがありますが、文化庁管理の史跡となった前方後円墳のあるところでは、墳丘の上に立って、古墳の大きさやかたちを実感できるのに対し、宮内庁管轄の陵墓や陵墓参考地のある所では、せいぜい濠の外から眺めるぐらいのことしかできません。このように活用の上からはたいへん大きな差が生じてしまいます。西都原《さいとばる》古墳群のように、広範囲に古墳群を整備しているところでは、陵墓参考地の男狭穂塚《おさほづか》古墳・女狭穂塚《めさほづか》古墳が史跡には含まれず、活用のメニューから除外されているという現状もあります。学術上の立ち入りだけではなく、このような活用のための公開も今後議論されなければならないと思っております。

このように、今までは文化財行政と陵墓管理とが方向性で一致していたのが、明らかに齟齬してきていると言えるのではないでしょうか。そこで、どうしたらよいかということについては、この座談会で話が出ました歴史性のなかで、あらためてとらえ直していくことが必要だと思います。公開の必要性から、議論を始めることが大事ですね。

山田　まずは、大前提は保存ですよね。ただし、完璧に保存しようとしたら誰にも見せないのが一番です。どんな文化財でも公開すると、どこか傷んでくるわけですから、誰にも見せないのが一番いい。しかし、さすがにそうはいかないのが、この近代社会のなかでの文化財に対する考え方です。だから正倉院でも厳密に保存するけれども、ちょっとずつは見せようじゃあないかと。要はバランスのとりかたです。絶対的に「全面公開が善である」というかたちにはならなくていいとは思うのです。

菱田　移ろいゆく社会のなかで、私たちの価値観そのものにも振幅があることは事実ですから、その価値観の歴史をも客観化して物事を考えることが必要ではないでしょうか。

高木　正倉院や陵墓といった「秘匿」された皇室の文化財の体系と、戦後の「文化財保護法」で守られる国宝や史跡などの国民に開かれた文化財の体系が、一八八〇年代以降にできてきます。その延長に今日があり、ふたつの体系があるなかで、二一世紀にどういったかたちで文化財の公開、活用をしていくかをみんなで考えていくという……。

山田　菱田さんのおっしゃった「文化財保護法」は、まずは「保護」を目的とした法です。ただ実際上はだんだんその理念が崩れてきて、遺跡については破壊のお墨付きを与えているようになっている現実もあります。これは天皇陵だけでなく文化財全体の問題として、これからどうあっていくべきかというなかで、天皇陵の問題を考えていかなければならないという気もします。

高木　最後に現状の話をしていただきました。考古学、古代から近現代までの歴史研究者による、天皇陵がどのように歴史的に変遷してきたのかについて、講演や座談会を通じて豊かな中身が提示できたと思います。

それから皆さんのお話しにありましたように、天皇陵だけを見るのではなく、それぞれの時代のなかでどういう意味があったのかを位置づけることも重要です。歴史のなかで相対化して考えていくことが、これからも必要だと思いました。

（二〇〇八・一〇・一九収録）

参考文献

天皇陵と古墳研究（菱田哲郎）

小野山節「五世紀における古墳の規制」『考古学研究』一六巻三号、一九七〇年
川西宏幸「円筒埴輪総論」『考古学雑誌』六四巻二号、一九七八年
岸本直文「前方後円墳築造規格の系列」『考古学研究』三九巻二号、一九九二年
岸本直文「古墳の調査研究の進展と古墳時代史」『遺跡学研究』六号、二〇〇九年
下垣仁志「倭王権と文物・祭式の流通」（前川和也・岡村秀典編『国家形成の比較研究』学生社、二〇〇五年）
喜田貞吉「上古の陵墓」（歴史地理秋期増刊『皇陵』日本歴史地理学会、一九一四年）
白石太一郎「古墳とヤマト政権—古代国家はいかに形成されたか」文春新書、一九九九年
白石太一郎『考古学と古代史の間』筑摩書房、二〇〇四年
十河良和「和泉の円筒埴輪編年概観」『埴輪論叢』五号、二〇〇三年
新納　泉「古墳時代　時代解説」（日本第四紀学会ほか編『図解・日本の人類遺跡』東京大学出版会、一九九二年）
濱田耕作「前方後円墳の諸問題」『考古学雑誌』二六巻九号、一九三六年
菱田哲郎『古代日本　国家形成の考古学』京都大学学術出版会、二〇〇七年
光谷拓実・次山淳「平城宮下層古墳時代の遺物と年輪年代」『奈良国立文化財研究所年報一九九九—I』、一九九九年
森　浩一『古墳の発掘』中公新書、一九六五年
森下章司「古墳時代前期の年代試論」『古代』一〇五号、一九九八年
和田晴吾「古墳時代の時期区分をめぐって」『考古学研究』三四巻二号、一九八七年

奈良平安時代における天皇陵古墳（北　康宏）

『「天皇陵」総覧』（別冊歴史読本、新人物往来社、一九九三年）
『歴史検証　天皇陵』（別冊歴史読本、新人物往来社、二〇〇一年）
金子修一『中国古代皇帝祭祀の研究』岩波書店、二〇〇六年
白石太一郎『古墳と古墳群の研究』塙書房、二〇〇〇年
高槻市史編纂委員会『高槻市史』第六巻　考古編、一九七三年
外池昇編、外池昇・西田孝司・山田邦和解説『文久山陵図』新人物往来社、二〇〇五年
日本史研究会・京都民科歴史部会編『「陵墓」からみた日本史』青木書店、一九九五年
服藤早苗『家成立史の研究』校倉書房、一九九一年
森　浩一『古墳の発掘』中公新書、一九六五年
森　浩一編『論集終末期古墳』塙書房、一九七三年
森　浩一・石野博信編『藤ノ木古墳とその文化』山川出版社、一九八九年
森　浩一編『天皇陵古墳』大巧社、一九九六年
森田克行『今城塚と三島古墳群』同成社、二〇〇六年
義江明子『日本古代の氏の構造』吉川弘文館、一九八六年
和田　萃『日本古代の儀礼と祭祀・信仰』塙書房、一九九五年

平安時代の天皇陵（山田邦和）

『歴史検証　天皇陵』（別冊歴史読本、新人物往来社、二〇〇一年）
上野竹次郎『山陵』上・下、山陵崇敬会、一九二五年（新訂版は、名著出版、一九八九年）
来村多加史『風水と天皇陵』講談社現代新書、二〇〇四年
小松　馨「後一条天皇の喪葬儀礼」『歴史手帖』一七巻二号、一九八九年
外池昇編、外池昇・西田孝司・山田邦和解説『文久山陵図』新人物往来社、二〇〇五年

西山良平「〈陵寺〉の誕生」『日本国家の史的特質』古代・中世、思文閣出版、一九九七年
宮地直一「中古以降の陵墓」（歴史地理秋期増刊『皇陵』、日本歴史地理学会、一九一四年）
山田邦和「平安貴族葬送の地・深草」（同志社大学考古学シリーズⅥ『考古学と信仰』同志社大学考古学シリーズ刊行会、一九九四年）
山田邦和「桓武天皇柏原陵考」『文化学年報』四八輯、同志社大学文化学会、一九九九年
山田邦和「元明天皇陵の意義」（同志社大学考古学シリーズⅦ『考古学に学ぶ――遺構と遺物――』同志社大学考古学シリーズ刊行会、一九九九年）
山田邦和「淳和・嵯峨両天皇の薄葬」『花園史学』二〇号、一九九九年
山田邦和「消えた建春門院陵を探る」『研究紀要』（京都女子大学宗教・文化研究所）一七号、二〇〇四年
山田邦和「平安時代天皇陵研究の展望」『日本史研究』五二一号、二〇〇六年
山田邦和「後白河天皇陵と法住寺殿」（高橋昌明『院政期の内裏・大内裏と院御所』文理閣、二〇〇六年）
山田邦和「太皇太后藤原順子の後山階陵」（上原真人編『皇太后の山寺――山科安祥寺の創建と古代山林寺院――』柳原出版、二〇〇七年）
山田邦和「長岡京・平安京と陵墓」（国立歴史民俗博物館編『桓武と激動の長岡京時代』山川出版社、二〇〇九年）
山中　章「日本古代宮都の周辺」『国立歴史民俗博物館研究報告』一三四集、二〇〇七年
和田　萃「日本古代・中世の陵墓」（森浩一編『天皇陵古墳』大巧社、一九九六年）

江戸時代の天皇陵（上田長生）

浅田益美「幕末・近代の修陵・管理と地域社会――河内の「陵墓」を中心に――」『鳴門史学』二号、一九八八年
上田長生「幕末維新期の開化天皇陵の創出をめぐる動向――地域社会の受容を中心に――」『日本史研究』四七八号、二〇〇二年
上田長生「幕末維新期の陵墓・皇霊祭祀の形成」『歴史科学』一八二号、二〇〇五年

上田長生「陵墓管理制度の形成と村・地域社会――幕末期を中心に――」『日本史研究』五二一号、二〇〇六年
上田長生「幕末維新期の陵墓と村・地域社会――飯豊天皇陵の祭祀・管理を事例に――」『歴史評論』六七三号、二〇〇六年
上田長生「朝廷「権威」と在地社会――山城国の陵墓を事例に――」（学習院大学人文科学研究所共同研究プロジェクト近世朝幕研究の基盤形成『近世の天皇・朝廷研究――第1回大会成果報告集――』、二〇〇八年）
上田長生「維新期陵墓政策の展開と特質――陵墓管理を中心に――」『待兼山論叢』四二号史学篇、二〇〇八年
大平　聡「公武合体運動と文久の修陵」『考古学研究』一二二号、一九八四年
鍛治宏介「江戸時代中期の陵墓と社会――享保期陵墓政策の展開――」『日本史研究』五二一号、二〇〇六年
高木博志『近代天皇制の文化史的研究――天皇就任儀礼・年中行事・文化財――』校倉書房、一九九七年
高木博志『近代天皇制と古都』岩波書店、二〇〇六年
高埜利彦『近世日本の国家権力と宗教』東京大学出版会、一九八九年
高埜利彦『江戸幕府と朝廷』山川出版社、二〇〇一年
武田秀章『維新期天皇祭祀の研究』大明堂、一九九七年
外池　昇『幕末・明治期の陵墓』吉川弘文館、一九九七年
外池　昇『天皇陵の近代史』吉川弘文館、二〇〇〇年
戸原純一「幕末の修陵について」『書陵部紀要』一六号、一九六四年
日本史研究会・京都民科歴史部会編『「陵墓」からみた日本史』青木書店、一九九五年
藤田　覚『近世政治史と天皇』吉川弘文館、一九九九年
茂木雅博『天皇陵の研究』同成社、一九九〇年
安丸良夫『近代天皇像の形成』岩波書店、一九九二年

天皇陵の近代（高木博志）

今井　堯　「明治以降陵墓決定の実態と特質」『歴史評論』三二一号、一九七七年
今尾文昭　『律令期陵墓の成立と都城』青木書店、二〇〇八年
上島享編　『鳥羽安楽寿院を中心とした院政期京文化に関する多面的・総合的研究』科学研究費研究成果報告書、二〇〇七年
長志珠絵　「天子のジェンダー」（西川祐子・荻野美穂編『〔共同研究〕男性論』人文書院、一九九九年）
小林丈広　「開化の造形としての軽気球」（京都映像資料研究会編『古写真で語る京都――映像資料の可能性――』淡交社、二〇〇四年）
酒巻芳男　『皇室制度講話』岩波書店、一九三四年
鈴木良・高木博志編『文化財と近代日本』山川出版社、二〇〇二年
高木博志　『近代天皇制と古都』岩波書店、二〇〇六年
高木博志　「解題」（史蹟名勝天然紀念物保存協会編『史蹟名勝天然紀念物（昭和編）』不二出版、二〇〇八年）
高木博志　「近代の皇室と仏教信仰――晃親王の仏教帰依――」（渡辺直樹編『宗教と現代がわかる本、二〇〇九年』平凡社、二〇〇九年）
外池　昇　『幕末・明治期の陵墓』吉川弘文館、一九九七年
外池　昇　『事典、陵墓参考地――もうひとつの天皇陵――』吉川弘文館、二〇〇五年
中井正弘　『仁徳陵――この巨大な謎――』創元社、一九九二年
西田孝司　「天皇陵古墳における植樹」『郵政考古紀要』三六号、二〇〇五年
茂木雅博　『天皇陵の研究』同成社、一九九〇年
山室信一　『近代日本の知と政治――井上毅から大衆演芸まで――』木鐸社、一九八五年

歴史《れきし》のなかの天皇陵《てんのうりよう》

2010(平成22)年10月15日発行

定価：本体2,500円(税別)

編　者　高木博志・山田邦和

発行者　田中周二

発行所　株式会社　思文閣出版

〒606-8203　京都市左京区田中関田町2-7

電話 075-751-1781(代表)

印　刷
製　本　株式会社 図書印刷 同朋舎

ISBN978-4-7842-1514-0　C1021

執筆者紹介

〔編　者〕

高 木 博 志（たかぎ　ひろし）
1959年大阪府生．立命館大学大学院文学研究科修了．現在，京都大学人文科学研究所准教授．『近代天皇制の文化史的研究―天皇就任儀礼・年中行事・文化財―』（校倉書房，1997年）『近代天皇制と古都』（岩波書店，2006年）『陵墓と文化財の近代』（山川出版社，2010年）など．

山 田 邦 和（やまだ　くにかず）
1959年京都市生．同志社大学大学院文学研究科文化史学専攻博士課程前期修了．博士（文化史学）．現在，同志社女子大学現代社会学部教授．『京都』（カラーブックス，保育社，1993年）『須恵器生産の研究』（学生社，1998年），『京都都市史の研究』（吉川弘文館，2009年）など．

〔講演録執筆者（掲載順）〕

菱 田 哲 郎（ひしだ　てつお）
1960年大阪府生．京都大学大学院文学研究科博士後期課程（考古学専攻）中退．現在，京都府立大学文学部教授．『古代日本　国家形成の考古学』（京都大学学術出版会，2007年）『須恵器の系譜』（歴史発掘10巻，講談社，1996年）『古市古墳群の終焉を考える』（共著，藤井寺市教育委員会，2004年）など．

北　　康 宏（きた　やすひろ）
1968年大阪府生．同志社大学大学院文学研究科博士課程後期満期退学．現在，同志社大学文学部准教授．「信貴山縁起絵巻における「動き」「時間」の表現について」（笠井昌昭編『文化史学の挑戦』思文閣出版，2005年）「敏達紀「善信尼」覚書―初期仏教と記紀神話―」（続日本紀研究会編『続日本紀の諸相』塙書房，2004年）「陵墓治定信憑性の判断基準」（『人文學』第181号，2007年）など．

山 田 邦 和（上掲）

上 田 長 生（うえだ　ひさお）
1978年奈良県生．大阪大学大学院文学研究科博士後期課程修了（日本近世史）．現在，大阪市史料調査会調査員．「幕末維新期の開化天皇陵の創出をめぐる動向―地域社会の受容を中心に―」（『日本史研究』478号，2002年）「陵墓管理制度の形成と村・地域社会―幕末期を中心に―」（『日本史研究』521号，2006年）「朝廷「権威」と在地社会―山城国の陵墓を事例に―」（朝幕研究会編『近世の天皇・朝廷研究―第１回大会成果報告集―』1号，学習院大学人文科学研究所，2008年）など．

高 木 博 志（上掲）

〔コラム執筆者（掲載順）〕

高 橋 照 彦（たかはし　てるひこ）
1966年京都市生．京都大学大学院文学研究科博士後期課程（考古学専攻）中退．現在，大阪大学大学院文学研究科准教授．「律令期葬制の成立過程―「大化薄葬令」の再検討を中心に―」（『日本史研究』559号，2009年）「六・七世紀の大王陵における合葬について―摂津・勝福寺古墳の位置付けをめぐって―」（『考古学論究』小笠原好彦先生退任記念論集刊行会，真陽社，2007年）など．

山本雅和（やまもと　まさかず）
1963年京都府生．立命館大学文学研究科博士課程前期課程史学専攻日本史専修修了．現在，財団法人京都市埋蔵文化財研究所主任．「古墳時代の須恵器生産組織について」（和田晴吾先生還暦記念論集刊行会編『吾々の考古学』同刊行会，2008年）「平安京研究の近年の動向」（『歴史評論』702，2008年）など．

堀　　裕（ほり　ゆたか）
1969年愛知県生．京都大学大学院文学研究科博士後期課程国史学専攻単位取得満期退学．博士（文学）．日本古代史．現在，東北大学大学院文学研究科准教授．「天皇の死の歴史的位置―「如在之儀」を中心に―」（『史林』第81巻第1号，1998年）「平安初期の天皇権威と国忌」（『史林』第87巻第6号，2004年）など．

上島　享（うえじま　すすむ）
1964年京都府生．京都大学大学院文学研究科博士後期課程学修退学．現在，京都府立大学文学部准教授．博士（文学）．『日本中世社会の形成と王権』（名古屋大学出版会，2010年）など．

山田雄司（やまだ　ゆうじ）
1967年静岡県生．筑波大学大学院博士課程歴史・人類学研究科史学専攻修了．博士（学術）．現在，三重大学准教授．『崇徳院怨霊の研究』（思文閣出版，2001年）『跋扈する怨霊』（吉川弘文館，2007年）など．

河内将芳（かわうち　まさよし）
1963年大阪府生．京都大学大学院人間・環境学研究科博士課程修了．京都大学博士（人間・環境学）．現在，奈良大学文学部教授．『中世京都の民衆と社会』（思文閣出版，2000年），『中世京都の都市と宗教』（思文閣出版，2006年）など．

福尾正彦（ふくお　まさひこ）
1954年宮崎県生．九州大学大学院文学研究科博士後期課程中退（考古学専攻）．現在，宮内庁書陵部陵墓調査官．「眉庇付冑の系譜―その出現期を中心に―」（岡崎敬先生退官記念事業会編『岡崎敬先生退官記念論集　東アジアの考古と歴史』同朋舎出版，1987年），「古墳時代　金属器」（『考古学雑誌』第82巻第3号，1997年）など．

鍛治宏介（かじ　こうすけ）
1973年富山県生．京都大学大学院文学研究科博士後期課程研究指導認定退学．博士（文学）．現在，京都大学文学研究科学術創成助教．「仁徳聖帝故事の展開」（『新しい歴史学のために』252号，京都民科歴史部会，2003年），「江戸時代中期の陵墓と社会」（『日本史研究』521号，日本史研究会，2006年）など．

武田秀章（たけだ　ひであき）
1957年神奈川県生．國學院大學大学院後期課程満期退学（神道学専攻）．博士（神道学）．現在，國學院大學神道文化学部教授．『維新期天皇祭祀の研究』（大明堂，1996年），『日本型政教関係の誕生』（共著，第一書房，1987年）など．

尾谷雅比古（おたに　まさひこ）
1953年大阪府生．関西大学大学院文学研究科博士課程前期修了（考古学）．現在，河内長野市教育委員会．「制度としての近代古墳保存行政の成立」（『桃山学院大学総合研究所紀要』第33巻第3号，2008年）など．

外池　昇（といけ　のぼる）
1957年東京都生．成城大学大学院文学研究科日本常民文化専攻単位取得修了．博士（文学・成城大学）．現在，成城大学文芸学部教授．『事典陵墓参考地』（吉川弘文館，2005年）『天皇陵論―聖域か文化財か―』（新人物往来社，2007年）など．

桜井絢子（さくらい　あやこ）
1985年栃木県生．京都大学文学部人文学科日本史学専修卒業．現在，会社員．

今井邦彦（いまい　くにひこ）
1967年愛知県生．京都大学文学部（考古学専攻）．現在，朝日新聞金沢総局次長．

（2010年6月現在）

索　引

・陵墓については、陵墓名と遺跡名の両方を示した
・陵墓には、その遺跡名を〈太田茶臼山古墳もみよ〉のように示した
・遺跡名は、「太田茶臼山古墳(継体陵古墳)〈継体天皇もみよ〉」のように示した
・天皇・皇族についての記述と、天皇陵・皇族陵墓についての記述を区別せずに、「継体天皇(陵)」のように示した

陵墓一覧表

山田邦和編

（1）現在、宮内庁が治定している天皇陵、皇后陵および女院墓、皇族墓、陵墓参考地を示した。ただし、皇族墓は主要なものに限った。

（2）天皇の代数は、現行『皇統譜』に従った。ただし、記紀に記載された天皇が、いつからが実在の人物であるかは、学界でも議論があり、確定案をみない。たとえば、実在する最初の天皇を崇神天皇とする説や、応神天皇とする説などがある。

（3）陵墓名は、現在の宮内庁の治定名による。

（4）遺跡名は、現在の考古学・文献史学の学界で通有のものを示した。

（5）「治定陵墓の概要」欄は、それぞれの治定陵墓を遺跡としてみた場合の内容を記した。 古墳に関しては、規模と時期を示すことにした。

（6）古墳の場合の規模は、前方後円墳は全長、円墳は直径、方墳は長辺の長さ、多角墳は対辺間の長さを示した。

（7）古墳の場合の時期は、古墳時代前期初頭・前半・後半、中期前半・後半、後期前半・後半、飛鳥時代に区分した。おおまかな目安は、前期初頭（3世紀後半、円筒埴輪出現以前)、前期前半（4世紀前半、円筒埴輪編年Ⅰ期)、前期後半（4世紀後半、円筒埴輪編年Ⅱ期)、中期前半（4世紀末葉～五世紀前葉、円筒埴輪編年Ⅲ期)、中期後半（5世紀中葉～後葉、円筒埴輪編年Ⅳ期)、後期前半（5世紀末葉～6世紀中葉、円筒埴輪編年Ⅴ期)、後期後半（6世紀後葉～7世紀初頭、円筒埴輪衰退後)、飛鳥時代（7世紀前葉～8世紀初頭)、である。

（8）「評価」欄について

　（i）宮内庁治定の歴代天皇陵に対する評価を示した（記号の凡例は12頁参照)。ただし、あくまでこれは現段階での山田の試案であり、本書の執筆者の統一見解というわけではない。また、評価が不充分な部分や将来の修正に期すところも多い。

　（ii）評価対象は歴代天皇（北朝を含む）陵としたが、次のものは除いた。綏靖・安寧・懿徳・孝昭・孝安・孝霊・孝元・開化各天皇陵（「欠史八代」と呼ばれ、神話上の存在とみなされる）／深草北陵（後深草・伏見・後伏見・崇光・後光厳・後円融・後小松・称光・後土御門・後柏原・後奈良・正親町・後陽成各天皇）／江戸時代の月輪陵（後水尾・明正・後光明・後西・霊元・東山・中御門・桜町・桃園・後桜町・後桃園各天皇）／後月輪陵（光格・仁孝両天皇）／孝明天皇後月輪東山陵／明治天皇伏見桃山陵／大正天皇多摩陵／昭和天皇武蔵野陵

　（iii）神武天皇も神話上の人物と考えられる。ただし、七世紀後半の壬申の乱の時に神武天皇陵が「実在」したことは史料的明証があるため、ここでの評価はその時期の同天皇陵についてのものである。

1　治定天皇陵一覧表

代数	天　皇　名	現行陵墓名	治定陵墓所在地
1	神武天皇	畝傍山東北陵	奈良県橿原市大久保町
2	綏靖天皇	桃花鳥田丘上陵	奈良県橿原市四条町
3	安寧天皇	畝傍山西南御陰井上陵	奈良県橿原市吉田町
4	懿徳天皇	畝傍山南纖沙渓上陵	奈良県橿原市西池尻町
5	孝昭天皇	掖上博多山上陵	奈良県御所市大字三室
6	孝安天皇	玉手丘上陵	奈良県御所市大字玉手
7	孝霊天皇	片丘馬坂陵	奈良県北葛城郡王寺町本町三丁目
8	孝元天皇	剣池嶋上陵	奈良県橿原市石川町
9	開化天皇	春日率川坂上陵	奈良県奈良市油阪町
10	崇神天皇	山辺道勾岡上陵	奈良県天理市柳本町
11	垂仁天皇	菅原伏見東陵	奈良県奈良市尼辻西町
12	景行天皇	山辺道上陵	奈良県天理市渋谷町
13	成務天皇	狭城盾列池後陵	奈良県奈良市山陵町
14	仲哀天皇	恵我長野西陵	大阪府藤井寺市藤井寺四丁目
15	応神天皇	恵我藻伏岡陵	大阪府羽曳野市誉田六丁目
16	仁徳天皇	百舌鳥耳原中陵	大阪府堺市堺区大仙町
17	履中天皇	百舌鳥耳原南陵	大阪府堺市西区石津ヶ丘
18	反正天皇	百舌鳥耳原北陵	大阪府堺市堺区北三国ヶ丘町二丁

遺跡名・寺院名	治定陵墓の概要	評　価
山本ミサンザイ古墳	円墳(古墳時代後期か)、中世寺院基壇説もあり	●■
四条塚山古墳	円墳(30ｍ、古墳時代後期か)	—
		—
		—
博多山古墳	円墳(90ｍ)もしくは自然丘陵か	—
		—
		—
中山塚古墳群 (石川中山古墳群)	前方後円墳・円墳・方墳三～九基 (古墳時代前～中期か)	—
念仏寺山古墳 (坂ノ上山古墳、弘法山古墳、山の寺古墳)	前方後円墳 (推定120ｍ、古墳時代中～後期か)	—
行燈山古墳	前方後円墳(242ｍ、古墳時代前期後半)	●
宝来山古墳	前方後円墳(227ｍ、古墳時代前期後半)	●
渋谷向山古墳	前方後円墳(310ｍ、古墳時代前期後半)	●
佐紀石塚山古墳	前方後円墳(219ｍ、古墳時代前期後半)	●
岡ミサンザイ古墳	前方後円墳(242ｍ、古墳時代後期前半)	×■
誉田山古墳 (誉田御廟山古墳)	前方後円墳(415ｍ、古墳時代中期後半)	●
大山古墳(大仙陵古墳)	前方後円墳(486ｍ、古墳時代中期後半)	●
百舌鳥陵山古墳 (石津丘古墳、百舌鳥ミサンザイ古墳)	前方後円墳(375ｍ、古墳時代中期前半)	×
田出井山古墳	前方後円墳(140ｍ、古墳時代中期後半)	●

19	允恭天皇	恵我長野北陵	大阪府藤井寺市国府一丁目
20	安康天皇	菅原伏見西陵	奈良県奈良市宝来四丁目
21	雄略天皇	丹比高鷲原陵	大阪府羽曳野市島泉八丁目
22	清寧天皇	河内坂門原陵	大阪府羽曳野市西浦六丁目
23	顕宗天皇	傍丘磐杯丘南陵	奈良県香芝市北今市
24	仁賢天皇	埴生坂本陵	大阪府藤井寺市青山三丁目
26	武烈天皇	傍丘磐杯丘北陵	奈良県香芝市今泉
26	継体天皇	三嶋藍野陵	大阪府茨木市太田三丁目
27	安閑天皇	古市高屋丘陵	大阪府羽曳野市古市五丁目
28	宣化天皇	身狭桃花鳥坂上陵	奈良県橿原市鳥屋町
29	欽明天皇	檜隈坂合陵	奈良県高市郡明日香村大字平田
30	敏達天皇	河内磯長中尾陵	大阪府南河内郡太子町大字太子
31	用明天皇	河内磯長原陵	大阪府南河内郡太子町大字春日
32	崇峻天皇	倉梯岡陵	奈良県桜井市大字倉橋
33	推古天皇	磯長山田陵	大阪府南河内郡太子町大字山田
34	舒明天皇	押坂内陵	奈良県桜井市大字忍阪
35	皇極天皇	(重祚して斉明天皇)	
36	孝徳天皇	大阪磯長陵	大阪府南河内郡太子町大字山田
37	斉明天皇	越智崗上陵	奈良県高市郡高取町大字車木
38	天智天皇	山科陵	京都市山科区御陵上御廟野町
39	弘文天皇	長等山前陵	滋賀県大津市御陵町

市野山古墳 (国府市ノ山古墳)	前方後円墳(239m、古墳時代中期後半)	●
宝来城跡	中世城郭	?
高鷲丸山古墳	円墳(76m、古墳時代中期か)	●■
平塚古墳	方墳(50m、古墳時代中期か)	
白髪山古墳	前方後円墳(115m、古墳時代後期前半)	●
	古墳(古墳時代後期)	?
野中ボケ山古墳	前方後円墳(120m、古墳時代後期前半)	●
		?
太田茶臼山古墳	前方後円墳(226m、古墳時代中期後半)	×□
高屋築山古墳(高屋城山古墳、古市築山古墳)	前方後円墳(121m、古墳時代後期前半)	●
鳥屋ミサンザイ古墳	前方後円墳(138m、古墳時代後期前半)	●
平田梅山古墳	前方後円墳(120m、古墳時代後期後半)	●■
太子西山古墳 (太子奥城古墳)	前方後円墳(120m、古墳時代後期前半)	×
春日向山古墳	方墳(65m、古墳時代後期後半)	●
金福寺跡		?
山田高塚古墳	方墳(63m、飛鳥時代)	◎
段ノ塚古墳	基壇付八角墳 (基壇：90m、八角墳：42m、飛鳥時代)	◎
山田上ノ山古墳	円墳(35m、飛鳥時代)	●
車木ケンノウ古墳	円墳(45m)といわれるが、自然丘陵か	●□
御廟野古墳	基壇付八角墳 (基壇：70m、八角墳：42m、飛鳥時代)	◎
平松亀山古墳	円墳(30m、古墳時代後期か)	×

40	天武天皇	檜隈大内陵	奈良県高市郡明日香村大字野口
41	持統天皇		
42	文武天皇	桧隈安古岡上陵	奈良県高市郡明日香村大字栗原
43	元明天皇	奈保山東陵	奈良県奈良市奈良阪町
44	元正天皇	奈保山西陵	奈良県奈良市奈良阪町
45	聖武天皇	佐保山南陵	奈良県奈良市法蓮町
46	孝謙天皇	(重祚して称徳天皇)	
47	淳仁天皇	淡路陵	兵庫県南あわじ市賀集
48	称徳天皇	高野陵	奈良県奈良市山陵町
49	光仁天皇	田原東陵	奈良県奈良市日笠町
50	桓武天皇	柏原陵	京都市伏見区桃山町永井久太郎
51	平城天皇	楊梅陵	奈良県奈良市佐紀町
52	嵯峨天皇	嵯峨山上陵	京都市右京区北嵯峨朝原山町
53	淳和天皇	大原野西嶺上陵	京都市西京区大原野南春日町
54	仁明天皇	深草陵	京都市伏見区深草東伊達町
55	文徳天皇	田邑陵	京都市右京区太秦三尾町
56	清和天皇	水尾山陵	京都市右京区嵯峨水尾清和
57	陽成天皇	神楽岡東陵	京都市左京区浄土寺真如町
58	光孝天皇	後田邑陵	京都市右京区宇多野馬場町
59	宇多天皇	大内山陵	京都市右京区鳴滝宇多野谷
60	醍醐天皇	後山科陵	京都市伏見区醍醐古道町
61	朱雀天皇	醍醐陵	京都市伏見区醍醐御陵東裏町
62	村上天皇	村上陵	京都市右京区鳴滝宇多野谷
63	冷泉天皇	桜本陵	京都市左京区鹿ヶ谷法然院町・鹿ヶ谷西寺ノ前町

野口王墓古墳	八角墳(39m、飛鳥時代)	◎
		◎
栗原塚穴古墳 (ジョウセン塚古墳)	円墳か(20m、飛鳥時代か)	□
養老ヶ峰古墓	自然丘陵を利用した古墓、陵碑	◎
	自然丘陵	●
法蓮北畑古墳、多聞城跡	円墳か(13m)、戦国期に城郭	◎
		×
佐紀高塚古墳	前方後円墳(127m、古墳時代前期か)	×□▲
田原塚ノ本古墳 (王ノ塚古墳)	円墳(古墳時代後期か)	×▲
		×□
市庭古墳	前方後円墳(250m、古墳時代中期前半)の後円部	×▲
	自然石群	※●
	経塚群か	※●
		×□
太秦三尾古墳	円墳(32m、古墳時代後期後半か)	×▲
		※●
		●
		×■
		※●
	古墓	◎
		□
		×
		●

64	圓融天皇	後村上陵	京都市右京区宇多野福王子町
65	花山天皇	紙屋川上陵	京都市北区衣笠北高橋町
66	一條天皇	円融寺北陵	京都市右京区竜安寺朱山
67	三條天皇	北山陵	京都市北区衣笠西尊上院町
68	後一條天皇	菩提樹院陵	京都市左京区吉田神楽岡町
69	後朱雀天皇	円乗寺陵	京都市右京区龍安寺朱山　龍安寺内
70	後冷泉天皇	円教寺陵	
71	後三條天皇	円宗寺陵	
72	白河天皇	成菩提院陵	京都市伏見区竹田浄菩提院町
73	堀河天皇	後円教寺陵	京都市右京区龍安寺朱山　龍安寺内
74	鳥羽天皇	安楽寿院陵	京都市伏見区竹田浄菩提院町
75	崇徳天皇	白峯陵	香川県坂出市青海町
76	近衛天皇	安楽寿院南陵	京都市伏見区竹田浄菩提院町
77	後白河天皇	法住寺陵	京都市東山区三十三間堂廻り町
78	二條天皇	香隆寺陵	京都市北区平野八丁柳町
79	六條天皇	清閑寺陵	京都市東山区清閑寺歌ノ中山町
80	高倉天皇	後清閑寺陵	
81	安徳天皇	阿弥陀寺陵	山口県下関市阿弥陀寺町
82	後鳥羽天皇	大原陵	京都市左京区大原勝林院町
83	土御門天皇	金原陵	京都府長岡京市金ヶ原金原寺
84	順徳天皇	大原陵	京都市左京区大原勝林院町
85	仲恭天皇	九條陵	京都市伏見区深草本寺山町
86	後堀河天皇	観音寺陵	京都市東山区今熊野泉山町　泉涌寺内
87	四條天皇	月輪陵	
88	後嵯峨天皇	嵯峨南陵	京都市右京区嵯峨天龍寺芒ノ馬場町　天龍寺内

		※●
		●
朱山古墳群	円墳(12ｍ、古墳時代後期後半か)	●▲
		●
	円墳(38ｍ、古墳時代後期後半か)	●
朱山古墳群	円墳(12ｍ、古墳時代後期後半か)	×□▲
	円墳(16ｍ、古墳時代後期後半か)	×□▲
	円墳(10ｍ、古墳時代後期後半か)	×□▲
成菩提院跡	木造塔跡	◎
		●
安楽寿院	木造塔跡に法華堂(幕末再建)	◎
白峯寺	方形壇	◎
安楽寿院	木造塔(江戸時代初期再建)	◎
法住寺殿跡	法華堂(江戸時代再建)	◎
		●
清閑寺	御堂跡か	●
	御堂跡	◎
阿弥陀寺跡	御堂跡	△※
	石造十三重塔	●
金原御堂跡	御堂跡か	●
		●
		？×
今熊野観音寺、古墳か	円墳(20ｍ、古墳時代後期後半か)	●
泉涌寺	石造九重塔	◎
浄金剛院跡、天龍寺	寺院建物跡	×□

89	後深草天皇	深草北陵	京都市伏見区深草坊町
90	亀山天皇	亀山陵	京都市右京区嵯峨天龍寺芒ノ馬場町　天龍寺内
91	後宇多天皇	蓮華峯寺陵	京都市右京区北嵯峨朝原山町
92	伏見天皇	深草北陵	京都市伏見区深草坊町
93	後伏見天皇		
94	後二條天皇	北白河陵	京都市左京区北白川追分町
95	花園天皇	十樂院上陵	京都市東山区粟田口三条坊町
96	後醍醐天皇	塔尾陵	奈良県吉野郡吉野町大字吉野山字塔ノ尾　如意輪寺内
97	後村上天皇	檜尾陵	大阪府河内長野市寺元観心寺内
98	長慶天皇	嵯峨東陵	京都市右京区嵯峨天龍寺角倉町
99	後亀山天皇	嵯峨小倉陵	京都市右京区嵯峨鳥居本小坂町
北1	光厳天皇	山国陵	京都市右京区京北井戸町丸山常照皇寺内
北2	光明天皇	大光明寺陵	京都市伏見区桃山町泰長老
北3	崇光天皇		
北4	後光厳天皇	深草北陵	京都市伏見区深草坊町
北5	後円融天皇		
100	後小松天皇		
101	称光天皇		
102	後花園天皇	後山国陵	京都市右京区京北井戸町丸山常照皇寺内
103	後土御門天皇	深草北陵	京都市伏見区深草坊町
104	後柏原天皇		
105	後奈良天皇		
106	正親町天皇		
107	後陽成天皇		

	法華堂(江戸時代中期再建)	
浄金剛院跡、天龍寺	寺院建物跡	×□
蓮華峯寺跡	法華堂内五輪塔	◎
	法華堂(江戸時代中期再建)	—
福塚古墳	円墳(32m、古墳時代後期か)	×▲●
		●
如意輪寺	円墳(南北朝時代)	◎
観心寺		◎
慶寿院跡	天龍寺塔頭跡	？※
		●
常照皇寺	五輪塔	◎
大光明寺跡、 伏見城(指月城)跡	近世城郭跡	● ●
	法華堂(江戸時代中期再建)	—
常照皇寺	石造宝篋印塔	◎
	法華堂(江戸時代中期再建)	—

108	後水尾天皇	月輪陵	京都市東山区今熊野泉山町　泉涌寺内
109	明正天皇		
110	後光明天皇		
111	後西天皇		
112	霊元天皇		
113	東山天皇		
114	中御門天皇		
115	桜町天皇		
116	桃園天皇		
117	後桜町天皇		
118	後桃園天皇		
119	光格天皇	後月輪陵	
120	仁孝天皇		
121	孝明天皇	後月輪東山陵	京都市東山区今熊野泉山町　泉涌寺内
122	明治天皇	伏見桃山陵	京都市伏見区桃山町古城山
123	大正天皇	多摩陵	東京都八王子市長房町　武蔵陵墓地
124	昭和天皇	武蔵野陵	東京都八王子市長房町　武蔵陵墓地

【評価欄凡例】

◎ 考古学的・文献史学的にみて、宮内庁治定の現陵にほとんど疑問がない。

● 現陵またはその付近である可能性は高いけれども、決め手を欠いているためなんともいえない。

× 現陵は史料的・時期的に矛盾があり、別の候補地を求めたほうがよい。

▲ （奈良時代以降の天皇について）現陵は古墳時代の古墳の可能性が高い。

□ 現陵よりも可能性のある場所を限定できる。または、ある程度の範囲のなかで可能性のある場所を指し示すことができる。

■ 可能性のある別の候補地が指摘されており、検討の余地がある。

※ 真陵の位置を限定できる可能性は低い（薄葬によって葬られたためや、史料的限界）。

△ 遺体を埋葬した陵ではなく、供養のための施設である。

？ 現陵は埋葬遺跡である可能性が低い。

泉涌寺	石造九重塔	—
	石造九重塔	
	石造九重塔	
	石造九重塔	
	石造九重塔	
	石造九重塔	
	石造九重塔	
	石造九重塔	
	石造九重塔	
	石造九重塔	
	石造九重塔	
	石造九重塔	
	石造九重塔	
泉涌寺	円墳(42m、慶応2年)	—
伏見城本丸跡	上円下方墳 (上円部：31m、下方部：62m、大正元年)	—
	上円下方墳 (上円部：16m、下方部：28m、昭和元年)	—
	上円下方墳(平成元年)	—

2　治定神代三陵・歴外天皇（不即位天皇、追尊天皇）陵一覧表

神名・天皇名	現行陵墓名	治定陵墓所在地
天津日高彦火瓊瓊杵尊	可愛山陵	鹿児島県薩摩川内市宮内町字脇園
天津日高彦火火出見尊	高屋山上陵	鹿児島県姶良郡溝辺町麓字菅ノ口
天津日高彦波瀲武鸕鷀草葺不合尊	吾平山上陵	鹿児島県鹿屋市吾平町上名字吾平山
飯豊天皇(飯豊青姫命)	埴口丘陵	奈良県葛城市新庄町大字北花内
春日宮天皇(施基皇子)	田原西陵	奈良県奈良市矢田原町
岡宮天皇(草壁皇子)	真弓丘陵	奈良県高市郡高取町大字森
崇道天皇(早良親王)	八嶋陵	奈良県奈良市八島町
後崇光太上天皇(伏見宮貞成親王)	伏見松林院陵	京都市伏見区丹後町
陽光太上天皇(誠仁親王)	月輪陵	京都市東山区今熊野泉山町　泉涌寺内
慶光天皇(閑院宮典仁親王)	廬山寺陵	京都市上京区寺町通広小路上ル北之辺町　廬山寺内

3　皇后陵・女院墓一覧表

皇后・女院名	追号・女院号・通称など	身位	現行陵墓名
日葉酢媛命		垂仁天皇皇后	狭木之寺間陵
播磨稲日大郎姫命		景行天皇皇后	日岡陵
気長足姫命	神功皇后	仲哀天皇皇后	狭城盾列池上陵
仲姫命		応神天皇皇后	仲津山陵

遺跡名・寺院名	治定陵墓の概要
	自然丘陵
	自然丘陵
	自然の洞窟
北花内三歳山古墳 (北花内大塚古墳)	前方後円墳(90ｍ、古墳時代後期前半)
田原西山古墳	円墳(50ｍ)といわれるが、自然丘陵か
森谷王塚古墳	円墳(15ｍ)
崇道天皇社跡	
泉涌寺	石造無縫塔
廬山寺	石造多宝塔

治定陵墓所在地	遺跡名・寺院名	治定陵墓の概要
奈良県奈良市山陵町	佐紀陵山古墳 (佐紀御陵山古墳)	前方後円墳(207ｍ、古墳時代前期後半)
兵庫県加古川市加古川町大野字日岡山	日岡山高塚古墳	円墳(60ｍ)または前方後円墳か
奈良県奈良市山陵町	五社神古墳	前方後円墳 (275ｍ、古墳時代前期後半)
大阪府藤井寺市沢田四丁目	仲津山古墳(仲ツ山古墳)	前方後円墳(286ｍ、古墳時代中期前半)

磐之媛命		仁徳天皇皇后	平城坂上陵
手白香皇女		継体天皇皇后	衾田陵
春日山田皇女		安閑天皇皇后	古市高屋陵
橘仲皇女		宣化天皇皇后	身狭桃花鳥上陵（宣化天皇と合葬）
石姫皇女		欽明天皇皇后	磯長原陵（敏達天皇と合葬）
広姫		敏達天皇皇后	息長陵
間人皇女		孝徳天皇皇后	越智崗上陵（斉明天皇と合葬）
橡姫		天智天皇皇子春日宮天皇妃（贈皇太后）	吉隠陵
藤原安宿媛（光明子）	天平応真仁正皇太后（光明皇后）	聖武天皇皇后	佐保山東陵
井上内親王		光仁天皇皇后	宇智陵
高野新笠	天高知日之子姫尊	光仁天皇夫人・皇太夫人（贈太皇太后）	大枝陵
藤原乙牟漏	天之高藤廣宗照姫之尊	桓武天皇皇后	高畠陵
藤原旅子		桓武天皇夫人（贈皇太后）	宇波多陵
橘嘉智子	（檀林皇后）	嵯峨天皇皇后	嵯峨陵
藤原順子		仁明天皇女御・太皇太后	後山階陵

奈良県奈良市佐紀町	ヒシアゲ古墳	前方後円墳(219ｍ、古墳時代中期後半)
奈良県天理市中山町	西殿塚古墳	前方後円墳(224ｍ、古墳時代前期初頭)
大阪府羽曳野市古市五丁目	高屋八幡山古墳	前方後円墳 (85ｍ、古墳時代後期前半)
奈良県橿原市鳥屋町	鳥屋ミサンザイ古墳	前方後円墳(138ｍ、古墳時代後期前半)
大阪府南河内郡太子町大字太子	太子西山古墳 (太子奥城古墳)	前方後円墳(120ｍ、古墳時代後期前半)
滋賀県坂田郡山東町大字村居田		円墳
奈良県高市郡高取町大字車木		
奈良県宇陀市榛原区大字角柄		
奈良県奈良市法蓮町		
奈良県五条市御山町・黒駒町・大野町		
京都市西京区大枝沓掛町		
京都府向日市寺戸町大牧	大牧古墳(高畠陵古墳)	円墳(65ｍ、古墳時代前期後半～中期前半か)
京都市西京区大枝中山町乳母堂		
京都市右京区嵯峨鳥居本深谷町		
京都市山科区御陵沢ノ井町		

藤原沢子		仁明天皇女御（贈皇太后）	中尾陵
藤原温子	（東七条后）	宇多天皇女御・皇太夫人	宇治陵
藤原胤子		宇多天皇女御（贈皇太后）	小野陵
藤原穏子	（天暦太后）	醍醐天皇中宮	宇治陵
藤原安子		村上天皇皇后	
昌子内親王		冷泉天皇皇后	岩倉陵
藤原懐子		冷泉天皇女御（贈皇太后）	宇治陵
藤原超子		冷泉天皇女御（贈皇太后）	宇治陵
藤原遵子		円融天皇中宮	宇治陵
藤原媓子		円融天皇皇后	宇治陵
藤原詮子	東三条院	円融天皇女御・皇太后	宇治陵
藤原定子		一条天皇皇后	鳥戸野陵
藤原彰子	上東門院	一条天皇中宮	宇治陵
藤原妍子	（枇杷太后）	三条天皇中宮	
藤原娀子		三条天皇皇后	
藤原威子		後一条天皇中宮	
禎子内親王	陽明門院	後朱雀天皇皇后	円乗寺東陵

京都市東山区今熊野宝蔵町		
京都府宇治市木幡	木幡古墳群 木幡墳墓群	円墳・前方後円墳など120基(古墳時代後期前半～後半) 低墳丘墓群(平安時代か)
京都市山科区勧修寺北大日町		
京都府宇治市木幡	木幡古墳群 木幡墳墓群	円墳・前方後円墳など120基(古墳時代後期前半～後半) 低墳丘墓群(平安時代か)
京都市左京区岩倉上蔵町		
京都府宇治市木幡	木幡古墳群 木幡墳墓群	円墳・前方後円墳など120基(古墳時代後期前半～後半) 低墳丘墓群(平安時代か)
京都市東山区今熊野泉山町	鳥辺野泉山古墳群(鳥戸野古墳群) 鳥辺野泉山墳墓群(鳥戸野墳墓群)	円墳15基(古墳時代後期後半) 低墳丘墓群(平安時代か)(16基)
京都府宇治市木幡	木幡古墳群 木幡墳墓群	円墳・前方後円墳など120基(古墳時代後期前半～後半) 低墳丘墓群(平安時代か)
京都市右京区龍安寺朱山　龍安寺内	朱山古墳群	円墳(13m、古墳時代後期後半か)

藤原嬉子		敦良親王(後朱雀天皇)尚侍(贈皇太后)	宇治陵
章子内親王	二条院	後冷泉天皇中宮	菩提樹院陵(後一条天皇陵と同域)
藤原寛子	(四条宮)	後冷泉天皇皇后	宇治陵
藤原歓子	(小野皇太后)	後冷泉天皇皇后	
藤原茂子	(滋野井御息所)	尊仁親王(後三条天皇)妃(贈皇太后)	
藤原賢子		白河天皇中宮	上醍醐陵
媞子内親王		白河天皇皇女・皇后	
令子内親王		白河天皇皇女・皇后	
藤原苡子		堀河天皇女御(贈皇太后)	宇治陵
藤原璋子	待賢門院	鳥羽天皇中宮	花園西陵
藤原得子	美福門院	鳥羽天皇皇后	高野山陵
禧子内親王		鳥羽天皇皇女・皇后	上醍醐陵
統子内親王	上西門院	鳥羽天皇皇女・皇后	花園東陵
藤原聖子	皇嘉門院	崇徳天皇中宮	月輪南陵

京都府宇治市木幡	木幡古墳群 木幡墳墓群	円墳・前方後円墳など120基(古墳時代後期前半～後半) 低墳丘墓群(平安時代か)
京都市左京区吉田神楽岡町	古墳か	円墳(25ｍ、古墳時代後期後半か)
京都府宇治市木幡	木幡古墳群 木幡墳墓群	円墳・前方後円墳など120基(古墳時代後期前半～後半) 低墳丘墓群(平安時代か)
京都市伏見区醍醐醍醐山　醍醐寺内	醍醐寺上寺円光院	三角五輪塔形骨蔵器を埋納
	醍醐寺上寺	
京都府宇治市木幡	木幡古墳群 木幡墳墓群	円墳・前方後円墳など120基(古墳時代後期前半～後半) 低墳丘墓群(平安時代か)
京都市右京区花園扇野町	法金剛院	
和歌山県伊都郡高野町大字高野山字蓮花谷不動院内	金剛峯寺	
京都市伏見区醍醐醍醐山　醍醐寺内	醍醐寺上寺	
京都市右京区花園寺ノ内町	法金剛院	
京都市市伏見区深草本寺山町		

平徳子	建礼門院	高倉天皇中宮	大原西陵
藤原(西園寺)姞子	大宮院	後嵯峨天皇中宮	粟田山陵
藤原(洞院)佶子	京極院	亀山天皇中宮	蓮華峯寺陵(後宇多天皇陵と合葬)
姈子内親王	遊義門院	後宇多天皇皇后	今林陵
源(北畠)顕子	(新陽明門院とも)	後村上天皇中宮	笠間山陵
紀仲子(広橋仲子)	崇賢門院	後光厳天皇後宮	墓
藤原(大炊御門)信子	嘉楽門院	後花園天皇後宮	墓 (般舟院陵域内)
源(庭田)朝子		後土御門天皇後宮(贈皇太后)	般舟院陵
藤原(勧修寺)藤子	豊楽門院	後柏原天皇後宮	墓 (般舟院陵域内)
藤原(近衛)前子	中和門院	後陽成天皇女御	墓(月輪陵域内)
源(徳川)和子	東福門院	後水尾天皇中宮	月輪陵
藤原(園)光子	壬生院	後水尾天皇後宮	墓(月輪陵域内)
藤原(櫛笥)隆子	逢春門院	後水尾天皇後宮	
藤原(園)国子	新広義門院	後水尾天皇後宮	
藤原(鷹司)房子		霊元天皇中宮	月輪陵
藤原(松木)宗子	敬法門院	霊元天皇後宮	墓
(有栖川宮)幸子女王	承秋門院	東山天皇中宮	月輪陵

京都市左京区大原草生町	寂光院	
京都市左京区南禅寺福地町　南禅寺内	南禅寺	
京都市右京区北嵯峨朝原山町	蓮華峯寺跡	
京都市右京区嵯峨大覚寺門前六道町	今林殿跡（遊義門院御所）、蓮華清浄寺跡	石造宝篋印塔
奈良県宇陀市榛原区大字笠間		
京都市上京区御前通下立売西入ル下ル行衛町　華開院墓地内	華開院	石造宝塔
京都市上京区今出川通千本東入ル般舟院前町	般舟院	石造宝篋印塔
		石造宝塔
		石造宝篋印塔
京都市東山区今熊野泉山町　泉涌寺内	泉涌寺	石造無縫塔
		石造宝篋印塔
		石造無縫塔
		石造無縫塔
		石造無縫塔
		石造無縫塔
京都市上京区寺町通広小路上ル北ノ辺町　清浄華院内	清浄華院	石造無縫塔
京都市東山区今熊野泉山町　泉涌寺内	泉涌寺	石造無縫塔

藤原(櫛笥)賀子	新崇賢門院	東山天皇後宮	墓 (廬山寺陵域内)
藤原(近衛)尚子		中御門天皇女御(贈皇太后)	月輪陵
藤原(一条)舎子		桜町天皇女御・皇太后	
藤原(姉小路)定子	開明門院	桜町天皇後宮	墓(敬法門院藤原宗子墓同域)
藤原(一条)富子		桃園天皇女御・皇太后	月輪陵
藤原(近衛)維子		後桃園天皇女御・皇太后	
欣子内親王		光格天皇中宮	後月輪陵
藤原(勧修寺)婧子	東京極院	光格天皇後宮	墓 (泉涌寺雲龍院内)
藤原(鷹司)繋子		仁孝天皇女御(贈皇后)	後月輪陵
藤原(鷹司)祺子		仁孝天皇女御・皇太后	
藤原(九条)夙子	英照皇太后	孝明天皇女御・皇太后	後月輪東北陵
美子(一条美子)	昭憲皇太后	明治天皇皇后	伏見桃山東陵
節子(九条節子)	貞明皇后	大正天皇皇后	多摩東陵
良子女王(久邇宮良子女王)	香淳皇后	昭和天皇皇后	武蔵野東陵

京都市上京区寺町通広小路上ル北ノ辺町　廬山寺内	廬山寺	石造無縫塔
京都市東山区今熊野泉山町　泉涌寺内	泉涌寺	石造無縫塔
		石造宝篋印塔
京都市上京区寺町通広小路上ル北ノ辺町　清浄華院内	清浄華院	石造無縫塔
京都市東山区今熊野泉山町　泉涌寺内	泉涌寺	石造宝篋印塔
		石造宝篋印塔
		石造七重塔
京都市東山区泉涌寺山内町　泉涌寺雲龍院内	泉涌寺雲龍院、古墳か	石造無縫塔
京都市東山区今熊野泉山町　泉涌寺内	泉涌寺	石造宝篋印塔
		石造宝篋印塔
		円墳(明治30年)
京都市伏見区桃山町古城山	伏見城名護屋丸跡	上円下方墳(上円部：21ｍ、下方部：41ｍ、大正３年)
東京都八王子市長房町武蔵陵墓地		上円下方墳(上円部：15ｍ、下方部：25ｍ、昭和26年)
東京都八王子市長房町武蔵陵墓地		上円下方墳(平成12年)

4　主要な皇子・皇女墓一覧表

皇　族　名	身　位	現行陵墓名
彦五瀬命	天津日高彦波瀲武鸕鷀草葺不合尊御子	竈山墓
大吉備津彦命	孝霊天皇皇子	
倭迹迹日百襲姫命	孝霊天皇皇女	大市墓
倭彦命	崇神天皇皇子	身狭桃花鳥坂墓
大入杵命	崇神天皇皇子	
五十瓊敷入彦皇子	垂仁天皇皇子	宇度墓
磐城別王	垂仁天皇皇子	磐衛別命
日本武尊	景行天皇皇子	能褒野墓
日本武尊	景行天皇皇子	白鳥陵
日本武尊	景行天皇皇子	白鳥陵
五十狭城入彦皇子	景行天皇皇子	
神櫛王	景行天皇皇子	
大山守命	応神天皇皇子	那羅山墓

治定陵墓所在地	遺跡名・寺院名	治定陵墓の概要
和歌山県和歌山市和田		
岡山県岡山市尾上・吉備津	中山茶臼山古墳	前方後円墳(120m、古墳時代前期初頭)
奈良県桜井市大字箸中	箸墓古墳(箸中山古墳)	前方後円墳(280m、古墳時代前期初頭)
奈良県橿原市北越智町・鳥屋町	枡山古墳	方墳 (98m、古墳時代中期前半)
石川県鹿島郡鹿島町小田中	小田中親王塚古墳	円墳 (67m、古墳時代前期後半)
	〔陪冢〕亀塚古墳	前方後方墳(61m、古墳時代前期後半？)
大阪府泉南郡岬町淡輪	淡輪ニサンザイ古墳	前方後円墳(172m、古墳時代中期後半)
石川県羽咋市川原町羽咋神社内	羽咋御陵山古墳？	古墳？
三重県亀山市田村町	能褒野王塚古墳 (名越丁字塚古墳)	前方後円墳 (90m、古墳時代前期後半)
奈良県御所市大字富田字北浦		
大阪府羽曳野市軽里3丁目	軽里前之山古墳(軽里大塚古墳、前の山古墳)	前方後円墳(190m、古墳時代中期後半)
愛知県岡崎市西本郷町字和志山	西本郷和志山1号墳	前方後円墳 (60m、古墳時代前期後半)
香川県高松市牟礼町大字牟礼	牟礼大塚古墳	前方後円墳(50m)
奈良県奈良市法蓮町		

菟道稚郎子尊	応神天皇皇子	宇治墓
都紀女加王	応神天皇曾孫	
磐坂市辺押磐皇子	履中天皇皇子	
吉備姫王	敏達天皇皇孫茅淳王妃	檜隈墓
聖徳太子	用明天皇皇子	磯長墓
来目皇子	用明天皇皇子	埴生崗上墓
大津皇子	天武天皇皇子	二上山墓
長屋王	天武天皇皇孫	
吉備内親王	天武天皇皇孫長屋王妃	
聖武天皇皇太子	聖武天皇皇子	那富山墓
安積親王	聖武天皇皇子	和束墓
開成皇子	光仁天皇皇子	
他戸親王	光仁天皇皇子	
伊予親王	桓武天皇皇子	巨幡墓
仲野親王	桓武天皇皇子	高畠墓
阿保親王	平城天皇皇子	
有智子内親王	嵯峨天皇皇女	

京都府宇治市菟道丸山	菟道丸山古墳	円墳？(47ｍ)
佐賀県三養基郡上峰町大字坊所七本松	上のびゅう塚古墳	前方後円墳(49ｍ)
滋賀県東近江市市辺町	市辺東古墳	円墳(19ｍ)
奈良県高市郡明日香村大字平田		
大阪府南河内郡太子町大字太子　叡福寺内	叡福寺北古墳	円墳(55ｍ、飛鳥時代)
大阪府羽曳野市はびきの三丁目	埴生野塚穴古墳	方墳(45ｍ、飛鳥時代)
奈良県葛城市大字染野		
奈良県生駒郡平群町大字梨本		
奈良県生駒郡平群町大字梨本		
奈良県奈良市法蓮町	大黒ヶ芝古墓	円墳(11ｍ、飛鳥～奈良時代、隼人石)
京都府相楽郡和束町大字白栖字大勘定・大字別所字下山		
大阪府箕面市大字粟生間谷　勝尾寺		
奈良県五条市御山町		
京都市伏見区桃山町遠山	遠山黄金塚二号墳	前方後円墳(120ｍ、古墳時代前期後半)の後円部墳頂
京都府京都市右京区太秦垂箕山町	垂箕山古墳 (片平大塚古墳)	前方後円墳 (70ｍ、古墳時代後期前半)
兵庫県芦屋市翠ヶ丘町	打出親王塚古墳	円墳 (36ｍ、古墳時代前期)
京都市右京区嵯峨小倉山緋明神町		

以仁王	後白河天皇皇子	
承朝王	長慶天皇皇子	
宗純王	後小松天皇皇子	

5　陵墓参考地一覧表

陵墓参考地名	被葬者の候補 (昭和二四年『陵墓参考地一覧』の「該当御方」 〈外池昇『事典　陵墓参考地』に拠る〉)
西三川陵墓参考地	彦成王(順徳天皇皇子)
宇治山田陵墓参考地	倭姫(垂仁天皇皇后)
安曇陵墓参考地	彦主人王(応神天皇玄孫、継体天皇御父)
下坂本陵墓参考地	倭姫(天智天皇皇后)
天王塚陵墓参考地	後三条天皇火葬塚
御室陵墓参考地	光孝天皇
東山本町陵墓参地	仲恭天皇
円山陵墓参考地	正子内親王(淳和天皇皇后)
入道塚陵墓参考地	恒貞親王(淳和天皇皇子)
沓塚陵墓参考地	聖宝(天智天皇六世皇孫)

京都府木津川市山城町大字綺田小字神ノ木		
京都市右京区嵯峨天龍寺角倉町	慶寿院跡	天龍寺塔頭
京都府京田辺市大字薪小字里ノ内　一休寺内	酬恩庵(一休寺)	

所　在　地	遺　跡　名	概　　要
新潟県佐渡市真野町大字西三川		石壇
三重県伊勢市倭町		
滋賀県高島市安曇川町田中字山崎	田中王塚古墳	円墳(58m、古墳時代中期前半)
滋賀県大津市木の岡町木ノ岡山	木ノ岡本塚古墳	帆立貝形前方後円墳(73m、古墳時代中期後半)
京都市左京区岡崎入江町　平安神宮内		
京都市右京区御室大内		
京都市東山区本町十六丁目	塚本古墳	
京都市右京区嵯峨大覚寺門前登り町	円山塚古墳(大覚寺1号墳)	円墳(50m、古墳時代後期後半)
京都市右京区嵯峨大沢柳井出町	入道塚古墳(大覚寺2号墳)	方墳(30m、古墳時代後期後半)
京都市伏見区深草田谷町		

浄菩提院塚陵墓参考地	春華門院昇子内親王（鳥羽天皇皇女・尊称皇后）
後宮塚陵墓参考地	不明
中宮塚陵墓参考地	
大亀谷陵墓参考地	桓武天皇
藤井寺陵墓参考地	允恭天皇
大塚陵墓参考地	雄略天皇
東百舌鳥陵墓参考地	反正天皇
百舌鳥陵墓参考地	応神天皇
コウボ坂陵墓参考地	新待賢門院藤原（阿野）廉子（後醍醐天皇女御・尊称皇太后）
檜尾塚陵墓参考地	
玉津陵墓参考地	舎人姫王（用明天皇皇子当麻皇子妃）
市陵墓参考地	淳仁天皇初葬地
雲部陵墓参考地	丹波道主命（開化天皇皇孫）
黄金塚陵墓参考地	崇道尽敬皇帝（天武天皇皇子舎人親王）
宇和奈辺陵墓参考地	八田皇女（仁徳天皇皇后）
小奈辺陵墓参考地	磐之媛命（仁徳天皇皇后）

京都市伏見区竹田小屋ノ内町		
京都市伏見区竹田小屋ノ内町		
京都市伏見区竹田田中宮町		
京都市伏見区深草大亀谷古御香町		
大阪府藤井寺市津堂	津堂城山古墳	前方後円墳(208ｍ、古墳時代前期後半)
大阪府松原市西大塚一丁目・羽曳野市南恵我之荘七丁目	河内大塚山古墳(河内大塚古墳、松原大塚山古墳)	前方後円墳(335ｍ、古墳時代後期後半)
大阪府堺市百舌鳥西之町三丁	土師ニサンザイ古墳(土師古墳)	前方後円墳(290ｍ、古墳時代中期後半)
大阪府堺市百舌鳥本町一丁	百舌鳥御廟山古墳(百舌鳥ニサンザイ古墳)	前方後円墳(186ｍ、古墳時代中期後半)
大阪府河内長野市寺元観心寺内		
大阪府河内長野市寺元		
兵庫県神戸市西区王塚台三丁目	吉田王塚古墳	
兵庫県南あわじ市市十一ヶ所字のぼり		
兵庫県篠山市東本荘字城山の坪	雲部車塚古墳	前方後円墳(140ｍ、古墳時代中期後半)
奈良県奈良市田中町	帯解黄金塚古墳	方墳(36ｍ、飛鳥時代)
奈良県奈良市法華寺町	ウワナベ古墳	前方後円墳(255ｍ、古墳時代中期後半)
奈良県奈良市法華寺町	コナベ古墳	前方後円墳(207ｍ、古墳時代中期前半)

郡山陵墓参考地	阿倍古美奈(桓武天皇尚蔵)
畝傍陵墓参考地	天武・持統両天皇
磐園陵墓参考地	顕宗天皇
陵西陵墓参考地	難波小野女王(顕宗天皇皇后)
富郷陵墓参考地	山背大兄王(用明天皇皇孫)
三吉陵墓参考地	押坂彦人大兄皇子(敏達天皇皇子、舒明天皇御父)
大塚陵墓参考地	武烈天皇
川上陵墓参考地	新待賢門院藤原(阿野)廉子(後醍醐天皇女御・尊称皇太后)
宇倍野陵墓参考地	安徳天皇
岩坂陵墓参考地	伊弉冉尊
西市陵墓参考地	安徳天皇
越智陵墓参考地	
妻鳥陵墓参考地	木梨軽皇子(允恭天皇皇子)
大井陵墓参考地	尊真親王(後醍醐天皇皇子)
勾金陵墓参考地	河内王(天武天皇皇孫)

奈良県大和郡山市新木町	郡山新木山古墳	前方後円墳(120m、古墳時代後期前半か)
奈良県橿原市四条町・大久保町	五条野丸山古墳(見瀬丸山古墳)	前方後円墳(318m、古墳時代後期後半)の後円部墳項
奈良県大和高田市大字築山	築山古墳	前方後円墳(210m、古墳時代前期後半)
奈良県大和高田市大字池田	狐井塚古墳	前方後円墳(75m、古墳時代中期後半)
奈良県生駒郡斑鳩町大字三井		円墳(35m)
奈良県北葛城郡広陵町大字三吉	新木山古墳	前方後円墳(200m、古墳時代中期前半)
奈良県北葛城郡広陵町大字大塚	新山古墳	前方後円墳(126m、古墳時代前期後半)
奈良県吉野郡川上村大字高原		
鳥取県鳥取市国府町大字岡益	岡益の石堂	石造物(飛鳥時代)
島根県松江市八雲町大字日吉字神納		
山口県下関市豊田町大字地吉		
高知県高岡郡越知町大字越知		
愛媛県四国中央市妻鳥町	東宮山古墳	円墳(15m、古墳時代後期前半)
愛媛県今治市大西町大字宮脇		
福岡県田川郡香春町大字鏡山		

佐須陵墓参考地	安徳天皇
花園陵墓参考地	
北川陵墓参考地	天津日高彦火瓊瓊杵尊
男狭穂塚女狭穂塚陵墓参考地	天津日高彦火瓊瓊杵尊
	木花開耶姫(同妃)
鵜戸陵墓参考地	天津日高彦波瀲武鸕鷀草葺不合尊

長崎県対馬市厳原町久根田舎		
熊本県宇土市立岡町字晩免		
宮崎県延岡市北川町大字長井		
宮崎県西都市大字三宅字丸山	男狭穂塚古墳	帆立貝形前方後円墳(古墳時代中期前半か、167ｍ)
	女狭穂塚古墳	前方後円墳(古墳時代中期前半、177ｍ)
宮崎県日南市大字宮浦鵜戸神宮山内		

天皇陵分布図

山田邦和作

現在、宮内庁が治定している現行の天皇陵（神代三陵を含む）の場所を示した。ただし、個々の天皇陵の真憑性は問題としなかった。

Ⅰ　全国

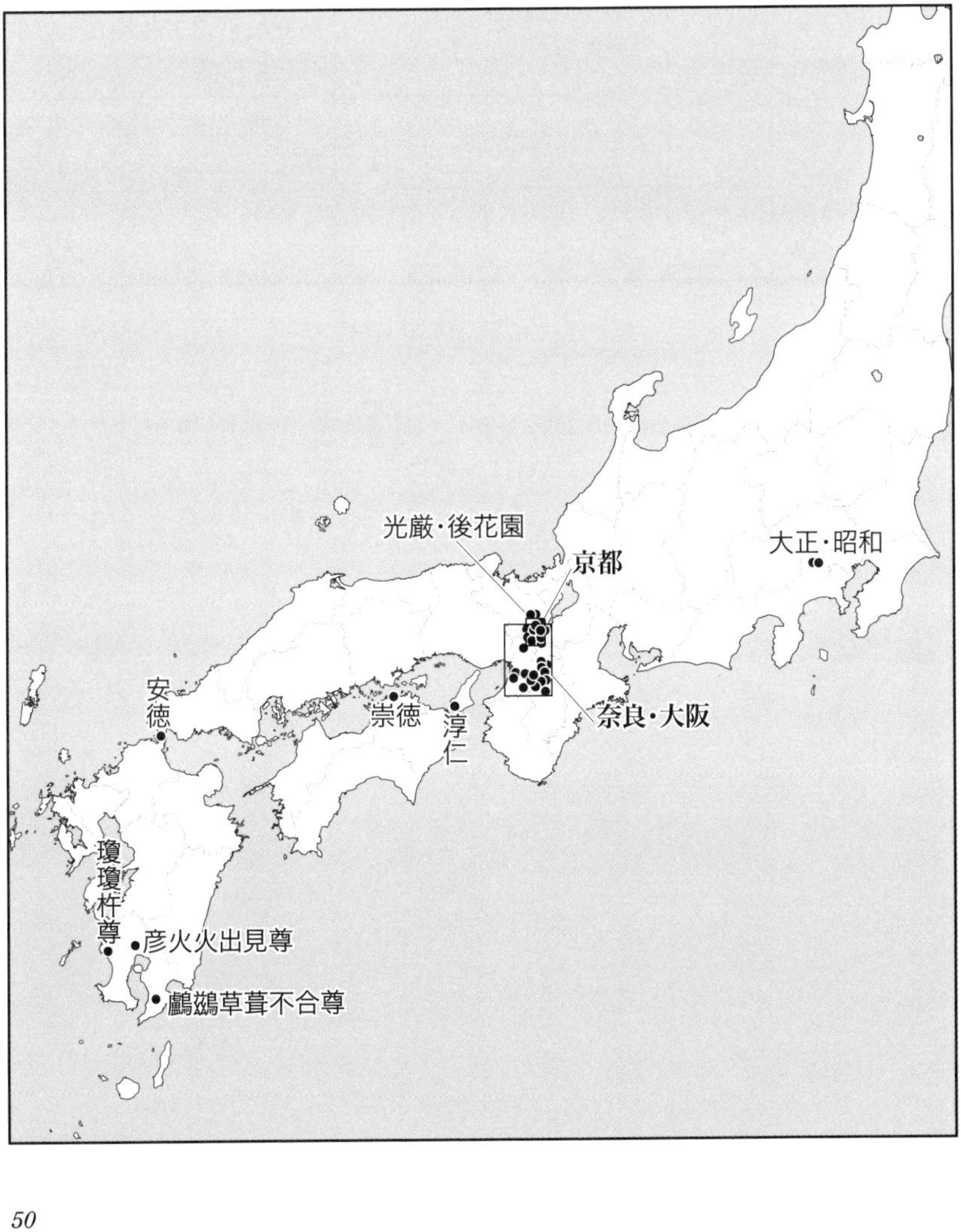

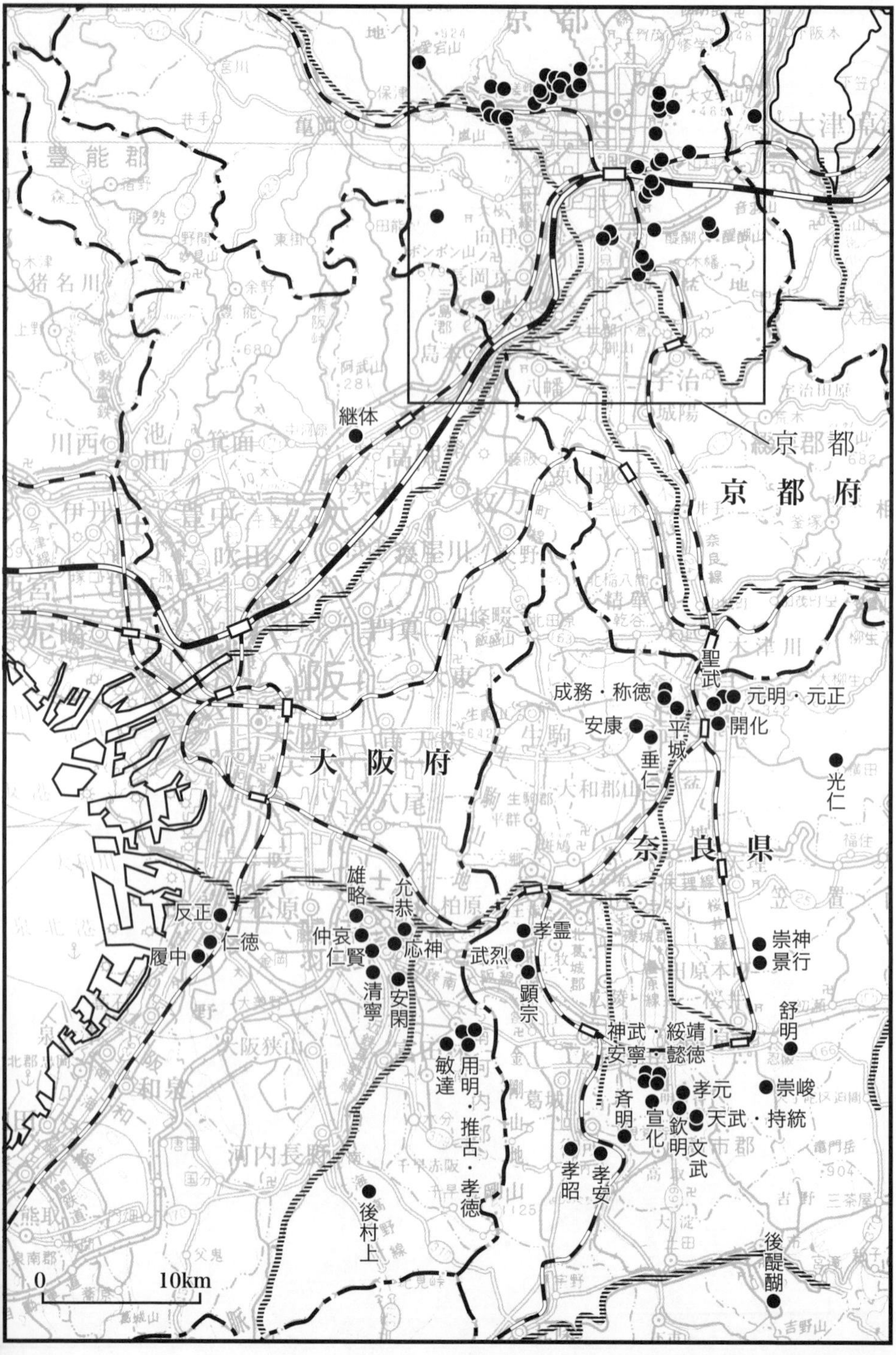

国土地理院50万分の１地方図〔５〕中部近畿に加筆

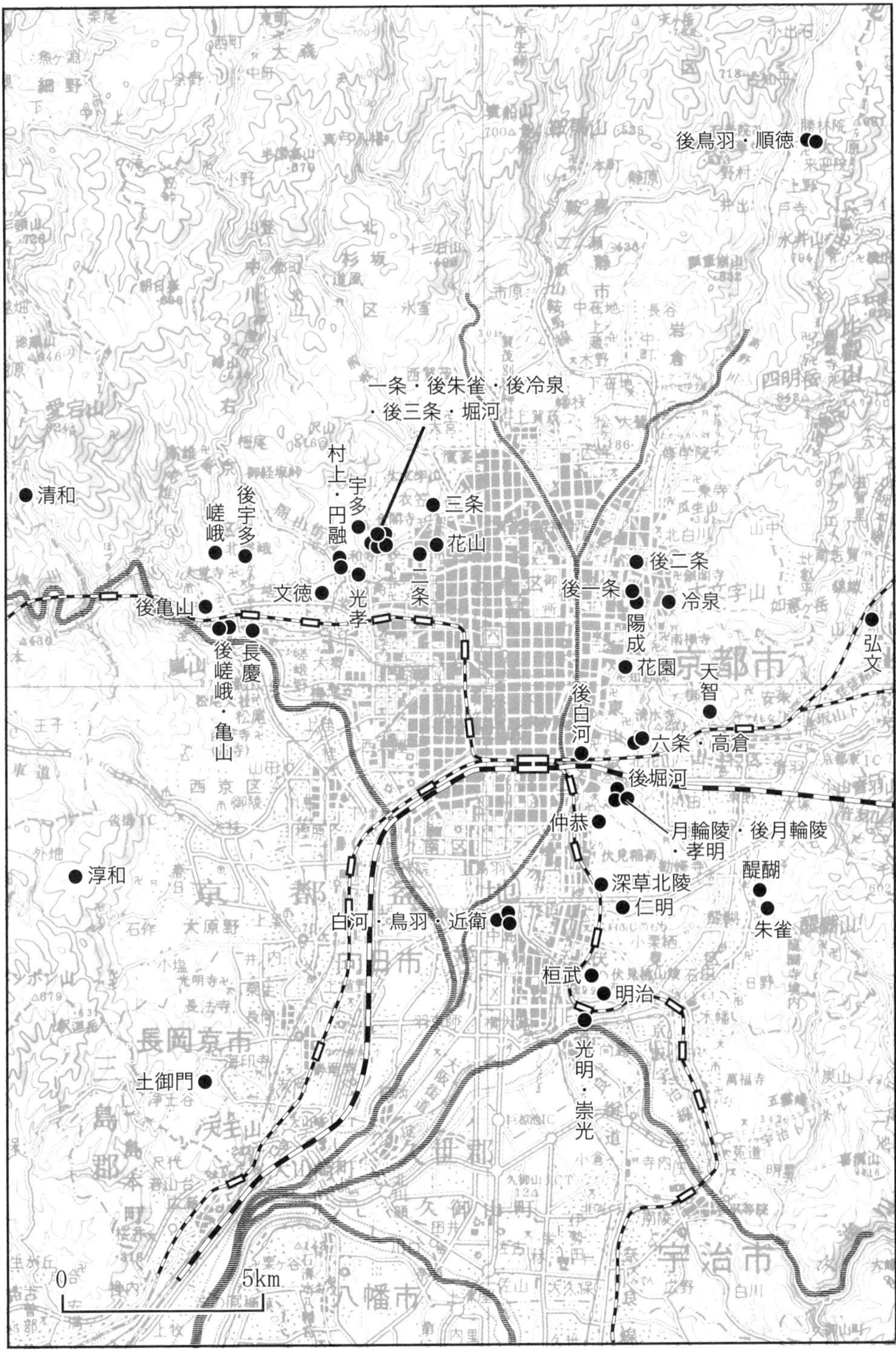

国土地理院20万分の１地勢図 N1-53-14 京都および大阪に加筆